CHINA TRANSPORT STATISTICAL YEARBOOK 2015

2015 中国交通运输统计年鉴

中华人民共和国交通运输部 编

Compiled by Ministry of Transport of the People's Republic of China

人民交通出版社股份有限公司

图书在版编目（CIP）数据

2015中国交通运输统计年鉴/中华人民共和国交通运输部编.—北京：人民交通出版社股份有限公司，2017.1
ISBN 978-7-114-13460-9

Ⅰ.①2… Ⅱ.①中… Ⅲ.①交通运输业—统计资料—中国—2015—年鉴 Ⅳ.①F512.3-54

中国版本图书馆CIP数据核字（2016）第273062号

书　　名：	2015中国交通运输统计年鉴
著 作 者：	中华人民共和国交通运输部
责任编辑：	张征宇　刘永芬　陈　鹏
出版发行：	人民交通出版社股份有限公司
地　　址：	（100011）北京市朝阳区安定门外外馆斜街3号
网　　址：	http://www.ccpress.com.cn
销售电话：	（010）59757973
总 经 销：	人民交通出版社股份有限公司发行部
经　　销：	各地新华书店
印　　刷：	北京盛通印刷股份有限公司
开　　本：	880×1230　1/16
印　　张：	16.5
字　　数：	484千
版　　次：	2017年1月　第1版
印　　次：	2017年1月　第1次印刷
书　　号：	ISBN 978-7-114-13460-9
定　　价：	300.00元

（有印刷、装订质量问题的图书由本公司负责调换
本书附同版本CD-ROM一张，光盘内容以书面文字为准）

《2015 中国交通运输统计年鉴》
编委会和编辑工作人员

编 委 会

主　　　任：	李小鹏	交通运输部	部　长
副 主 任：	戴东昌	交通运输部	副部长
编　　　委：	赵冲久	交通运输部综合规划司	司　长
	徐亚华	交通运输部运输服务司	司　长
	庞　松	交通运输部科技司	司　长
	智广路	交通运输部中国海上搜救中心	副主任
	王振亮	交通运输部救捞局	局　长
	石宝林	交通运输部科学研究院	院　长
	陈胜营	交通运输部规划研究院	院　长

编辑工作人员

总 编 辑：赵冲久

副 总 编 辑：彭思义　崔学忠

编 辑 部 主 任：毛　健

编辑部副主任：郑文英　宋颖欣　余高潮

编 辑 人 员：许宝利　林小平　刘秀华　张　慧　刘　方　王　哲

　　　　　　　武瑞利　王望雄　王　涛　余丽波　张子晗　张若旗

　　　　　　　程　长　仵思燃　潘　伟　夏　丹　马海燕　龙博学

　　　　　　　陈　捷　赵　源　宋肖红　张　赫　宋晓丽　王静静

　　　　　　　王英平

编 者 说 明

一、为全面反映我国公路、水路交通运输业发展状况，方便各界了解中国交通运输建设与发展现状，交通运输部组织编辑了《2015中国交通运输统计年鉴》，供社会广大读者作为资料性书籍使用。

二、《2015中国交通运输统计年鉴》收录了2015年交通运输主要指标数据，正文内容具体分为交通运输综合指标、公路运输、水路运输、城市客运、港口吞吐量、交通固定资产投资、交通运输科技、救助打捞等8篇，附录简要列示了1978年以来的交通运输主要指标。各篇前设有简要说明，简要概述本部分的主要内容、资料来源、统计范围、统计方法以及历史变动情况等；各篇末附主要统计指标解释。

三、本资料的统计数据来自于交通运输部综合规划司、运输服务司、科技司、救捞局、中国海上搜救中心、国家铁路局、中国民用航空局、国家邮政局等，个别指标数据引自国家统计局的统计资料。统计数据由交通运输部科学研究院交通信息中心负责整理和汇总。

四、根据2015年开展的公路水路运输量小样本抽样调查，对2015年公路水路运输量统计数据进行了调整。本资料中有关2015年年度公路水路客货运输量同期比均基于调整后的数据进行计算。

五、从2010年起，由交通运输部门管理的公共汽车、出租车不再纳入公路载客汽车统计，该部分数据纳入城市客运运力统计。

六、从2015年1月起，盐城港纳入规模以上港口统计范围，同期比按可比口径进行计算。

七、本资料中所涉及的全国性统计资料，除国土面积外，均未包括香港和澳门特别行政区以及台湾省的数据。

八、本资料部分数据对因计算单位取舍不同或计算时四舍五入而产生的计算误差未做调整。

九、本资料的符号使用说明：

"-"表示该项数据为零，或没有该项数据，或该项数据不详；

"/"表示该项不宜比较；

"…"表示该项数据不足最小单位数；

"#"表示其中的主要项；

"*"或"1、2、…"表示有注解。

中华人民共和国交通运输部
二〇一六年九月

目　录 CONTENTS

一、交通运输综合指标

简要说明 ……………………………………………………………………………………（2）
1-1　国民经济主要指标 …………………………………………………………………（3）
1-2　交通运输主要指标 …………………………………………………………………（4）

二、公路运输

简要说明 ……………………………………………………………………………………（8）
2-1　全国公路里程（按行政等级分）……………………………………………………（9）
2-2　全国公路里程（按技术等级分）……………………………………………………（10）
2-3　国道里程（按技术等级分）…………………………………………………………（11）
2-4　省道里程（按技术等级分）…………………………………………………………（12）
2-5　县道里程（按技术等级分）…………………………………………………………（13）
2-6　乡道里程（按技术等级分）…………………………………………………………（14）
2-7　专用公路里程（按技术等级分）……………………………………………………（15）
2-8　村道里程（按技术等级分）…………………………………………………………（16）
2-9　全国公路里程（按路面类型分）……………………………………………………（17）
2-10　国道里程（按路面类型分）………………………………………………………（18）
2-11　省道里程（按路面类型分）………………………………………………………（19）
2-12　县道里程（按路面类型分）………………………………………………………（20）
2-13　乡道里程（按路面类型分）………………………………………………………（21）
2-14　专用公路里程（按路面类型分）…………………………………………………（22）
2-15　村道里程（按路面类型分）………………………………………………………（23）
2-16　全国公路养护里程 …………………………………………………………………（24）
2-17　全国公路绿化里程 …………………………………………………………………（25）
2-18　全国高速公路里程 …………………………………………………………………（26）
2-19　全国公路密度及通达率 ……………………………………………………………（27）
2-20　公路桥梁（按使用年限分）………………………………………………………（29）
2-21　公路桥梁（按跨径分）……………………………………………………………（30）
2-22　公路隧道、渡口 ……………………………………………………………………（32）
2-23　全国公路营运车辆拥有量 …………………………………………………………（34）

2-24	公路客、货运输量	(36)
2-25	交通拥挤度情况	(37)
2-26	道路运输经营业户数	(38)
2-27	道路运输相关业务经营业户数	(40)
2-28	道路客运线路班次	(42)
2-29	道路运输从业人员数	(44)
2-30	机动车维修业及汽车综合性能检测站	(45)
2-31	2015年、2014年出入境汽车运输对比表	(48)
2-32	出入境汽车运输——分国家（特别行政区）运输完成情况	(50)
2-33	出入境汽车运输——中方完成运输情况	(52)
	主要统计指标解释	(54)

三、水路运输

	简要说明	(56)
3-1	全国内河航道通航里程数（按技术等级分）	(57)
3-2	全国内河航道通航里程数（按水系分）	(58)
3-3	全国内河航道通航里程数（按水域类型分）	(59)
3-4	各水系内河航道通航里程数（按技术等级分）	(60)
3-5	各水域类型内河航道通航里程数（按技术等级分）	(60)
3-6	全国内河航道枢纽及通航建筑物数（按行政区域分）	(61)
3-7	全国水路运输工具拥有量	(62)
3-8	远洋运输工具拥有量	(66)
3-9	沿海运输工具拥有量	(70)
3-10	内河运输工具拥有量	(74)
3-11	水路客、货运输量	(78)
3-12	水路旅客运输量（按航区分）	(79)
3-13	水路货物运输量（按航区分）	(80)
3-14	海上险情及搜救活动	(81)
	主要统计指标解释	(82)

四、城市客运

	简要说明	(84)
4-1	全国城市客运经营业户	(85)
4-2	全国城市客运从业人员	(87)
4-3	全国城市客运设施	(88)
4-4	全国公共汽电车数量（总计）	(89)
4-5	全国公共汽电车数量（按长度分）	(90)
4-6	全国公共汽电车数量（按燃料类型分）	(91)
4-7	全国公共汽电车数量（按排放标准分）	(92)
4-8	全国公共汽电车场站及线路	(93)

4-9　全国公共汽电车客运量 ………………………………………………………………………（94）
4-10　全国出租汽车车辆数 …………………………………………………………………（95）
4-11　全国出租汽车运量 ……………………………………………………………………（96）
4-12　全国轨道交通运营车辆数 ……………………………………………………………（97）
4-13　全国轨道交通运营线路条数 …………………………………………………………（98）
4-14　全国轨道交通运营线路总长度 ………………………………………………………（99）
4-15　全国轨道交通运量 ……………………………………………………………………（100）
4-16　全国城市客运轮渡船舶及航线数 ……………………………………………………（101）
4-17　全国城市客运轮渡运量 ………………………………………………………………（102）
4-18　中心城市城市客运经营业户 …………………………………………………………（103）
4-19　中心城市城市客运从业人员 …………………………………………………………（105）
4-20　中心城市城市客运设施 ………………………………………………………………（106）
4-21　中心城市公共汽电车数量（总计）……………………………………………………（107）
4-22　中心城市公共汽电车数量（按长度分）………………………………………………（108）
4-23　中心城市公共汽电车数量（按燃料类型分）…………………………………………（109）
4-24　中心城市公共汽电车数量（按排放标准分）…………………………………………（110）
4-25　中心城市公共汽电车场站及线路 ……………………………………………………（111）
4-26　中心城市公共汽电车客运量 …………………………………………………………（112）
4-27　中心城市出租汽车车辆数 ……………………………………………………………（113）
4-28　中心城市出租汽车运量 ………………………………………………………………（114）
4-29　中心城市轨道交通运营车辆数 ………………………………………………………（115）
4-30　中心城市轨道交通运营线路条数 ……………………………………………………（116）
4-31　中心城市轨道交通运营线路总长度 …………………………………………………（117）
4-32　中心城市轨道交通运量 ………………………………………………………………（118）
4-33　中心城市客运轮渡船舶及航线数 ……………………………………………………（119）
4-34　中心城市客运轮渡运量 ………………………………………………………………（120）
　　主要统计指标解释 ………………………………………………………………………（121）

五、港口吞吐量

　　简要说明 …………………………………………………………………………………（124）
5-1　全国港口生产用码头泊位拥有量 ………………………………………………………（125）
5-2　全国港口吞吐量 …………………………………………………………………………（126）
5-3　全国港口货物吞吐量 ……………………………………………………………………（127）
5-4　规模以上港口旅客吞吐量 ………………………………………………………………（128）
5-5　规模以上港口货物吞吐量 ………………………………………………………………（132）
5-6　规模以上港口分货类吞吐量 ……………………………………………………………（136）
5-7　沿海规模以上港口分货类吞吐量 ………………………………………………………（137）
5-8　内河规模以上港口分货类吞吐量 ………………………………………………………（138）
5-9　规模以上港口煤炭及制品吞吐量 ………………………………………………………（139）
5-10　规模以上港口石油、天然气及制品吞吐量 …………………………………………（143）
5-11　规模以上港口原油吞吐量 ……………………………………………………………（147）

5-12	规模以上港口金属矿石吞吐量	(151)
5-13	规模以上港口钢铁吞吐量	(155)
5-14	规模以上港口矿建材料吞吐量	(159)
5-15	规模以上港口水泥吞吐量	(163)
5-16	规模以上港口木材吞吐量	(167)
5-17	规模以上港口非金属矿石吞吐量	(171)
5-18	规模以上港口化学肥料及农药吞吐量	(175)
5-19	规模以上港口盐吞吐量	(179)
5-20	规模以上港口粮食吞吐量	(183)
5-21	规模以上港口机械、设备、电器吞吐量	(187)
5-22	规模以上港口化工原料及制品吞吐量	(191)
5-23	规模以上港口有色金属吞吐量	(195)
5-24	规模以上港口轻工、医药产品吞吐量	(199)
5-25	规模以上港口农、林、牧、渔业产品吞吐量	(203)
5-26	规模以上港口其他吞吐量	(207)
5-27	规模以上港口集装箱吞吐量	(211)
5-28	规模以上港口集装箱吞吐量（重箱）	(215)
	主要统计指标解释	(219)

六、交通固定资产投资

	简要说明	(222)
6-1	交通固定资产投资额（按地区和使用方向分）	(223)
6-2	公路建设投资完成额（按名称分）	(224)
6-3	公路建设投资完成额（按设施分）	(226)
	主要统计指标解释	(228)

七、交通运输科技

	简要说明	(230)
7-1	交通运输科技机构数量（按地区分）	(231)
7-2	交通运输科技活动人员数量（按机构性质分）	(232)
7-3	交通运输科研实验室及研究中心数量（按地区分）	(233)
7-4	交通运输科技成果、效益及影响情况	(234)

八、救助打捞

	简要说明	(236)
8-1	救助任务执行情况	(237)
8-2	救捞系统船舶情况	(238)
8-3	救助飞机飞行情况	(239)
8-4	捞、拖完成情况	(239)
	主要统计指标解释	(240)

附录　交通运输历年主要指标数据

简要说明	（242）
附录1-1　全国公路总里程（按行政等级分）	（243）
附录1-2　全国公路总里程（按技术等级分）	（244）
附录1-3　全国公路密度及通达情况	（245）
附录1-4　全国内河航道里程及构筑物数量	（246）
附录1-5　公路客、货运输量	（247）
附录1-6　水路客、货运输量	（248）
附录2-1　沿海规模以上港口泊位及吞吐量	（249）
附录2-2　内河规模以上港口泊位及吞吐量	（250）
附录3-1　交通固定资产投资（按使用方向分）	（251）

一、交通运输综合指标

简 要 说 明

本篇资料反映我国国民经济和交通运输的主要指标。

国民经济和综合运输主要指标包括：国内生产总值、固定资产投资、人口数等。

交通运输主要指标包括：公路基础设施、港口设施、公路水路运输装备、公路水路运输量、城市客运、港口生产、交通固定资产投资等。

一、交通运输综合指标

1-1 国民经济主要指标

指　　标	单　　位	2012年	2013年	2014年	2015年
一、国内生产总值（按当年价格计算）	亿元	519 322	568 845	636 463	676 708
第一产业	亿元	52 377	56 957	58 332	60 863
第二产业	亿元	235 319	249 684	271 392	274 278
第三产业	亿元	231 626	262 204	306 739	341 567
二、全社会固定资产投资额	亿元	374 676	447 074	512 761	562 000
东部地区	亿元	151 742	179 092	206 454	232 107
中部地区	亿元	87 909	105 894	124 112	143 118
西部地区	亿元	88 749	109 228	129 171	140 416
三、全社会消费品零售总额	亿元	210 307	237 810	262 394	300 931
四、货物进出口总额	亿美元	38 668	41 600	43 030	39 569
进口	亿美元	18 178	19 504	19 603	16 820
出口	亿美元	20 489	22 096	23 427	22 749
五、全国公共财政收入	亿元	117 210	129 143	140 350	152 217
其中：税收收入	亿元	100 601	110 497	119 158	124 892
六、广义货币供应量	万亿元	97.4	110.7	122.8	139.2
七、全国人口数	万人	135 404	136 072	136 782	137 462
其中：城镇	万人	71 182	73 111	74 916	77 116
乡村	万人	64 222	62 961	61 866	60 346
八、社会物流总费用	万亿元	9.4	10.2	10.6	10.8
其中：运输	万亿元	4.9	5.4	5.6	5.8
全国社会物流总额	万亿元	177.3	197.8	213.5	219.2
全国物流业增加值	万亿元	3.5	3.3	3.5	3.6

注：本表数据源自国家统计局。由于2013年货运量、货物周转量的调整以及GDP的修订，对2013和2014年全国物流业增加值进行了相应的调整。

1-2 交通运输主要指标

指 标 名 称	计算单位	2015年	2014年	2015年比2014年增减	2015年为2014年 %
一、交通设施及运输线路拥有量					
1. 铁路营业里程	万公里	12.10	11.18	0.91	108.18
2. 公路线路里程	万公里	457.73	446.39	11.34	102.54
其中： 高速公路里程	万公里	12.35	11.19	1.16	110.35
高速公路车道里程	万公里	54.84	49.56	5.28	110.65
二级及以上公路里程	万公里	57.49	54.56	2.92	105.36
等级公路里程	万公里	404.63	390.08	14.55	103.73
3. 公路桥梁　数量	万座	77.92	75.71	2.20	102.91
长度	万米	4 592.77	4 257.89	334.88	107.87
4. 公路隧道　数量	万处	1.40	1.24	0.16	112.92
长度	万米	1 268.39	1 075.67	192.72	117.92
5. 全国公共汽电车运营线路总长度	万公里	89.43	81.78	7.66	109.36
# 无轨电车运营线路总长度	公里	944	839	105	112.49
6. 全国公交专用车道长度	公里	8 569	6 897	1 672	124.24
7. 全国轨道交通运营线路总长度	公里	3 195	2 816	379	113.47
8. 内河航道通航里程	万公里	12.70	12.63	0.07	100.57
# 等级航道	万公里	6.63	6.54	0.09	101.37
9. 港口生产用码头泊位	个	31 259	31 705	−446	98.59
沿海	个	5 899	5 834	65	101.11
内河	个	25 360	25 871	−511	98.02
# 万吨级及以上码头泊位	个	2 221	2 110	111	105.26
10. 颁证民用航空机场	个	210	202	8	103.96
其中：定期航班通航机场	个	206	200	6	103.00
11. 邮路总长度	万公里	637.64	630.56	7.09	101.12
其中：航空邮路	万公里	355.88	347.33	8.55	102.46
铁路邮路	万公里	21.80	23.30	−1.50	93.58
汽车邮路	万公里	248.65	236.20	12.45	105.27
二、交通运输工具拥有量					
1. 铁路					
客车拥有量	万辆	6.77	6.09	0.68	111.09
货车拥有量	万辆	76.85	71.66	5.19	107.25
机车拥有量	万台	2.14	2.11	0.03	101.28
2. 公路					
公路营运汽车	万辆	1 473.12	1 537.93	−64.81	95.79
载货汽车	万辆	1 389.19	1 453.36	−64.17	95.59
	万吨位	10 366.50	10 292.47	74.03	100.72
载客汽车	万辆	83.93	84.58	−0.65	99.23
	万客位	2 148.58	2 189.55	−40.97	98.13
3. 城市客运					
全国公共汽电车运营车辆数	万辆	56.18	52.88	3.30	106.23

1-2（续表一）

指标名称	计算单位	2015年	2014年	2015年比2014年增减	2015年为2014年%
	万标台	63.29	59.79	3.51	105.86
#无轨电车运营车辆数	辆	1 934	1 995	-61	96.94
全国轨道交通运营车辆数	辆	19 941	17 300	2 641	115.27
	标台	48 165	41 770	6 395	115.31
全国出租汽车运营车辆数	万辆	139.25	137.01	2.24	101.64
全国客运轮渡营运船舶	艘	310	329	-19	94.22
4.全国营业性民用运输轮驳船拥有量					
艘数	万艘	16.59	17.20	-0.61	96.47
净载重量	万吨	27 244.29	25 785.22	1 459.06	105.66
载客量	万客位	101.73	103.23	-1.50	98.55
集装箱箱位	万TEU	260.40	231.87	28.53	112.30
总功率	万千瓦	7 259.68	7 059.85	199.83	102.83
（1）机动船					
艘数	万艘	14.97	15.50	-0.53	96.57
净载重量	万吨	26 143.49	24 739.98	1 403.50	105.67
载客量	万客位	101.59	103.10	-1.50	98.54
集装箱箱位	万TEU	260.18	231.66	28.51	112.31
总功率	万千瓦	7 259.68	7 059.85	199.83	102.83
（2）驳船					
艘数	万艘	1.62	1.70	-0.08	95.55
净载重量	万吨	1 100.80	1 045.24	55.56	105.32
载客量	万客位	0.14	0.13	0.01	104.27
集装箱箱位	万TEU	0.22	0.21	0.01	106.24
三、客货运输量					
1.铁路运输					
（1）客运量	亿人	25.35	23.05	2.30	109.99
其中：国家铁路	亿人	24.96	22.72	2.24	109.85
（2）旅客周转量	亿人公里	11 960.60	11 241.85	718.75	106.39
其中：国家铁路	亿人公里	11 905.30	11 193.77	711.53	106.36
（3）货运总量	亿吨	33.58	38.13	-4.55	88.06
其中：国家铁路	亿吨	27.14	30.69	-3.56	88.42
（4）货运总周转量	亿吨公里	23 754.31	27 530.19	-3 775.88	86.28
其中：国家铁路	亿吨公里	21 598.37	25 103.42	-3 505.05	86.04
2.公路运输					
（1）全国营业性公路客运量	亿人	161.91	173.63	-11.72	93.25
（2）全国营业性公路旅客周转量	亿人公里	10 742.66	10 996.75	-254.09	97.69
（3）全国营业性公路货运量	亿吨	315.00	311.33	3.67	101.18
（4）全国营业性公路货物周转量	亿吨公里	57 955.72	56 846.90	1 108.82	101.95
3.城市客运					
全国公共交通客运量	亿人次	1 303.17	1 315.66	-12.49	99.05

1-2 （续表二）

指 标 名 称	计算单位	2015 年	2014 年	2015 年比 2014 年增减	2015 年为 2014 年 %
#公共汽车、无轨电车客运总量	亿人次	765.40	781.88	-16.48	97.89
轨道交通客运总量	亿人次	140.01	126.66	13.35	110.54
出租汽车客运总量	亿人次	396.74	406.06	-9.32	97.71
客运轮渡客运总量	亿人次	1.01	1.07	-0.06	94.83
4. 水路运输					
（1）全国营业性水路客运量	亿人	2.71	2.63	0.08	102.96
（2）全国营业性水路旅客周转量	亿人公里	73.08	74.34	-1.26	98.31
（3）全国营业性水路货运量	亿吨	61.36	59.83	1.53	102.55
（4）全国营业性水路货物周转量	亿吨公里	91 772.45	92 774.56	-1 002.10	98.92
5. 港口生产					
（1）全国港口货物吞吐量	亿吨	127.50	124.52	2.98	102.39
#规模以上港口货物吞吐量	亿吨	114.64	112.49	2.15	101.91
（2）全国港口外贸货物吞吐量	亿吨	36.64	35.90	0.73	102.05
（3）全国港口集装箱吞吐量	亿 TEU	2.12	2.02	0.09	104.51
（4）全国港口旅客吞吐量	亿人	1.85	1.83	0.02	101.26
6. 运输航空					
（1）旅客运输量	亿人次	4.36	3.92	0.44	111.15
（2）旅客周转量	亿人公里	7 270.66	6 334.19	936.47	114.78
（3）货邮运输量	亿吨	0.06	0.06	…	105.25
（4）货邮周转量	亿吨公里	207.27	187.77	19.50	110.38
7. 邮电运输					
（1）邮政业务总量	亿元	5 078.72	3 696.08	1 382.64	137.41
（2）邮政函件业务	亿件	45.81	56.10	-10.28	81.67
（3）包裹业务	亿件	0.42	0.60	-0.18	70.44
（4）快递业务量	亿件	206.66	139.59	67.07	148.05
四、交通固定资产投资					
1. 铁路固定资产投资	亿元	8 238.00	8 088.00	150.00	101.85
2. 公路、水路固定资产投资	亿元	18 421.00	17 171.51	1 249.49	107.28
五、新增生产能力					
1. 铁路新增生产能力					
新线投产里程	公里	9 531	8 427	1 104	113.10
其中：高速铁路	公里	3 306	5 491	-2 185	60.21
2. 公路、水路新增生产能力					
新建公路	公里	60 372	52 026	8 346	116.04
改建公路	公里	223 702	205 140	18 562	109.05
新增及改善内河航道	公里	932	2 000	-1 068	46.60
新、改（扩）建码头泊位	个	291	423	-132	68.79

注：1. 铁路货运总量中含行包运量，货运总周转量中含行包周转量。
2. 城市客运统计范围指城市（县城）。

二、公路运输

简 要 说 明

一、本篇资料反映我国公路基础设施、运输装备和公路运输发展的基本情况。主要包括：公路里程、营运车辆拥有量、公路旅客运输量、货物运输量、交通量、道路运输统计资料。

二、公路里程为年末通车里程，不含在建和未正式投入使用的公路里程。从 2006 年起，村道正式纳入公路里程统计。农村公路（县、乡、村道）的行政等级依据《全国农村公路统计标准》确定。"公路通达"指标包括因村道而通达的乡镇和建制村。乡镇和建制村是否通达公路依据《全国农村公路统计标准》确定。

三、从 2010 年起，由交通运输部门管理的公共汽电车、出租汽车，不再纳入公路载客汽车统计，该部分数据纳入城市客运运力统计。

四、从 2013 年起，公路营运载货汽车包括货车、牵引车和挂车。

五、公路运输量范围为在道路运输管理部门注册登记从事公路运输的营业性运输工具产生的运输量，包括营业性客运车辆和营业性货运车辆。在公路上进行旅客运输的公共汽电车、出租汽车不纳入公路运输量的统计范围。

六、根据 2015 年开展的公路水路运输量小样本抽样调查，对 2015 年公路水路运输量统计数据进行了调整。本资料中有关 2015 年年度公路水路客货运输量同期比均基于调整后的数据进行计算。

七、出入境汽车运输量统计的是由中、外双方承运者完成的通过我国已开通汽车运输边境口岸公路的旅客、货物运输量。

2-1 全国公路里程（按行政等级分）

单位：公里

地区	总计	国道	国家高速公路	省道	县道	乡道	专用公路	村道
全国总计	4 577 296	185 319	79 552	329 662	554 331	1 113 173	81 744	2 313 066
北京	21 885	1 360	595	2 245	3 972	7 968	611	5 728
天津	16 550	845	417	2 824	1 333	4 008	1 008	6 531
河北	184 553	8 427	3 687	15 662	13 175	45 425	1 801	100 063
山西	140 960	5 272	1 956	11 724	20 467	48 740	554	54 203
内蒙古	175 374	10 039	3 565	14 364	27 347	37 503	6 256	79 867
辽宁	120 365	6 949	3 286	9 619	12 750	31 307	887	58 853
吉林	97 326	4 880	2 063	9 039	6 162	27 915	3 890	45 441
黑龙江	163 233	7 195	2 950	9 208	7 909	54 874	18 806	65 242
上海	13 195	644	477	1 067	2 880	7 099	-	1 506
江苏	158 805	5 600	2 829	9 350	23 625	52 806	166	67 258
浙江	118 015	4 356	2 613	6 382	29 413	19 293	669	57 902
安徽	186 940	5 427	2 893	8 402	24 253	36 498	1 002	111 358
福建	104 585	5 616	3 346	7 355	16 977	41 167	122	33 349
江西	156 625	6 461	3 353	9 687	20 606	29 481	704	89 686
山东	263 447	8 058	3 796	17 369	23 827	32 540	2 241	179 413
河南	250 584	6 867	3 184	17 432	21 280	40 830	1 669	162 505
湖北	252 980	6 916	3 330	13 221	20 159	63 872	785	148 026
湖南	236 886	7 267	3 310	38 523	31 542	54 600	1 534	103 420
广东	216 023	7 841	3 746	16 431	17 655	101 272	388	72 435
广西	117 993	7 474	3 056	7 824	25 446	28 915	413	47 921
海南	26 860	1 723	659	1 809	2 857	6 330	25	14 117
重庆	140 551	3 145	1 801	8 754	12 341	15 274	558	100 479
四川	315 582	8 747	3 307	13 841	40 759	52 502	5 128	194 606
贵州	186 407	4 905	2 231	10 044	17 582	18 512	764	134 600
云南	236 007	9 241	3 610	19 857	45 443	114 187	3 979	43 300
西藏	78 348	5 618	-	6 332	14 866	18 151	4 884	28 497
陕西	170 069	7 859	3 935	6 517	17 590	23 973	2 302	111 828
甘肃	140 052	7 827	3 050	6 551	16 836	12 837	3 353	92 648
青海	75 593	5 666	1 673	9 910	9 678	15 245	972	34 123
宁夏	33 240	2 205	1 145	2 589	1 745	9 609	2 304	14 787
新疆	178 263	10 889	3 687	15 730	23 860	60 440	13 971	53 372

2-2 全国公路里程（按技术等级分）

单位：公里

地区	总计	等级公路 合计	高速	一级	二级	三级	四级	等外公路
全国总计	4 577 296	4 046 290	123 523	90 964	360 410	418 237	3 053 157	531 005
北京	21 885	21 885	982	1 393	3 361	4 021	12 128	-
天津	16 550	16 550	1 130	1 260	3 224	1 272	9 664	-
河北	184 553	178 597	6 333	5 408	19 656	19 429	127 770	5 957
山西	140 960	137 844	5 028	2 535	15 158	18 717	96 406	3 116
内蒙古	175 374	163 767	5 016	6 010	14 607	30 909	107 225	11 607
辽宁	120 365	106 514	4 195	3 581	18 132	31 828	48 778	13 851
吉林	97 326	90 087	2 630	2 027	9 300	10 665	65 465	7 239
黑龙江	163 233	136 325	4 346	1 930	11 308	33 833	84 908	26 908
上海	13 195	13 195	825	468	3 463	2 708	5 731	-
江苏	158 805	151 459	4 539	12 687	22 944	15 862	95 427	7 346
浙江	118 015	115 568	3 917	6 018	10 041	8 026	87 566	2 447
安徽	186 940	182 877	4 249	3 166	10 667	18 920	145 875	4 063
福建	104 585	87 494	4 813	788	9 507	8 251	64 134	17 092
江西	156 625	129 948	5 058	1 952	10 148	11 586	101 204	26 676
山东	263 447	262 445	5 348	10 045	25 242	25 105	196 706	1 002
河南	250 584	200 470	6 305	2 113	26 215	19 807	146 029	50 114
湖北	252 980	240 936	6 204	5 231	21 555	10 812	197 134	12 044
湖南	236 886	213 512	5 653	1 292	12 606	5 618	188 343	23 374
广东	216 023	201 456	7 021	10 936	19 213	18 662	145 624	14 567
广西	117 993	105 019	4 288	1 079	11 147	8 269	80 236	12 974
海南	26 860	26 302	803	360	1 704	1 561	21 874	558
重庆	140 551	112 889	2 525	694	7 861	5 371	96 437	27 663
四川	315 582	266 064	6 020	3 326	13 971	13 111	229 637	49 518
贵州	186 407	120 613	5 128	489	6 159	7 520	101 317	65 794
云南	236 007	197 071	4 006	1 152	10 860	8 286	172 768	38 936
西藏	78 348	58 416	38	-	1 033	8 298	49 048	19 932
陕西	170 069	153 845	5 094	1 260	8 523	15 190	123 779	16 224
甘肃	140 052	120 447	3 522	368	7 928	13 484	95 145	19 604
青海	75 593	64 640	2 662	460	6 985	5 033	49 499	10 952
宁夏	33 240	33 045	1 527	1 637	3 411	6 523	19 946	195
新疆	178 263	137 012	4 316	1 302	14 482	29 560	87 351	41 252

2-3 国道里程（按技术等级分）

单位：公里

地区	总计	等级公路						等外公路
		合计	高速	一级	二级	三级	四级	
全国总计	185 319	185 118	80 947	25 421	59 973	16 461	2 316	201
北京	1 360	1 360	696	332	333	-	-	-
天津	845	845	417	363	65	-	-	-
河北	8 427	8 427	3 687	1 719	2 341	679	-	-
山西	5 272	5 272	1 956	890	2 265	154	7	-
内蒙古	10 039	10 039	3 594	2 111	3 915	418	-	-
辽宁	6 949	6 949	3 286	1 049	2 566	48	-	-
吉林	4 880	4 880	2 063	970	1 519	328	-	-
黑龙江	7 195	7 195	2 950	722	1 654	1 765	105	-
上海	644	644	477	52	114	-	-	-
江苏	5 600	5 600	2 868	2 461	271	-	-	-
浙江	4 356	4 356	2 613	1 234	504	6	-	-
安徽	5 427	5 427	2 895	985	1 351	81	116	-
福建	5 616	5 616	3 482	114	1 960	30	30	-
江西	6 461	6 461	3 353	847	2 165	87	9	-
山东	8 058	8 058	3 796	3 164	1 097	-	-	-
河南	6 867	6 867	3 184	1 155	2 297	230	-	-
湖北	6 916	6 916	3 355	853	2 703	6	-	-
湖南	7 267	7 267	3 310	361	3 166	333	97	-
广东	7 841	7 841	4 100	2 362	1 231	95	52	-
广西	7 474	7 444	3 056	636	3 439	209	104	30
海南	1 723	1 723	659	128	876	60	-	-
重庆	3 145	3 145	1 837	140	1 093	75	-	-
四川	8 747	8 747	3 440	702	3 577	881	147	-
贵州	4 905	4 905	2 279	203	1 768	655	-	-
云南	9 241	9 112	3 674	502	2 573	1 306	1 058	129
西藏	5 618	5 604	-	-	965	4 378	261	14
陕西	7 859	7 859	3 937	396	2 306	1 191	28	-
甘肃	7 827	7 827	3 131	85	3 292	1 078	241	-
青海	5 666	5 666	1 916	193	3 373	184	-	-
宁夏	2 205	2 205	1 182	143	851	29	-	-
新疆	10 889	10 861	3 753	547	4 343	2 155	62	28

2-4 省道里程（按技术等级分）

单位：公里

地区	总计	等级公路						等外公路
		合计	高速	一级	二级	三级	四级	
全国总计	329 662	324 772	42 307	35 305	150 802	50 289	46 069	4 890
北京	2 245	2 245	286	538	1 155	266	-	-
天津	2 824	2 824	714	728	1 265	102	17	-
河北	15 662	15 662	2 646	2 936	8 439	1 640	-	-
山西	11 724	11 724	3 073	865	6 312	1 261	213	-
内蒙古	14 364	14 364	1 420	2 292	5 111	4 550	991	-
辽宁	9 619	9 619	909	1 531	6 964	216	-	-
吉林	9 039	9 035	567	755	5 246	1 924	543	4
黑龙江	9 208	9 206	1 352	470	6 248	938	199	1
上海	1 067	1 067	349	227	461	30	-	-
江苏	9 350	9 350	1 660	5 275	2 291	124	-	-
浙江	6 382	6 382	1 304	1 519	2 601	613	345	-
安徽	8 402	8 402	1 354	1 365	4 984	443	256	-
福建	7 355	7 355	1 274	119	4 688	824	449	-
江西	9 687	9 658	1 694	750	5 361	1 178	675	29
山东	17 369	17 369	1 551	5 609	9 444	744	21	-
河南	17 432	17 386	3 120	896	12 228	935	207	46
湖北	13 221	13 202	2 759	1 572	8 743	103	24	19
湖南	38 523	38 333	2 343	627	8 222	3 429	23 713	190
广东	16 431	16 431	2 921	3 503	7 261	1 697	1 050	-
广西	7 824	7 824	1 232	127	4 638	1 277	550	-
海南	1 809	1 809	145	220	667	445	333	-
重庆	8 754	8 754	678	267	5 060	1 404	1 344	-
四川	13 841	13 735	2 538	896	5 554	2 930	1 817	106
贵州	10 044	10 044	2 848	177	3 419	2 675	926	-
云南	19 857	19 502	332	470	7 279	3 274	8 148	355
西藏	6 332	3 927	38	-	67	2 366	1 455	2 406
陕西	6 517	6 517	1 156	471	2 636	2 111	143	-
甘肃	6 551	6 551	392	133	3 168	2 490	369	-
青海	9 910	9 067	746	246	3 424	3 070	1 581	842
宁夏	2 589	2 589	345	165	998	1 058	23	-
新疆	15 730	14 838	563	557	6 869	6 170	678	892

2-5 县道里程（按技术等级分）

单位：公里

地区	总计	等级公路						等外公路
		合计	高速	一级	二级	三级	四级	
全国总计	554 331	538 329	121	15 632	94 565	170 305	257 706	16 002
北　京	3 972	3 972	–	355	1 279	2 212	126	–
天　津	1 333	1 333	–	110	433	509	281	–
河　北	13 175	13 095	–	153	5 143	6 599	1 200	80
山　西	20 467	20 381	–	337	4 549	10 118	5 378	86
内蒙古	27 347	26 486	2	1 187	3 282	13 376	8 639	861
辽　宁	12 750	12 750	–	939	7 621	4 065	124	–
吉　林	6 162	6 147	–	137	1 825	3 446	739	14
黑龙江	7 909	7 875	–	314	1 696	4 551	1 314	34
上　海	2 880	2 880	–	189	1 650	1 036	5	–
江　苏	23 625	23 328	12	2 991	11 549	6 704	2 072	297
浙　江	29 413	29 313	–	3 086	5 512	4 833	15 881	100
安　徽	24 253	24 253	–	307	3 488	14 429	6 029	–
福　建	16 977	15 956	56	463	1 898	5 275	8 264	1 021
江　西	20 606	20 011	–	134	1 985	8 174	9 717	595
山　东	23 827	23 827	–	622	7 737	9 638	5 830	–
河　南	21 280	21 024	–	–	7 681	8 056	5 287	255
湖　北	20 159	20 156	–	687	6 740	5 823	6 906	4
湖　南	31 542	30 615	–	292	1 128	1 659	27 536	927
广　东	17 655	17 601	–	1 427	5 214	7 434	3 526	54
广　西	25 446	24 487	–	281	2 807	6 105	15 294	959
海　南	2 857	2 826	–	7	49	883	1 887	30
重　庆	12 341	12 181	10	123	1 287	2 617	8 144	160
四　川	40 759	38 512	41	923	3 666	6 800	27 082	2 246
贵　州	17 582	17 502	–	32	452	3 173	13 845	81
云　南	45 443	43 328	–	157	844	3 218	39 109	2 115
西　藏	14 866	11 327	–	–	–	1 181	10 146	3 538
陕　西	17 590	17 590	–	56	2 122	7 552	7 859	–
甘　肃	16 836	16 291	–	102	877	6 287	9 026	545
青　海	9 678	9 506	–	21	151	1 389	7 944	173
宁　夏	1 745	1 745	–	128	245	1 293	79	–
新　疆	23 860	22 033	–	73	1 656	11 869	8 435	1 826

2-6 乡道里程（按技术等级分）

单位：公里

地区	总计	等级公路						等外公路
		合计	高速	一级	二级	三级	四级	
全国总计	1 113 173	1 033 765	-	6 645	28 229	121 328	877 564	79 408
北 京	7 968	7 968	-	113	268	1 103	6 483	-
天 津	4 008	4 008	-	-	335	251	3 421	-
河 北	45 425	43 978	-	352	2 200	8 212	33 214	1 447
山 西	48 740	48 023	-	288	1 226	4 476	42 033	717
内 蒙 古	37 503	35 967	-	180	1 309	7 829	26 648	1 536
辽 宁	31 307	31 307	-	23	759	23 655	6 870	-
吉 林	27 915	26 720	-	108	426	4 070	22 116	1 194
黑 龙 江	54 874	50 849	-	119	1 097	16 376	33 257	4 024
上 海	7 099	7 099	-	-	1 205	1 535	4 359	-
江 苏	52 806	51 983	-	934	4 097	5 309	41 644	823
浙 江	19 293	19 005	-	52	523	1 301	17 128	288
安 徽	36 498	35 581	-	13	301	2 688	32 579	917
福 建	41 167	36 143	-	87	763	1 710	33 583	5 024
江 西	29 481	25 640	-	128	300	1 160	24 052	3 840
山 东	32 540	32 540	-	141	2 432	6 012	23 956	-
河 南	40 830	38 508	-	-	2 310	7 987	28 210	2 322
湖 北	63 872	62 798	-	266	1 674	3 831	57 027	1 074
湖 南	54 600	52 325	-	6	55	137	52 126	2 276
广 东	101 272	98 698	-	2 795	4 077	7 686	84 141	2 574
广 西	28 915	26 863	-	19	182	541	26 121	2 052
海 南	6 330	6 061	-	3	103	80	5 875	269
重 庆	15 274	13 808	-	31	151	674	12 951	1 465
四 川	52 502	43 063	-	527	743	1 557	40 236	9 439
贵 州	18 512	16 847	-	31	114	487	16 215	1 665
云 南	114 187	100 790	-	23	113	349	100 304	13 397
西 藏	18 151	12 397	-	-	-	156	12 241	5 755
陕 西	23 973	23 399	-	19	294	2 368	20 718	574
甘 肃	12 837	11 452	-	4	172	2 050	9 226	1 385
青 海	15 245	12 755	-	-	5	261	12 489	2 490
宁 夏	9 609	9 603	-	369	515	3 376	5 343	6
新 疆	60 440	47 589	-	12	478	4 101	42 998	12 852

2-7 专用公路里程（按技术等级分）

单位：公里

地区	总计	等级公路						等外公路
		合计	高速	一级	二级	三级	四级	
全国总计	81 744	60 525	148	1 842	5 634	12 601	40 299	21 220
北京	611	611	-	42	253	206	110	-
天津	1 008	1 008	-	58	596	153	201	-
河北	1 801	1 776	-	69	285	327	1 096	24
山西	554	554	-	7	52	289	206	-
内蒙古	6 256	5 985	-	130	667	1 063	4 125	271
辽宁	887	869	-	11	68	367	423	17
吉林	3 890	3 789	-	20	40	179	3 550	100
黑龙江	18 806	9 917	45	275	419	2 693	6 485	8 889
上海	-	-	-	-	-	-	-	-
江苏	166	166	-	13	23	73	57	-
浙江	669	600	-	10	22	115	453	69
安徽	1 002	992	-	-	46	233	713	11
福建	122	111	-	-	11	4	95	11
江西	704	530	12	37	60	53	369	174
山东	2 241	2 241	-	46	141	339	1 715	-
河南	1 669	1 495	-	62	339	401	693	174
湖北	785	766	90	-	93	63	520	19
湖南	1 534	935	-	5	1	2	927	598
广东	388	362	-	30	59	45	228	26
广西	413	266	-	11	35	21	198	148
海南	25	25	-	-	-	-	25	-
重庆	558	448	-	4	26	86	332	110
四川	5 128	2 393	-	17	89	144	2 143	2 734
贵州	764	716	1	6	52	165	491	48
云南	3 979	2 703	-	-	42	124	2 537	1 276
西藏	4 884	3 716	-	-	-	163	3 554	1 168
陕西	2 302	2 267	-	106	489	340	1 332	35
甘肃	3 353	2 734	-	19	221	884	1 610	618
青海	972	609	-	-	28	58	524	363
宁夏	2 304	2 304	-	750	435	125	993	-
新疆	13 971	9 634	-	112	1 040	3 887	4 594	4 337

2-8 村道里程（按技术等级分）

单位：公里

地区	总计	等级公路 合计	高速	一级	二级	三级	四级	等外公路
全国总计	2 313 066	1 903 782	-	6 118	21 207	47 253	1 829 203	409 284
北京	5 728	5 728	-	13	72	234	5 409	-
天津	6 531	6 531	-	-	530	257	5 743	-
河北	100 063	95 658	-	179	1 248	1 972	92 260	4 405
山西	54 203	51 891	-	147	754	2 420	48 570	2 313
内蒙古	79 867	70 928	-	110	322	3 673	66 822	8 939
辽宁	58 853	45 019	-	29	154	3 477	41 361	13 834
吉林	45 441	39 515	-	36	244	718	38 517	5 925
黑龙江	65 242	51 283	-	30	194	7 510	43 549	13 959
上海	1 506	1 506	-	-	33	106	1 367	-
江苏	67 258	61 033	-	1 013	4 713	3 652	51 655	6 225
浙江	57 902	55 912	-	118	879	1 158	53 758	1 990
安徽	111 358	108 223	-	496	498	1 047	106 182	3 135
福建	33 349	22 313	-	6	186	409	21 713	11 036
江西	89 686	67 647	-	55	277	933	66 382	22 039
山东	179 413	178 411	-	462	4 391	8 372	165 186	1 002
河南	162 505	115 189	-	-	1 360	2 198	111 632	47 316
湖北	148 026	137 099	-	1 854	1 601	986	132 658	10 928
湖南	103 420	84 037	-	1	34	58	83 944	19 383
广东	72 435	60 522	-	820	1 371	1 704	56 627	11 913
广西	47 921	38 136	-	4	46	116	37 969	9 786
海南	14 117	13 858	-	3	9	93	13 754	259
重庆	100 479	74 552	-	129	243	514	73 666	25 927
四川	194 606	159 614	-	261	342	798	158 212	34 993
贵州	134 600	70 600	-	39	355	365	69 841	64 000
云南	43 300	21 636	-	-	10	15	21 611	21 664
西藏	28 497	21 445	-	-	-	54	21 391	7 052
陕西	111 828	96 213	-	211	675	1 627	93 699	15 615
甘肃	92 648	75 592	-	24	198	696	74 674	17 056
青海	34 123	27 038	-	-	5	71	26 961	7 085
宁夏	14 787	14 598	-	81	368	641	13 508	189
新疆	53 372	32 056	-	-	95	1 378	30 583	21 316

2-9 全国公路里程（按路面类型分）

单位：公里

地区	总计	有铺装路面（高级）			简易铺装路面（次高级）	未铺装路面（中级、低级、无路面）
		合计	沥青混凝土	水泥混凝土		
全国总计	4 577 296	2 836 445	790 153	2 046 292	465 533	1 275 318
北京	21 885	21 406	16 413	4 993	–	479
天津	16 550	16 550	12 671	3 879	–	–
河北	184 553	154 323	58 686	95 637	10 123	20 107
山西	140 960	101 032	32 611	68 421	21 907	18 021
内蒙古	175 374	86 424	51 358	35 066	17 871	71 079
辽宁	120 365	55 681	46 325	9 355	23 475	41 209
吉林	97 326	75 258	19 989	55 269	63	22 006
黑龙江	163 233	114 108	12 982	101 126	889	48 236
上海	13 195	13 195	6 292	6 904	–	–
江苏	158 805	142 823	46 920	95 903	1 454	14 527
浙江	118 015	112 114	34 048	78 067	3 982	1 918
安徽	186 940	113 155	21 667	91 488	18 626	55 158
福建	104 585	84 865	6 063	78 802	1 782	17 938
江西	156 625	119 007	13 485	105 522	4 407	33 211
山东	263 447	181 096	76 080	105 016	65 616	16 736
河南	250 584	146 930	41 508	105 422	41 090	62 564
湖北	252 980	204 468	23 641	180 827	15 486	33 026
湖南	236 886	173 227	15 308	157 919	3 600	60 059
广东	216 023	147 976	13 979	133 997	9 418	58 629
广西	117 993	68 683	8 661	60 022	17 159	32 151
海南	26 860	25 943	3 462	22 481	169	748
重庆	140 551	65 319	13 236	52 084	7 624	67 608
四川	315 582	183 330	35 614	147 716	21 748	110 504
贵州	186 407	60 929	12 602	48 327	34 505	90 973
云南	236 007	95 198	49 856	45 342	9 151	131 657
西藏	78 348	11 405	9 621	1 784	2 332	64 612
陕西	170 069	107 366	24 960	82 405	20 080	42 623
甘肃	140 052	58 185	14 029	44 156	30 878	50 989
青海	75 593	33 290	12 935	20 355	4 587	37 715
宁夏	33 240	23 672	16 179	7 493	3 542	6 026
新疆	178 263	39 488	38 973	515	73 967	64 808

2-10 国道里程（按路面类型分）

单位：公里

地 区	总 计	有铺装路面（高级）			简易铺装路面（次高级）	未铺装路面（中级、低级、无路面）
		合 计	沥青混凝土	水泥混凝土		
全国总计	185 319	176 239	157 527	18 712	7 685	1 395
北 京	1 360	1 360	1 360	–	–	–
天 津	845	845	844	2	–	–
河 北	8 427	8 407	8 285	122	20	–
山 西	5 272	5 237	5 020	216	35	–
内蒙古	10 039	9 857	9 804	53	181	–
辽 宁	6 949	6 913	6 906	7	36	–
吉 林	4 880	4 880	4 812	68	–	–
黑龙江	7 195	6 709	3 758	2 951	96	390
上 海	644	644	626	18	–	–
江 苏	5 600	5 600	5 576	25	–	–
浙 江	4 356	4 356	4 113	243	–	–
安 徽	5 427	5 427	4 873	554	–	–
福 建	5 616	5 616	3 588	2 028	–	–
江 西	6 461	6 432	5 470	962	28	–
山 东	8 058	8 058	7 958	100	–	–
河 南	6 867	6 809	6 397	412	58	–
湖 北	6 916	6 723	6 202	521	193	–
湖 南	7 267	7 222	5 233	1 989	44	–
广 东	7 841	7 815	5 147	2 669	26	–
广 西	7 474	6 856	3 727	3 129	581	37
海 南	1 723	1 722	1 271	451	1	–
重 庆	3 145	3 145	3 045	100	–	–
四 川	8 747	8 281	7 413	868	448	18
贵 州	4 905	4 246	4 195	51	659	–
云 南	9 241	7 736	7 426	310	1 268	237
西 藏	5 618	4 226	4 171	55	772	620
陕 西	7 859	7 828	7 286	542	31	–
甘 肃	7 827	6 242	6 204	38	1 584	2
青 海	5 666	5 399	5 307	92	267	–
宁 夏	2 205	2 139	2 123	15	67	–
新 疆	10 889	9 507	9 388	119	1 291	91

2-11　省道里程（按路面类型分）

单位：公里

地　区	总　计	有铺装路面（高级）			简易铺装路面（次高级）	未铺装路面（中级、低级、无路面）
		合　计	沥青混凝土	水泥混凝土		
全国总计	329 662	285 989	215 523	70 466	29 958	13 715
北　京	2 245	2 245	2 240	5	-	-
天　津	2 824	2 824	2 824	-	-	-
河　北	15 662	15 512	14 733	779	150	-
山　西	11 724	11 217	10 698	519	507	-
内蒙古	14 364	10 427	10 038	390	3 473	463
辽　宁	9 619	9 297	9 276	21	321	-
吉　林	9 039	8 776	6 350	2 426	-	263
黑龙江	9 208	8 884	3 175	5 709	-	323
上　海	1 067	1 067	1 031	36	-	-
江　苏	9 350	9 350	9 161	189	-	-
浙　江	6 382	6 382	5 214	1 168	-	-
安　徽	8 402	8 142	6 847	1 295	260	-
福　建	7 355	7 191	1 701	5 490	159	5
江　西	9 687	8 554	5 675	2 879	1 061	72
山　东	17 369	17 208	16 777	431	160	-
河　南	17 432	16 981	15 719	1 262	381	70
湖　北	13 221	11 783	8 641	3 142	1 418	20
湖　南	38 523	34 143	8 488	25 656	2 346	2 034
广　东	16 431	15 934	5 239	10 695	498	-
广　西	7 824	5 545	3 250	2 294	2 240	39
海　南	1 809	1 772	1 201	572	37	-
重　庆	8 754	8 110	6 173	1 937	530	114
四　川	13 841	12 482	10 762	1 720	1 000	359
贵　州	10 044	6 413	6 305	108	3 552	79
云　南	19 857	15 561	14 761	800	2 952	1 344
西　藏	6 332	2 032	1 996	36	243	4 058
陕　西	6 517	6 456	6 165	291	61	-
甘　肃	6 551	3 736	3 593	143	2 340	475
青　海	9 910	6 894	6 469	425	812	2 203
宁　夏	2 589	2 020	1 977	43	540	29
新　疆	15 730	9 049	9 045	5	4 918	1 763

2-12 县道里程（按路面类型分）

单位：公里

地区	总计	有铺装路面（高级）			简易铺装路面（次高级）	未铺装路面（中级、低级、无路面）
		合计	沥青混凝土	水泥混凝土		
全国总计	554 331	376 481	174 518	201 963	113 429	64 421
北 京	3 972	3 949	3 892	57	-	23
天 津	1 333	1 333	1 301	32	-	-
河 北	13 175	11 556	8 086	3 470	1 254	364
山 西	20 467	14 124	9 449	4 676	5 688	655
内蒙古	27 347	15 111	11 532	3 579	6 307	5 929
辽 宁	12 750	10 415	10 263	152	2 251	84
吉 林	6 162	6 006	3 246	2 760	-	155
黑龙江	7 909	6 995	1 388	5 607	172	742
上 海	2 880	2 880	2 546	333	-	-
江 苏	23 625	23 122	16 247	6 874	54	449
浙 江	29 413	27 238	14 896	12 341	2 159	16
安 徽	24 253	17 485	7 452	10 033	6 247	520
福 建	16 977	15 117	546	14 571	699	1 161
江 西	20 606	17 600	1 683	15 917	2 075	931
山 东	23 827	19 634	14 582	5 052	4 042	151
河 南	21 280	17 690	8 002	9 688	3 112	478
湖 北	20 159	15 014	4 444	10 570	4 659	486
湖 南	31 542	26 449	1 344	25 105	958	4 135
广 东	17 655	16 060	1 289	14 771	1 152	443
广 西	25 446	11 088	1 434	9 654	11 631	2 728
海 南	2 857	2 690	762	1 927	119	48
重 庆	12 341	9 490	2 147	7 343	1 661	1 190
四 川	40 759	27 353	9 493	17 860	7 034	6 371
贵 州	17 582	2 324	846	1 479	14 033	1 225
云 南	45 443	26 572	18 902	7 670	3 859	15 012
西 藏	14 866	2 189	2 012	177	607	12 069
陕 西	17 590	10 474	5 754	4 720	6 495	621
甘 肃	16 836	4 660	2 429	2 231	10 180	1 997
青 海	9 678	4 169	968	3 200	2 243	3 267
宁 夏	1 745	1 200	1 171	29	491	54
新 疆	23 860	6 495	6 412	84	14 246	3 118

2-13 乡道里程（按路面类型分）

单位：公里

地区	总计	有铺装路面（高级）			简易铺装路面（次高级）	未铺装路面（中级、低级、无路面）
		合计	沥青混凝土	水泥混凝土		
全国总计	1 113 173	715 970	120 362	595 608	125 935	271 267
北京	7 968	7 697	5 517	2 180	-	271
天津	4 008	4 008	3 030	978	-	-
河北	45 425	36 986	11 371	25 615	3 995	4 443
山西	48 740	31 982	4 353	27 630	9 273	7 485
内蒙古	37 503	21 141	9 909	11 233	5 036	11 326
辽宁	31 307	16 339	13 046	3 293	12 141	2 828
吉林	27 915	24 088	3 909	20 180	6	3 821
黑龙江	54 874	44 721	2 366	42 355	446	9 707
上海	7 099	7 099	1 796	5 303	-	-
江苏	52 806	50 850	8 133	42 717	360	1 596
浙江	19 293	17 828	3 838	13 990	1 355	110
安徽	36 498	21 351	902	20 450	5 090	10 057
福建	41 167	35 418	177	35 241	577	5 172
江西	29 481	23 613	354	23 259	534	5 334
山东	32 540	22 576	10 047	12 529	8 571	1 393
河南	40 830	29 304	5 724	23 580	8 442	3 083
湖北	63 872	49 651	1 453	48 198	5 626	8 594
湖南	54 600	40 532	127	40 405	143	13 926
广东	101 272	74 719	1 848	72 871	3 307	23 246
广西	28 915	19 703	156	19 547	1 876	7 336
海南	6 330	5 938	163	5 775	11	380
重庆	15 274	9 970	779	9 191	1 188	4 115
四川	52 502	30 562	5 516	25 046	4 910	17 030
贵州	18 512	5 578	439	5 139	7 405	5 529
云南	114 187	42 334	8 030	34 304	594	71 260
西藏	18 151	1 308	925	383	447	16 396
陕西	23 973	15 060	2 151	12 909	5 829	3 084
甘肃	12 837	3 890	855	3 035	5 706	3 241
青海	15 245	6 503	84	6 420	966	7 775
宁夏	9 609	7 080	5 328	1 752	1 408	1 121
新疆	60 440	8 139	8 040	99	30 693	21 609

2-14 专用公路里程（按路面类型分）

单位：公里

地区	总计	有铺装路面（高级）			简易铺装路面（次高级）	未铺装路面（中级、低级、无路面）
		合计	沥青混凝土	水泥混凝土		
全国总计	81 744	31 003	13 367	17 636	10 180	40 561
北京	611	611	530	81	–	–
天津	1 008	1 008	833	175	–	–
河北	1 801	1 547	916	631	160	94
山西	554	375	175	200	132	47
内蒙古	6 256	1 938	782	1 156	277	4 041
辽宁	887	187	164	23	318	382
吉林	3 890	1 023	262	761	16	2 851
黑龙江	18 806	8 885	1 426	7 458	21	9 901
上海	–	–	–	–	–	–
江苏	166	163	35	127	1	2
浙江	669	526	204	321	65	79
安徽	1 002	400	49	351	131	472
福建	122	92	–	92	9	21
江西	704	477	90	387	14	213
山东	2 241	1 211	922	289	994	36
河南	1 669	990	522	469	436	243
湖北	785	514	131	382	133	138
湖南	1 534	513	26	487	17	1 004
广东	388	300	38	262	–	88
广西	413	156	54	102	70	188
海南	25	25	4	21	–	–
重庆	558	387	59	328	22	149
四川	5 128	1 277	407	870	283	3 567
贵州	764	226	48	178	361	177
云南	3 979	834	394	440	241	2 903
西藏	4 884	571	298	273	74	4 239
陕西	2 302	1 578	700	878	274	450
甘肃	3 353	551	246	306	1 261	1 540
青海	972	277	59	218	25	670
宁夏	2 304	1 629	1 318	312	66	610
新疆	13 971	2 732	2 675	57	4 781	6 459

2-15 村道里程（按路面类型分）

单位：公里

地区	总计	有铺装路面（高级）			简易铺装路面（次高级）	未铺装路面（中级、低级、无路面）
		合计	沥青混凝土	水泥混凝土		
全国总计	2 313 066	1 250 763	108 856	1 141 907	178 346	883 958
北京	5 728	5 543	2 874	2 669	–	185
天津	6 531	6 531	3 839	2 692	–	–
河北	100 063	80 315	15 295	65 020	4 543	15 206
山西	54 203	38 096	2 917	35 180	6 273	9 834
内蒙古	79 867	27 949	9 293	18 655	2 596	49 322
辽宁	58 853	12 529	6 671	5 858	8 409	37 915
吉林	45 441	30 484	1 410	29 074	41	14 915
黑龙江	65 242	37 914	869	37 045	155	27 173
上海	1 506	1 506	294	1 213	–	–
江苏	67 258	53 738	7 768	45 970	1 039	12 480
浙江	57 902	55 785	5 782	50 003	403	1 714
安徽	111 358	60 349	1 544	58 806	6 899	44 110
福建	33 349	21 431	51	21 380	339	11 579
江西	89 686	62 331	214	62 117	694	26 661
山东	179 413	112 408	25 794	86 614	51 849	15 156
河南	162 505	75 155	5 145	70 010	28 661	58 690
湖北	148 026	120 784	2 770	118 013	3 456	23 787
湖南	103 420	64 367	90	64 277	92	38 960
广东	72 435	33 148	419	32 729	4 435	34 852
广西	47 921	25 336	41	25 296	761	21 824
海南	14 117	13 796	61	13 735	1	321
重庆	100 479	34 217	1 032	33 184	4 223	62 039
四川	194 606	103 374	2 023	101 351	8 072	83 160
贵州	134 600	42 141	769	41 372	8 495	83 964
云南	43 300	2 161	343	1 818	237	40 902
西藏	28 497	1 079	218	861	189	27 229
陕西	111 828	65 970	2 904	63 066	7 392	38 467
甘肃	92 648	39 106	702	38 404	9 808	43 734
青海	34 123	10 048	48	10 000	275	23 799
宁夏	14 787	9 604	4 261	5 343	970	4 213
新疆	53 372	3 565	3 414	151	18 038	31 769

2-16 全国公路养护里程

单位：公里

地区	总计	国道	省道	县道	乡道	专用公路	村道
全国总计	4 465 554	184 604	328 633	551 022	1 099 704	78 348	2 223 243
北京	21 885	1 360	2 245	3 972	7 968	611	5 728
天津	16 550	845	2 824	1 333	4 008	1 008	6 531
河北	184 286	8 421	15 634	13 175	45 425	1 761	99 869
山西	140 867	5 179	11 724	20 467	48 740	554	54 203
内蒙古	172 289	10 039	14 358	27 297	37 341	5 490	77 765
辽宁	120 365	6 949	9 619	12 750	31 307	887	58 853
吉林	97 326	4 880	9 039	6 162	27 915	3 890	45 441
黑龙江	163 233	7 195	9 208	7 909	54 874	18 806	65 242
上海	13 195	644	1 067	2 880	7 099	–	1 506
江苏	152 865	5 600	9 350	23 354	52 396	164	61 999
浙江	118 015	4 356	6 382	29 413	19 293	669	57 902
安徽	186 172	5 295	8 236	24 140	36 498	673	111 331
福建	104 585	5 616	7 355	16 977	41 167	122	33 349
江西	151 271	6 325	9 562	20 583	29 393	703	84 706
山东	263 447	8 058	17 369	23 827	32 540	2 241	179 413
河南	246 773	6 867	17 429	21 280	40 699	1 664	158 834
湖北	252 948	6 916	13 202	20 159	63 869	785	148 017
湖南	236 600	7 159	38 410	31 496	54 599	1 534	103 402
广东	208 030	7 781	16 373	17 627	100 576	336	65 336
广西	117 928	7 474	7 824	25 446	28 915	398	47 871
海南	26 860	1 723	1 809	2 857	6 330	25	14 117
重庆	134 434	3 145	8 754	12 341	15 260	558	94 376
四川	296 086	8 747	13 841	40 742	51 321	4 860	176 575
贵州	183 486	4 904	10 044	17 582	18 510	764	131 682
云南	235 811	9 241	19 857	45 443	114 018	3 979	43 274
西藏	69 689	5 604	5 867	13 352	17 335	4 846	22 685
陕西	168 230	7 693	6 471	17 589	23 957	2 302	110 218
甘肃	126 037	7 827	6 551	16 790	12 705	3 349	78 815
青海	75 593	5 666	9 910	9 678	15 245	972	34 123
宁夏	33 240	2 205	2 589	1 745	9 609	2 304	14 787
新疆	147 459	10 889	15 730	22 658	50 794	12 094	35 292

2-17 全国公路绿化里程

单位：公里

地区	总计	国道	省道	县道	乡道	专用公路	村道
全国总计	2 489 629	143 762	258 361	402 848	669 662	38 835	976 162
北京	20 212	1 360	2 245	3 950	7 260	433	4 964
天津	15 193	668	2 538	1 325	3 712	961	5 990
河北	85 333	7 524	13 571	8 386	19 032	818	36 002
山西	60 532	4 033	8 539	14 368	20 632	254	12 707
内蒙古	29 379	6 223	4 300	8 542	6 462	1 541	2 310
辽宁	69 318	6 200	8 904	11 409	22 172	643	19 990
吉林	86 803	4 587	8 722	6 126	27 352	3 806	36 210
黑龙江	126 660	6 052	7 481	7 208	45 934	11 289	48 696
上海	11 787	498	861	2 689	6 445	–	1 294
江苏	142 410	5 445	9 159	22 771	48 537	156	56 342
浙江	74 668	4 027	5 837	24 749	13 049	505	26 500
安徽	143 833	5 009	7 679	22 170	33 508	761	74 705
福建	87 807	4 639	6 795	14 776	36 216	106	25 275
江西	90 022	5 714	8 000	17 398	19 683	191	39 036
山东	210 644	7 369	16 121	20 792	26 763	1 527	138 072
河南	178 575	6 640	15 634	17 279	32 036	1 461	105 526
湖北	105 710	5 783	11 879	15 504	27 658	567	44 319
湖南	191 202	6 320	31 924	25 540	43 873	1 064	82 481
广东	105 368	7 480	15 212	15 475	52 631	250	14 320
广西	48 974	7 000	6 890	16 370	11 110	161	7 443
海南	25 124	1 598	1 668	2 617	6 074	25	13 141
重庆	56 896	2 420	7 651	9 507	9 441	220	27 658
四川	129 325	7 467	11 697	30 876	30 534	2 111	46 640
贵州	39 579	3 558	6 068	7 791	4 032	136	17 995
云南	131 881	6 730	12 716	35 132	57 680	1 368	18 255
西藏	3 586	1 297	1 413	297	42	392	144
陕西	39 645	6 982	5 488	7 982	5 796	739	12 657
甘肃	27 848	3 967	3 688	8 975	4 395	599	6 223
青海	36 701	3 154	6 867	6 315	6 612	310	13 443
宁夏	19 114	1 637	1 589	1 305	7 564	1 646	5 371
新疆	95 500	2 382	7 223	15 222	33 425	4 796	32 452

2-18　全国高速公路里程

单位：公里

地区	高速公路 合计	四车道	六车道	八车道及以上	车道里程
全国总计	123 523	101 060	17 762	4 701	548 419
北京	982	451	493	38	5 066
天津	1 130	354	679	97	6 270
河北	6 333	4 204	1 633	496	30 587
山西	5 028	4 149	876	3	21 878
内蒙古	5 016	4 522	277	217	21 486
辽宁	4 195	3 363	337	495	19 435
吉林	2 630	2 470	62	98	11 035
黑龙江	4 346	4 346	-	-	17 385
上海	825	309	317	200	4 734
江苏	4 539	2 549	1 700	290	22 716
浙江	3 917	2 902	665	351	18 401
安徽	4 249	3 888	306	55	17 824
福建	4 813	3 788	780	245	21 791
江西	5 058	4 765	190	103	21 026
山东	5 348	4 399	925	24	23 334
河南	6 305	3 341	1 959	1 005	33 156
湖北	6 204	5 834	324	46	25 651
湖南	5 653	5 344	308	-	23 227
广东	7 021	3 372	3 171	477	36 336
广西	4 288	4 103	118	67	17 657
海南	803	803	-	-	3 214
重庆	2 525	2 173	352	-	10 805
四川	6 020	5 538	482	-	25 042
贵州	5 128	4 983	145	-	20 802
云南	4 006	3 246	714	46	17 632
西藏	38	38	-	-	151
陕西	5 094	3 917	829	347	23 421
甘肃	3 522	3 490	33	-	14 155
青海	2 662	2 600	62	-	10 774
宁夏	1 527	1 508	20	-	6 148
新疆	4 316	4 308	8	-	17 282

2-19 全国公路密度及通达率

地区	公路密度		公路通达率（%）			
	以国土面积计算（公里/百平方公里）	以人口计算（公里/万人）	乡（镇）	通硬化路面所占比重	行政村	通硬化路面所占比重
全国总计	47.68	33.46	99.99	98.62	99.87	94.45
北京	133.36	10.84	100.00	100.00	100.00	100.00
天津	139.07	10.91	100.00	100.00	100.00	100.00
河北	98.32	24.99	100.00	100.00	100.00	100.00
山西	90.19	38.64	100.00	100.00	99.93	99.47
内蒙古	14.82	70.94	100.00	100.00	99.98	76.71
辽宁	82.50	28.36	100.00	100.00	100.00	100.00
吉林	51.93	35.36	100.00	100.00	100.00	99.93
黑龙江	35.95	42.58	100.00	99.91	99.56	98.81
上海	208.09	5.44	100.00	100.00	100.00	100.00
江苏	154.78	19.79	100.00	100.00	100.00	100.00
浙江	115.93	24.29	100.00	100.00	99.72	99.71
安徽	143.80	26.95	100.00	100.00	99.99	99.99
福建	86.15	27.48	100.00	100.00	100.00	100.00
江西	93.84	34.48	100.00	100.00	100.00	100.00
山东	168.12	27.49	100.00	100.00	100.00	99.98
河南	150.05	24.75	100.00	100.00	100.00	99.98
湖北	136.08	43.50	100.00	100.00	100.00	100.00
湖南	111.84	34.92	100.00	100.00	99.97	99.93
广东	121.43	20.14	100.00	100.00	100.00	100.00
广西	49.85	21.55	100.00	100.00	99.97	88.68

2-19 （续表一）

地 区	公 路 密 度		公 路 通 达 率(%)			
	以国土面积计算 （公里/百平方公里）	以人口计算 （公里/万人）	乡（镇）	通硬化路面 所占比重	行政村	通硬化路面 所占比重
海 南	79.23	30.98	100.00	100.00	99.97	99.91
重 庆	170.57	48.15	100.00	100.00	100.00	75.23
四 川	64.72	34.50	100.00	95.99	99.34	85.84
贵 州	105.85	53.14	100.00	100.00	100.00	74.86
云 南	59.90	50.07	100.00	99.93	99.64	75.80
西 藏	6.38	247.16	99.71	54.47	98.12	23.49
陕 西	82.72	45.05	100.00	100.00	100.00	90.27
甘 肃	30.82	53.71	100.00	100.00	100.00	78.02
青 海	10.48	130.30	100.00	98.57	100.00	85.71
宁 夏	50.06	50.82	100.00	100.00	100.00	92.68
新 疆	10.74	77.57	99.85	98.81	98.64	91.05

2-20 公路桥梁（按使用年限分）

地 区	总 计 数量（座）	总 计 长度（米）	总计中：永久性桥梁 数量（座）	总计中：永久性桥梁 长度（米）	总计中：危桥 数量（座）	总计中：危桥 长度（米）
全国总计	779 159	45 927 747	765 456	45 604 517	76 483	2 249 442
北 京	6 381	556 842	6 381	556 842	26	1 438
天 津	2 870	437 493	2 846	436 886	1	82
河 北	40 951	2 861 112	40 655	2 853 689	3 469	98 810
山 西	14 200	1 181 711	14 113	1 178 853	759	20 580
内蒙古	16 362	687 441	15 689	670 466	2 771	69 945
辽 宁	44 813	1 852 116	44 785	1 851 326	1 013	36 861
吉 林	13 347	532 379	13 064	525 303	1 003	27 440
黑龙江	20 695	745 596	18 615	711 488	6 125	129 812
上 海	11 153	693 479	11 149	693 374	52	7 436
江 苏	69 925	3 376 516	69 506	3 367 027	10 184	263 271
浙 江	48 701	2 792 948	48 689	2 792 698	773	40 109
安 徽	36 808	2 152 901	36 578	2 147 532	2 195	47 998
福 建	26 145	1 939 782	26 099	1 937 979	637	27 272
江 西	26 794	1 434 656	25 060	1 400 079	5 348	199 842
山 东	48 630	2 159 764	48 630	2 159 764	4 545	183 102
河 南	43 584	2 004 727	43 325	1 999 140	12 465	303 654
湖 北	40 279	2 657 899	40 244	2 657 004	8 980	220 161
湖 南	37 716	1 991 909	37 015	1 976 966	1 857	45 491
广 东	45 589	3 205 460	45 501	3 202 958	980	62 983
广 西	17 320	902 403	17 248	900 039	763	34 745
海 南	5 950	203 739	5 876	202 016	473	15 131
重 庆	10 445	730 538	10 304	724 956	762	32 782
四 川	38 635	2 430 089	37 697	2 405 180	1 538	62 244
贵 州	19 808	2 209 070	19 789	2 208 281	2 341	73 877
云 南	25 384	2 222 498	25 051	2 205 555	1 545	61 763
西 藏	8 188	205 654	6 027	154 347	1 522	48 267
陕 西	24 747	2 331 329	23 602	2 302 715	973	38 161
甘 肃	10 119	447 332	9 694	431 947	1 170	45 477
青 海	5 360	272 889	5 256	267 321	290	6 498
宁 夏	4 498	223 039	4 498	223 039	290	6 671
新 疆	13 762	484 438	12 470	459 748	1 633	37 540

2-21 公路桥

地区	总计 数量（座）	总计 长度（米）	特大桥 数量（座）	特大桥 长度（米）	大 数量（座）
全国总计	779 159	45 927 747	3 894	6 904 159	79 512
北京	6 381	556 842	67	126 938	962
天津	2 870	437 493	97	177 774	464
河北	40 951	2 861 112	261	516 779	5 207
山西	14 200	1 181 711	79	121 701	2 740
内蒙古	16 362	687 441	25	47 834	1 247
辽宁	44 813	1 852 116	95	176 643	3 027
吉林	13 347	532 379	17	24 292	802
黑龙江	20 695	745 596	21	34 033	1 129
上海	11 153	693 479	74	183 086	658
江苏	69 925	3 376 516	239	484 732	3 926
浙江	48 701	2 792 948	261	607 232	3 776
安徽	36 808	2 152 901	242	480 264	2 724
福建	26 145	1 939 782	193	336 483	3 651
江西	26 794	1 434 656	61	109 862	2 928
山东	48 630	2 159 764	82	195 214	2 840
河南	43 584	2 004 727	85	149 485	3 235
湖北	40 279	2 657 899	309	602 114	4 436
湖南	37 716	1 991 909	126	253 805	3 733
广东	45 589	3 205 460	453	785 631	4 376
广西	17 320	902 403	27	27 534	1 827
海南	5 950	203 739	4	5 450	276
重庆	10 445	730 538	83	72 610	1 803
四川	38 635	2 430 089	207	321 016	5 221
贵州	19 808	2 209 070	250	249 436	5 147
云南	25 384	2 222 498	175	228 285	5 669
西藏	8 188	205 654	18	13 291	313
陕西	24 747	2 331 329	268	470 189	4 853
甘肃	10 119	447 332	18	16 205	991
青海	5 360	272 889	20	31 749	476
宁夏	4 498	223 039	15	19 909	386
新疆	13 762	484 438	22	34 585	689

梁（按跨径分）

桥	中　桥		小　桥	
长度 （米）	数量 （座）	长度 （米）	数量 （座）	长度 （米）
20 608 476	**175 420**	**9 524 125**	**520 333**	**8 890 987**
258 943	1 846	108 933	3 506	62 028
183 551	891	47 964	1 418	28 203
1 363 838	9 364	555 078	26 119	425 417
709 122	3 279	200 458	8 102	150 429
262 066	2 864	176 679	12 226	200 862
717 807	7 542	443 917	34 149	513 748
178 280	2 914	166 916	9 614	162 891
241 147	4 243	245 542	15 302	224 874
236 939	3 003	131 153	7 418	142 302
1 100 624	18 813	896 266	46 947	894 894
1 045 555	11 404	569 576	33 260	570 584
810 506	7 167	388 206	26 675	473 925
1 027 069	5 299	290 784	17 002	285 446
702 307	6 948	372 576	16 857	249 911
671 472	12 170	673 215	33 538	619 862
760 035	11 368	584 855	28 896	510 353
1 210 276	6 878	372 752	28 656	472 757
929 050	6 814	368 131	27 043	440 924
1 397 326	8 761	492 270	31 999	530 233
388 501	4 931	288 730	10 535	197 639
55 195	1 329	71 090	4 341	72 003
417 096	2 248	123 689	6 311	117 143
1 233 118	8 343	432 809	24 864	443 146
1 523 580	4 725	256 199	9 686	179 855
1 328 653	7 459	447 824	12 081	217 736
37 284	1 600	65 574	6 257	89 505
1 307 305	5 576	328 301	14 050	225 534
182 213	2 646	140 737	6 464	108 178
106 800	1 307	75 762	3 557	58 577
83 241	1 266	70 438	2 831	49 451
139 578	2 422	137 700	10 629	172 575

2-22 公路

地区	公路					
	总计		特长隧道		长隧道	
	数量（处）	长度（米）	数量（处）	长度（米）	数量（处）	长度（米）
全国总计	**14 006**	**12 683 884**	**744**	**3 299 839**	**3 138**	**5 376 848**
北京	123	66 833	4	13 238	12	23 347
天津	4	7 572	–	–	4	7 572
河北	643	597 994	37	158 259	156	269 235
山西	881	899 941	75	409 696	138	237 517
内蒙古	27	34 866	3	11 734	9	16 752
辽宁	256	223 416	4	13 624	72	108 072
吉林	132	136 543	2	6 330	49	88 061
黑龙江	4	4 435	–	–	2	3 350
上海	2	10 757	1	8 955	1	1 802
江苏	20	24 810	3	11 275	4	6 805
浙江	1 604	1 065 054	33	145 115	286	474 702
安徽	316	238 928	14	46 877	55	96 891
福建	1 438	1 759 828	133	577 004	424	745 269
江西	261	252 541	13	56 225	73	120 601
山东	67	60 406	2	7 760	16	27 226
河南	445	212 623	4	13 662	41	70 597
湖北	979	962 537	76	342 360	208	343 205
湖南	654	530 200	22	91 827	131	223 338
广东	501	498 735	24	97 715	145	251 091
广西	495	292 283	10	34 615	68	112 137
海南	18	13 996	–	–	7	8 002
重庆	597	590 146	46	211 098	126	233 373
四川	858	899 354	68	289 431	223	382 267
贵州	1 380	1 370 648	57	209 084	442	745 715
云南	815	630 578	27	101 852	154	284 839
西藏	28	5 971	–	–	1	2 447
陕西	1 194	1 010 957	67	342 986	231	381 112
甘肃	157	169 530	12	70 580	31	56 745
青海	56	71 748	7	28 537	15	30 634
宁夏	19	14 429	–	–	4	5 882
新疆	32	26 226	–	–	10	18 263

隧道、渡口

隧 道				公 路 渡 口	
中 隧 道		短 隧 道		总 计 （处）	机 动 渡 口 （处）
数量 （处）	长度 （米）	数量 （处）	长度 （米）		
3 150	2 243 111	6 974	1 764 087	2 048	855
19	12 846	88	17 402	-	-
-	-	-	-	-	-
132	93 451	318	77 049	-	-
196	139 557	472	113 171	-	-
5	3 705	10	2 675	41	27
114	78 170	66	23 551	206	25
44	33 889	37	8 263	49	23
2	1 085	-	-	338	37
-	-	-	-	-	-
6	4 526	7	2 204	63	27
297	204 908	988	240 330	23	20
77	54 557	170	40 603	56	19
393	285 500	488	152 056	9	3
69	47 686	106	28 028	116	47
28	19 519	21	5 902	20	19
80	55 506	320	72 857	26	8
239	169 915	456	107 058	162	132
176	129 102	325	85 933	299	108
117	84 431	215	65 499	79	59
95	62 662	322	82 868	140	74
5	3 625	6	2 369	6	4
107	78 732	318	66 943	68	57
182	130 062	385	97 594	208	122
377	272 856	504	142 994	55	7
168	121 340	466	122 547	2	2
-	-	27	3 524	6	4
167	114 576	729	172 283	51	14
30	22 678	84	19 527	8	2
8	5 935	26	6 643	-	-
11	7 636	4	911	14	14
6	4 659	16	3 304	3	1

2–23 全国公路营

地区	汽车数量合计（辆）	载客汽车				载货		货			
				大型		合计		普通货车		大型	
		辆	客位	辆	客位	辆	吨位	辆	吨位	辆	吨位
全国总计	**14 731 192**	**839 287**	**21 485 793**	**304 898**	**13 243 075**	**13 891 905**	**103 665 006**	**10 118 719**	**49 824 986**	**3 396 657**	**40 055 815**
北京	250 836	66 136	703 583	7 701	371 101	184 700	950 308	156 286	648 416	48 583	493 932
天津	178 388	8 509	336 656	6 563	292 419	169 879	1 088 205	119 563	326 191	18 153	176 132
河北	1 424 651	25 180	684 387	8 813	356 461	1 399 471	12 837 757	785 552	3 537 983	212 574	2 708 909
山西	515 878	14 012	379 146	5 452	220 460	501 866	5 102 877	287 933	1 794 283	115 038	1 559 718
内蒙古	331 365	12 149	407 233	7 705	314 438	319 216	2 445 946	217 231	1 203 756	69 782	975 058
辽宁	817 271	31 615	879 361	13 121	582 765	785 656	5 132 695	597 173	2 583 569	159 280	1 972 579
吉林	372 838	14 332	454 039	6 761	290 991	358 506	2 437 006	285 129	1 511 969	93 598	1 210 839
黑龙江	494 084	16 443	528 150	8 786	366 972	477 641	3 500 033	383 454	2 090 440	126 159	1 714 926
上海	238 957	27 156	567 416	9 307	441 161	211 801	2 282 127	103 373	713 560	67 865	645 425
江苏	774 189	46 685	1 623 065	29 588	1 401 690	727 504	6 224 058	508 848	3 018 787	257 982	2 591 306
浙江	459 749	26 587	912 585	14 753	670 305	433 162	2 790 464	324 546	1 258 823	90 409	949 714
安徽	669 790	29 429	833 188	11 123	498 509	640 361	5 185 429	439 064	2 657 150	172 255	2 305 221
福建	269 217	16 708	478 991	7 037	301 219	252 509	1 991 540	178 697	790 699	51 085	622 927
江西	380 204	16 760	466 502	5 217	232 334	363 444	3 316 807	242 513	1 443 171	92 664	1 183 816
山东	969 205	26 938	891 441	15 639	638 138	942 267	10 279 947	493 028	3 494 977	260 881	3 118 575
河南	1 167 575	46 799	1 405 371	18 193	793 713	1 120 776	8 212 287	779 495	3 484 749	258 035	2 645 194
湖北	428 831	39 479	858 228	7 471	318 266	389 352	2 567 141	294 890	1 458 390	101 794	1 146 480
湖南	426 350	47 867	1 143 768	11 897	504 009	378 483	2 261 210	328 803	1 514 070	102 517	1 183 793
广东	766 061	39 169	1 604 079	31 201	1 420 807	726 892	5 024 136	546 718	2 285 769	144 491	1 729 376
广西	514 014	34 320	966 313	15 651	644 595	479 694	2 891 239	420 638	2 106 330	144 431	1 709 816
海南	63 202	6 162	180 674	2 783	109 175	57 040	233 529	52 070	161 136	9 954	104 907
重庆	285 975	19 946	516 165	6 665	282 535	266 029	1 682 658	236 123	1 348 331	90 545	1 150 039
四川	560 518	50 765	1 180 377	11 881	479 842	509 753	2 990 338	452 479	2 224 014	151 443	1 791 088
贵州	278 423	30 058	645 597	4 910	216 540	248 365	1 071 929	232 950	956 639	62 587	701 120
云南	635 289	49 204	813 564	8 048	317 304	586 085	2 429 013	562 301	2 103 026	139 390	1 558 690
西藏	49 897	5 183	105 711	1 365	54 101	44 714	300 442	41 901	268 942	25 592	235 442
陕西	430 021	25 609	583 889	8 067	335 519	404 412	2 444 495	329 159	1 483 165	91 325	1 168 497
甘肃	305 811	19 876	448 259	7 115	276 857	285 935	1 383 109	256 554	1 025 237	77 718	796 519
青海	90 231	3 044	79 136	1 163	48 812	87 187	470 817	77 963	337 505	21 903	269 036
宁夏	119 656	5 499	162 121	2 540	111 968	114 157	939 649	78 518	473 052	31 400	417 298
新疆	462 716	37 668	646 798	8 382	350 069	425 048	3 197 815	305 767	1 520 857	107 224	1 219 443

运车辆拥有量

汽车							其他机动车		轮胎式拖拉机	
车				牵引车	挂车					
专用货车		集装箱车								
辆	吨位	辆	TEU	辆	辆	吨	辆	吨位	辆	吨位
484 043	**5 030 856**	**17 948**	**26 041**	**1 608 156**	**1 680 987**	**48 809 164**	**426 592**	**402 937**	**174 516**	**180 771**
18 503	207 172	1 134	2 372	6 628	3 283	94 720	–	–	–	–
5 630	51 625	14	28	20 599	24 087	710 389	–	–	–	–
38 187	308 771	168	295	280 794	294 938	8 991 003	59 290	45 125	1 076	1 348
5 642	69 682	–	–	102 012	106 279	3 238 912	1 142	1 143	107	94
9 609	116 858	28	32	42 990	49 386	1 125 332	–	–	–	–
34 965	355 854	601	1 087	78 360	75 158	2 193 272	32 017	36 243	–	–
10 197	117 666	38	58	34 876	28 304	807 371	–	–	–	–
9 742	107 014	206	206	38 964	45 481	1 302 579	2 480	2 907	–	–
13 296	103 293	11	16	44 856	50 276	1 465 274	–	–	–	–
37 914	392 457	15	26	90 191	90 551	2 812 814	–	–	–	–
15 974	157 724	105	211	45 645	46 997	1 373 917	–	–	–	–
41 204	344 103	442	648	87 405	72 688	2 184 176	9 879	12 959	9	14
8 711	110 291	992	1 773	28 446	36 655	1 090 550	1 584	1 673	–	–
14 803	166 267	–	–	45 291	60 837	1 707 369	44 337	45 969	784	766
24 122	301 186	2 425	3 672	211 577	213 540	6 483 784	–	–	–	–
12 299	141 392	–	–	164 914	164 068	4 586 146	191 132	167 704	39 583	51 242
26 694	247 268	293	557	29 132	38 636	861 483	7 130	9 159	254	287
15 174	146 081	44	54	13 902	20 604	601 059	11 602	23 574	2 583	2 477
28 628	402 882	8 206	10 652	72 094	79 452	2 335 485	–	–	–	–
14 527	113 513	956	473	19 943	24 586	671 396	31 738	12 613	111 004	105 679
1 923	25 714	297	590	1 436	1 611	46 679	452	326	1 060	545
12 145	102 117	326	613	8 830	8 931	232 210	–	–	1 092	1 057
21 341	226 816	1 452	2 470	16 785	19 148	539 508	–	–	10 445	9 443
11 964	86 360	135	100	877	2 574	28 930	1 764	7 150	–	–
7 869	88 018	–	–	8 120	7 795	237 969	586	196	4 581	4 967
707	4 797	–	–	1 049	1 057	26 703	–	–	–	–
10 476	150 634	60	108	32 333	32 444	810 696	30 591	35 100	1 938	2 852
7 146	91 038	–	–	11 737	10 498	266 834	868	1 096	–	–
1 905	20 700	–	–	3 489	3 830	112 612	–	–	–	–
1 756	28 141	–	–	16 708	17 175	438 456	–	–	–	–
20 990	245 422	–	–	48 173	50 118	1 431 536	–	–	–	–

2-24 公路客、货运输量

地区	客运量（万人）	旅客周转量（万人公里）	货运量（万吨）	货物周转量（万吨公里）
全国总计	1 619 097	107 426 585	3 150 019	579 557 245
北　京	49 931	1 301 210	19 044	1 563 562
天　津	14 219	816 989	30 551	3 452 038
河　北	43 563	2 684 350	175 637	68 214 764
山　西	22 085	1 645 324	91 240	13 747 614
内蒙古	11 017	1 603 444	119 500	22 399 639
辽　宁	60 269	3 130 881	172 140	28 506 823
吉　林	29 013	1 778 174	38 708	10 512 239
黑龙江	32 632	2 295 553	44 200	9 292 653
上　海	3 766	1 254 547	40 627	2 895 595
江　苏	119 800	8 254 504	113 351	20 729 636
浙　江	92 304	5 447 588	122 547	15 139 184
安　徽	78 072	5 748 829	230 649	47 218 724
福　建	40 394	2 672 929	79 802	10 202 538
江　西	53 687	2 847 402	115 436	30 227 179
山　东	46 960	4 713 734	227 934	58 769 895
河　南	112 535	7 439 104	172 431	45 426 665
湖　北	87 953	4 892 905	115 801	23 806 244
湖　南	119 266	6 356 385	172 248	25 535 237
广　东	98 050	10 349 388	255 995	31 088 112
广　西	41 522	4 108 248	119 194	21 226 008
海　南	10 363	792 937	11 279	786 586
重　庆	57 556	3 764 464	86 931	8 512 255
四　川	124 014	6 716 289	138 622	14 805 804
贵　州	80 621	4 227 943	77 341	7 824 654
云　南	43 688	3 302 128	101 993	10 778 863
西　藏	871	241 965	2 077	961 028
陕　西	61 436	2 932 257	107 731	18 268 013
甘　肃	37 240	2 487 489	52 281	9 121 353
青　海	4 596	446 473	13 233	2 221 302
宁　夏	8 444	680 437	36 995	5 718 458
新　疆	33 229	2 492 717	64 505	10 604 583

2-25 交通拥挤度情况

地区	交通拥挤度				
	国道	国家高速公路	普通国道	省道	高速公路
全国合计	**0.48**	**0.39**	**0.64**	**0.52**	**0.37**
北京	0.85	0.76	0.98	1.03	1.07
天津	0.69	0.28	1.14	0.75	0.33
河北	0.69	0.50	0.89	0.72	0.49
山西	0.62	0.19	0.84	0.63	0.26
内蒙古	0.28	0.28	0.27	0.24	0.27
辽宁	0.39	0.31	0.57	0.35	0.29
吉林	0.32	0.19	0.44	0.31	0.20
黑龙江	0.20	0.15	0.36	0.21	0.12
上海	1.03	0.97	1.32	1.19	0.98
江苏	0.57	0.55	0.59	0.43	0.46
浙江	0.72	0.62	0.94	0.70	0.56
安徽	0.56	0.49	0.63	0.70	0.49
福建	0.32	0.23	1.00	0.41	0.21
江西	0.47	0.30	0.81	0.44	0.26
山东	0.62	0.56	0.72	0.62	0.50
河南	0.42	0.36	0.97	0.35	0.30
湖北	0.54	0.45	0.60	0.49	0.44
湖南	0.53	0.47	0.73	0.48	0.33
广东	0.82	0.67	1.05	0.85	0.63
广西	0.59	0.44	0.76	0.58	0.43
海南	0.62	0.44	0.97	0.73	0.43
重庆	0.43	0.40	0.48	0.39	0.40
四川	0.47	0.47	0.47	0.52	0.47
贵州	0.49	0.39	0.63	0.65	0.37
云南	0.44	0.27	0.63	0.65	0.27
西藏	0.25	–	0.25	0.50	–
陕西	0.47	0.39	0.64	0.51	0.37
甘肃	0.33	0.26	0.47	0.38	0.25
青海	0.24	0.40	0.23	0.16	0.27
宁夏	0.34	0.30	0.49	0.28	0.26
新疆	0.27	0.22	0.35	0.41	0.22

2-26 道路运输

地 区	道路运输经营许可证在册数（张）	道路货物运输经营业户数			
		合 计	普通货运	货物专用运输	集装箱运输
总 计	7 668 301	7 181 904	6 903 047	70 969	20 558
北 京	60 030	53 880	52 962	2 826	607
天 津	25 351	19 951	19 832	2 429	1 651
河 北	572 216	458 836	443 624	9 903	341
山 西	257 828	246 633	245 025	316	4
内蒙古	216 594	184 493	183 989	429	6
辽 宁	366 067	345 295	341 605	3 354	686
吉 林	243 133	235 706	235 300	388	53
黑龙江	317 097	300 902	300 040	360	49
上 海	39 667	34 021	31 954	4 736	2 913
江 苏	372 535	372 012	365 679	14 857	2 220
浙 江	250 771	235 296	232 698	3 421	1 410
安 徽	209 647	200 111	199 000	877	110
福 建	123 473	118 844	118 259	2 224	1 686
江 西	166 272	153 774	153 261	233	7
山 东	348 647	329 999	327 476	3 395	1 991
河 南	662 712	618 335	423 012	1 162	87
湖 北	230 014	217 864	215 335	2 901	269
湖 南	344 194	318 310	315 865	2 959	178
广 东	565 787	564 743	558 953	8 076	5 500
广 西	422 183	406 347	401 512	1 165	259
海 南	50 728	50 015	49 866	172	73
重 庆	109 384	108 100	107 864	669	223
四 川	343 369	317 171	314 183	2 821	183
贵 州	172 357	164 355	164 355	142	1
云 南	496 115	462 003	460 568	206	20
西 藏	29 767	26 647	26 600	3	-
陕 西	289 614	284 150	261 245	94	30
甘 肃	102 453	91 525	91 049	199	-
青 海	62 953	61 063	60 977	19	-
宁 夏	92 385	89 569	89 416	19	-
新 疆	124 958	111 954	111 543	614	1

资料来源：交通运输部运输服务司。

注：2010年，交通运输部建立了城市客运统计报表制度，为避免重复统计，道路运输统计报表制度中的道路旅客运输经营业户统计范围不

二、公路运输

经营业户数

（户）		道路旅客运输经营业户数（户）			
大型物件运输	危险货物运输	合 计	班车客运	旅游客运	包车客运
11 399	10 396	43 115	40 282	1 777	2 592
352	213	100	14	86	-
83	184	176	67	-	140
1 840	726	3 552	3 502	38	46
18	183	336	284	52	-
21	248	1 203	1 154	-	64
242	884	1 269	1 034	-	247
26	299	2 165	2 067	66	52
183	405	3 984	3 891	98	7
291	260	136	34	-	136
6 229	890	546	266	251	415
92	630	521	392	1	268
132	254	2 168	2 071	95	2
17	204	454	277	178	16
133	265	563	503	56	19
201	814	641	494	3	197
277	276	556	492	81	46
50	296	5 423	5 331	106	163
297	307	9 368	9 248	77	146
126	828	892	647	2	359
133	188	776	667	99	116
4	31	109	81	19	10
228	135	366	347	-	36
87	345	1 070	1 018	86	27
5	201	371	315	65	26
24	156	4 753	4 651	95	-
-	48	61	30	33	-
57	345	307	272	45	1
74	203	247	205	40	2
22	45	321	298	23	-
6	154	88	78	11	17
149	379	593	552	71	34

包含公共汽电车和出租汽车部分的内容。

2-27 道路运输相

地 区	业户合计	站场	客运站	货运站（场）	机动车维修	汽车综合性能检测
总 计	580 630	28 206	25 312	2 928	459 273	2 524
北 京	6 427	22	11	11	4 704	14
天 津	5 245	53	23	30	5 192	26
河 北	22 570	262	198	65	18 304	207
山 西	10 870	162	131	31	9 314	119
内蒙古	20 943	648	566	82	18 569	68
辽 宁	19 551	516	403	113	15 638	72
吉 林	9 449	160	106	54	7 017	86
黑龙江	12 071	1 001	887	114	9 242	125
上 海	5 823	132	33	99	5 287	19
江 苏	33 636	1 335	644	691	23 026	94
浙 江	39 538	685	493	192	27 246	78
安 徽	16 117	4 697	4 634	63	10 112	82
福 建	7 633	1 828	1 824	4	5 014	50
江 西	14 800	1 036	980	56	10 969	81
山 东	29 248	935	492	476	23 291	152
河 南	43 923	2 227	2 125	102	32 693	106
湖 北	17 829	919	883	36	12 932	81
湖 南	19 898	1 202	1 157	45	14 619	112
广 东	61 790	1 167	972	195	53 378	139
广 西	24 590	668	624	44	22 993	82
海 南	5 208	75	67	8	2 991	33
重 庆	11 808	328	328	－	10 861	－
四 川	36 546	3 899	3 885	14	29 691	132
贵 州	11 919	436	430	6	11 017	110
云 南	36 079	633	601	32	28 411	104
西 藏	3 070	101	92	9	2 678	10
陕 西	17 290	1 059	1 023	36	13 246	80
甘 肃	11 954	622	578	44	9 030	43
青 海	2 851	109	100	9	2 311	25
宁 夏	6 949	44	41	3	6 520	34
新 疆	15 005	1 245	981	264	12 977	160

资料来源：交通运输部运输服务司。

关业务经营业户数

单位：户

机动车驾驶员培训	汽车租赁	其他	客运代理	物流服务	货运代办	信息配载
15 108	5 463	80 608	907	19 622	33 500	22 121
–	609	1 078	11	–	1 067	–
–	–	–	–	–	–	–
922	–	3 189	8	1 097	869	1 307
344	81	850	–	407	158	275
609	–	1 238	1	592	188	490
517	327	2 489	–	270	739	1 480
571	–	1 706	8	621	315	762
371	2	1 545	150	68	360	723
204	181	–	–	–	–	–
797	419	8 269	–	181	5 890	1 631
794	1 071	10 628	35	1 811	6 877	2 152
420	77	1 507	156	918	153	297
534	134	97	21	47	28	1
557	50	2 159	8	733	887	529
675	35	4 652	19	1 653	1 130	1 867
1 482	–	7 415	50	2 474	1 814	3 088
580	174	3 554	65	360	1 420	842
870	5	3 568	57	602	1 611	1 360
856	123	10 150	90	3 293	4 807	1 812
536	–	747	24	228	442	52
89	73	2 081	9	503	199	–
394	225	–	–	–	–	–
516	134	2 567	109	973	703	567
374	–	887	–	100	619	168
517	1 139	5 351	18	732	1 828	1 241
45	13	223	6	73	102	42
402	491	2 132	22	1 483	337	312
461	54	1 748	40	351	683	674
98	–	308	–	18	46	244
64	46	290	–	34	48	205
509	–	180	–	–	180	–

2-28 道路客

地区	客运线路条数（条）					
	合计	高速公路客运线路	跨省线路	跨地（市）线路	跨县线路	县内线路
总计	181 211	25 203	17 852	37 465	35 019	90 875
北京	1 174	651	788	–	39	347
天津	734	126	455	116	–	163
河北	8 629	658	1 699	1 088	2 210	3 632
山西	4 264	629	607	872	756	2 029
内蒙古	5 605	659	909	873	1 368	2 455
辽宁	6 884	630	456	1 541	1 771	3 116
吉林	5 917	276	350	772	1 138	3 657
黑龙江	6 776	665	198	1 003	1 221	4 354
上海	3 423	3 012	3 423	–	–	–
江苏	9 510	3 341	3 117	3 546	1 145	1 702
浙江	6 585	1 492	2 321	1 147	537	2 580
安徽	10 253	1 294	2 254	1 826	1 649	4 524
福建	5 043	1 369	942	1 171	905	2 025
江西	6 890	637	1 169	1 203	991	3 527
山东	8 742	2 372	1 525	2 869	2 058	2 290
河南	9 412	1 115	2 134	2 182	1 681	3 415
湖北	11 274	1 665	1 269	1 927	1 445	6 633
湖南	13 534	1 574	1 689	2 169	2 589	7 087
广东	14 032	3 614	3 971	4 587	1 589	3 885
广西	8 920	1 905	1 757	2 033	1 775	3 355
海南	740	379	166	195	138	241
重庆	5 917	1 356	1 095	–	1 442	3 380
四川	11 618	2 255	902	1 541	2 198	6 977
贵州	7 732	1 067	663	842	1 536	4 691
云南	6 486	781	355	1 124	1 149	3 858
西藏	407	–	15	74	148	170
陕西	5 930	733	660	928	1 221	3 121
甘肃	5 035	408	375	770	977	2 913
青海	893	44	89	150	92	562
宁夏	2 092	166	312	340	222	1 218
新疆	4 611	280	38	576	1 029	2 968

运线路班次

客运线路平均日发班次（班次/日）					
合计	高速公路客运线路	跨省线路	跨地（市）线路	跨县线路	县内线路
1 647 808	**126 541**	**59 455**	**196 240**	**312 901**	**1 079 212**
1 788	1 271	1 788	–	–	–
6 866	209	613	1 450	–	4 803
70 064	2 785	5 183	4 720	17 499	42 662
17 981	1 721	755	2 243	3 417	11 567
12 566	1 045	1 132	1 764	3 470	6 200
44 117	1 605	454	4 490	11 448	27 726
33 179	875	544	2 276	5 911	24 448
23 783	1 592	406	1 698	6 008	15 671
3 084	2 841	3 084	–	–	–
93 853	10 679	7 594	29 813	17 524	38 922
124 669	6 156	3 975	10 062	20 791	89 843
76 133	2 127	4 335	6 660	14 286	50 852
45 259	3 865	826	4 092	9 690	30 651
49 753	1 330	1 514	3 927	9 691	34 621
61 413	6 686	2 786	10 858	17 495	30 274
120 347	2 735	3 854	11 279	19 664	85 551
82 203	4 727	2 152	7 105	10 559	62 387
115 109	2 499	1 768	4 083	22 876	86 383
91 835	32 622	5 802	38 752	16 147	31 134
94 585	4 705	3 274	9 324	19 404	62 584
12 300	3 900	220	3 672	1 136	7 272
55 384	5 990	1 591	–	9 574	44 219
138 136	10 401	1 861	12 452	23 276	100 548
68 595	5 113	1 238	4 867	14 752	47 739
64 373	2 984	549	4 493	8 043	51 288
595	–	10	197	208	180
51 242	2 728	818	6 354	9 787	34 284
24 588	1 404	648	2 321	5 556	16 062
7 046	449	204	1 342	867	4 634
8 588	562	454	1 609	1 710	4 816
48 378	938	26	4 342	12 117	31 894

2-29 道路运输从业人员数

单位：人

地区	从业人员数合计	道路货物运输	道路旅客运输	站（场）经营	机动车维修经营	汽车综合性能检测站	机动车驾驶员培训	汽车租赁	其他相关业务经营
总计	29 421 856	21 388 180	3 386 803	428 462	2 822 219	50 029	1 022 754	55 626	267 783
北京	547 920	440 549	18 486	1 122	81 416	329	–	6 010	8
天津	508 526	423 156	19 784	1 361	63 820	405	–	–	–
河北	1 825 061	1 554 356	68 991	15 324	101 618	4 301	64 335	–	16 136
山西	903 457	740 719	35 170	8 833	80 162	2 201	29 601	1 041	5 730
内蒙古	564 625	418 711	49 626	8 592	56 378	794	27 183	–	3 341
辽宁	1 552 829	1 152 739	223 749	11 378	121 591	1 790	32 954	5 335	3 293
吉林	582 269	456 169	47 958	7 795	44 517	1 066	20 280	–	4 484
黑龙江	709 761	589 958	37 749	12 031	48 353	1 959	16 428	17	3 266
上海	597 397	489 896	15 058	1 675	49 438	534	26 552	14 244	–
江苏	1 888 670	1 346 114	381 783	19 462	82 343	2 618	48 872	2 548	4 930
浙江	921 082	525 214	57 496	30 443	210 605	2 160	62 134	7 400	25 630
安徽	1 092 089	828 501	120 052	20 070	80 082	2 149	35 830	389	5 016
福建	501 591	313 071	68 724	8 485	61 558	1 604	46 750	1 217	182
江西	757 215	576 370	62 525	11 379	66 880	1 045	27 920	199	10 897
山东	2 436 098	1 983 778	180 744	41 930	145 443	3 131	69 415	227	11 430
河南	2 838 336	2 242 641	195 386	46 855	219 743	5 548	57 060	–	71 103
湖北	1 065 468	699 374	237 675	16 865	69 720	1 604	33 338	1 514	5 378
湖南	851 038	534 503	126 797	26 527	88 479	1 875	46 210	502	26 145
广东	1 878 111	972 009	367 300	39 045	394 097	2 693	81 971	6 452	14 544
广西	1 214 825	782 800	319 727	10 810	57 460	1 174	39 014	–	3 840
海南	134 334	73 143	18 796	2 323	20 773	338	6 036	891	12 034
重庆	559 339	381 942	79 755	7 920	58 658	–	29 820	1 244	–
四川	1 277 894	811 134	189 128	21 942	184 273	2 525	61 864	383	6 645
贵州	543 002	339 216	92 885	13 489	54 175	1 505	38 815	–	2 917
云南	1 033 273	775 624	82 859	10 288	108 322	1 772	38 548	3 156	12 704
西藏	107 489	56 351	31 666	2 501	15 438	110	892	84	447
陕西	846 173	611 426	86 988	10 438	88 158	1 074	39 267	2 322	6 500
甘肃	534 157	401 767	52 601	8 000	47 020	672	15 648	234	8 215
青海	228 062	181 151	16 910	1 448	22 660	612	4 499	–	782
宁夏	224 320	179 043	14 117	1 934	21 687	629	4 882	217	1 811
新疆	697 445	506 755	86 318	8 197	77 352	1 812	16 636	–	375

注：2010年，交通运输部建立了城市客运统计报表制度，为避免重复统计，道路运输统计报表制度中的从业人员统计范围不包含公共汽电车和出租汽车部分的内容。

2-30 机动车维修业及汽车综合性能检测站

单位：户

地区	机动车维修业户数				
	合计	一类汽车维修	二类汽车维修	三类汽车维修	摩托车维修
总　计	459 273	14 696	71 865	305 764	63 950
北　京	4 704	759	1 774	2 145	27
天　津	5 192	256	1 402	3 504	30
河　北	18 304	410	3 558	13 369	967
山　西	9 314	289	1 965	6 946	114
内蒙古	18 569	334	1 707	15 741	717
辽　宁	15 638	954	3 455	10 454	394
吉　林	7 017	150	965	5 694	207
黑龙江	9 242	268	1 587	7 069	311
上　海	5 287	163	2 148	2 702	274
江　苏	23 026	1 662	4 972	14 766	1 498
浙　江	27 246	1 022	4 162	17 766	3 931
安　徽	10 112	362	2 070	5 960	1 534
福　建	5 014	436	1 688	2 637	250
江　西	10 969	326	1 652	7 129	1 859
山　东	23 291	506	4 831	16 669	999
河　南	32 693	858	3 729	23 701	4 405
湖　北	12 932	868	2 192	7 952	1 803
湖　南	14 619	1 035	3 117	8 638	1 383
广　东	53 378	985	5 852	29 528	17 013
广　西	22 993	236	2 216	13 057	7 297
海　南	2 991	50	266	1 431	1 231
重　庆	10 861	355	1 556	7 343	1 607
四　川	29 691	873	4 726	19 535	4 468
贵　州	11 017	498	1 340	7 547	969
云　南	28 411	272	2 014	19 731	6 363
西　藏	2 678	78	246	1 991	363
陕　西	13 246	428	2 547	8 111	2 159
甘　肃	9 030	167	1 292	7 046	510
青　海	2 311	38	354	1 597	322
宁　夏	6 520	27	494	5 716	281
新　疆	12 977	31	1 988	10 289	664

2-30 （续表一）

地 区	机动车维修业年完成主要工作量（辆次、台次）					
	合计	整车修理	总成修理	二级维护	专项修理	维修救援
总 计	344 001 257	4 666 345	8 986 500	47 387 083	245 659 659	4 555 518
北 京	12 783 553	5 069	13 408	391 485	12 204 717	168 874
天 津	6 130 300	95 500	198 000	1 940 000	3 896 800	-
河 北	8 269 940	57 598	234 264	2 275 263	5 668 402	85 140
山 西	4 252 555	10 543	64 887	783 800	3 393 325	55 600
内蒙古	3 096 827	34 184	175 462	400 090	2 365 445	34 574
辽 宁	25 657 689	116 689	559 423	1 188 155	23 622 001	123 951
吉 林	4 775 897	16 206	55 147	466 847	4 220 988	22 553
黑龙江	7 845 391	32 131	154 646	516 777	7 217 862	16 297
上 海	8 693 871	6 572	1 815	199 772	770 558	-
江 苏	33 898 458	140 843	483 058	2 648 946	21 660 700	330 021
浙 江	35 160 473	109 098	440 956	3 049 649	25 763 837	351 006
安 徽	4 361 493	11 486	565 950	1 277 197	2 474 481	65 993
福 建	7 700 076	219 169	521 526	1 838 951	4 915 227	185 261
江 西	3 677 752	78 649	242 727	1 152 277	2 211 829	45 265
山 东	17 316 615	405 934	626 807	2 906 598	12 803 885	348 310
河 南	13 692 408	225 116	450 052	3 917 747	9 318 624	345 694
湖 北	9 442 019	253 866	261 800	3 033 141	5 537 137	116 506
湖 南	5 879 832	82 503	261 163	1 456 753	3 505 128	105 929
广 东	48 118 241	2 225 055	1 992 713	8 113 932	26 754 171	1 174 357
广 西	8 646 710	72 164	138 898	906 715	7 237 603	38 772
海 南	1 369 070	20 368	86 715	221 204	898 334	37 222
重 庆	4 347 625	46 961	151 643	609 756	3 445 974	93 291
四 川	27 353 299	197 619	750 368	3 688 464	21 097 004	490 469
贵 州	7 800 331	48 379	178 960	629 324	6 422 077	72 059
云 南	19 402 946	51 091	139 548	1 327 890	17 692 265	168 042
西 藏	141 826	1 484	2 149	55 786	85 197	2 239
陕 西	4 276 316	23 011	58 625	577 000	3 249 480	20 861
甘 肃	2 092 046	14 820	43 031	718 943	1 299 815	16 863
青 海	913 370	13 282	53 432	221 493	603 218	11 964
宁 夏	2 469 672	8 444	25 791	227 171	2 194 032	9 179
新 疆	4 434 656	42 511	53 536	645 957	3 129 543	19 226

2-30（续表二）

地区	汽车综合性能检测站数量合计（个）	汽车综合性能检测站年完成检测量（辆次）						
		合计	维修竣工检测	等级评定检测	维修质量监督检测	其他检测	排放检测	质量仲裁检测
总 计	2 524	32 670 107	17 670 620	10 739 500	753 532	3 677 432	2 537 330	14 882
北 京	14	300 560	145 826	154 094	234	406	-	-
天 津	26	228 021	-	101 643	126 378	-	-	-
河 北	207	2 908 329	1 861 446	802 375	80 881	175 169	160 195	-
山 西	119	909 769	523 766	302 453	12 893	70 657	48 921	12
内蒙古	68	608 123	318 402	244 667	4 190	28 150	27 702	429
辽 宁	72	1 235 714	444 715	654 012	582	139 384	129 865	-
吉 林	86	481 859	196 143	267 782	2 068	18 865	13 127	2
黑龙江	125	674 495	416 619	249 801	2 327	13 173	4 468	428
上 海	19	283 986	253 704	170 572	-	474	-	-
江 苏	94	2 877 423	1 390 108	488 231	6 787	915 058	441 403	92
浙 江	78	1 519 025	615 363	414 078	14 240	584 842	468 163	2 885
安 徽	82	1 328 688	823 320	464 020	1 047	40 526	21 911	-
福 建	50	1 206 080	894 606	290 713	495	20 266	20 266	-
江 西	81	463 338	207 464	224 481	12 906	17 981	14 257	613
山 东	152	2 613 635	1 455 839	821 250	111 115	307 901	110 183	3
河 南	106	4 067 140	2 510 438	895 718	32 424	256 318	226 927	628
湖 北	81	903 909	484 827	319 201	32 398	86 925	34 023	-
湖 南	112	1 336 975	705 187	337 139	43 953	206 115	160 556	1 155
广 东	139	1 762 322	717 472	814 614	53 901	188 231	174 162	3 426
广 西	82	653 555	364 665	303 739	26 787	35 967	11 665	-
海 南	33	277 712	117 906	54 658	24 372	28 913	27 723	561
重 庆	-	-	-	-	-	-	-	-
四 川	132	1 681 190	1 010 559	620 610	43 102	280 452	240 490	3 652
贵 州	110	341 598	77 341	154 944	47 888	67 293	62 370	5
云 南	104	1 608 775	1 010 345	569 187	34 627	6 684	3 788	-
西 藏	10	62 803	25 596	27 370	-	16 154	-	643
陕 西	80	434 563	196 936	232 928	17 555	21 566	16 332	-
甘 肃	43	405 259	129 576	261 075	14 608	-	-	-
青 海	25	243 673	138 494	84 081	946	26 195	24 186	32
宁 夏	34	214 750	31 185	91 385	3 335	93 472	91 873	-
新 疆	160	1 036 838	602 772	322 679	1 493	30 295	2 774	316

2-31　2015年、2014年

地区	货物运输				年出入境辆次	年C种许可证使用量
	年运输量合计		出境			
	吨	吨公里	吨	吨公里	辆次	张
2015年总计	**37 467 992**	**2 466 298 692**	**11 372 302**	**1 019 529 127**	**1 624 041**	**390 515**
内蒙古	21 528 806	833 501 930	3 607 991	50 204 554	426 625	35 663
辽宁	299 600	1 947 400	299 600	599 200	22 440	–
吉林	1 635 613	50 972 811	335 117	20 355 155	124 296	5 092
黑龙江	1 485 592	64 871 174	624 405	26 406 724	96 395	47 426
广西	2 481 464	23 694 479	1 660 611	16 105 109	253 282	40 175
云南	6 318 108	330 836 226	2 823 556	178 285 474	468 668	167 340
西藏	–	–	–	–	–	–
新疆	3 718 809	1 160 474 672	2 021 022	727 572 911	232 335	94 819

地区	货物运输				年出入境辆次	年C种许可证使用量
	年运输量合计		出境			
	吨	吨公里	吨	吨公里	辆次	张
2014年总计	**39 579 294**	**2 727 982 816**	**10 712 509**	**1 491 471 645**	**1 552 930**	**384 683**
内蒙古	23 454 684	861 137 340	2 335 052	37 563 356	433 966	43 999
辽宁	316 800	2 217 600	316 800	633 600	19 800	–
吉林	1 630 196	33 760 008	291 645	9 260 995	116 164	4 652
黑龙江	1 312 881	53 962 133	1 067 778	37 377 237	82 944	41 136
广西	1 815 862	17 745 020	1 318 708	12 966 280	187 636	32 804
云南	6 626 764	327 694 179	3 044 437	183 534 536	473 669	167 673
西藏	–	–	–	–	–	–
新疆	4 422 107	1 431 466 536	2 338 089	1 210 135 641	238 751	94 419

资料来源：交通运输部运输服务司。

出入境汽车运输对比表

旅客运输						
年运输量合计		出 境		年出入境辆次	年A种许可证使用量	年B种许可证使用量
人次	人公里	人次	人公里	辆次	张	张
7 129 383	**464 745 613**	**3 467 716**	**236 032 189**	**843 972**	**1 134**	**122 473**
2 205 270	39 021 185	1 136 567	19 931 753	55 481	77	5 743
31 680	63 360	31 680	63 360	2 376	–	–
260 397	26 904 760	133 207	13 341 710	10 111	36	732
900 903	37 936 011	391 288	17 032 721	34 623	80	2 473
73 718	31 698 740	42 343	18 207 490	726	–	23
2 806 681	151 097 696	1 311 304	77 888 944	717 528	37	111 878
–	–	–	–	–	–	–
850 734	178 023 861	421 327	89 566 211	23 127	904	1 624

旅客运输						
年运输量合计		出 境		年出入境辆次	年A种许可证使用量	年B种许可证使用量
人次	人公里	人次	人公里	辆次	张	张
6 703 804	**468 638 070**	**3 467 369**	**258 952 595**	**902 451**	**1 158**	**90 152**
1 998 611	32 842 171	1 040 568	19 064 070	91 577	78	10 875
21 120	42 240	21 120	42 240	4 752	–	–
470 111	28 667 540	244 833	14 138 172	11 595	37	1 862
925 158	38 609 152	444 920	20 446 584	39 538	78	3 020
126 229	61 455 478	73 031	35 004 572	3 628	–	2
2 509 004	105 147 086	1 291 484	55 150 866	724 290	32	69 732
–	–	–	–	–	–	–
653 571	201 874 403	351 413	115 106 091	27 071	933	4 661

2-32 出入境汽车运输——分国

行政区名称	货物运输				年出入境辆次	年 C 种许可证使用量
	年运输量合计		出境			
	吨	吨公里	吨	吨公里	辆次	张
中俄小计	2 056 598	86 915 548	1 000 679	35 913 935	151 976	75 400
黑龙江	1 485 592	64 871 174	624 405	26 406 724	96 395	47 426
吉 林	86 051	10 326 120	9 649	1 157 880	9 344	4 672
内蒙古	484 955	11 718 254	366 625	8 349 331	46 237	23 302
中朝小计	1 849 162	42 594 091	625 068	19 796 475	137 392	420
吉 林	1 549 562	40 646 691	325 468	19 197 275	114 952	420
辽 宁	299 600	1 947 400	299 600	599 200	22 440	–
中蒙小计	22 550 104	1 159 496 709	3 313 999	46 412 748	417 444	16 623
内蒙古	21 043 851	821 783 676	3 241 366	41 855 223	380 388	12 361
新 疆	1 506 253	337 713 033	72 633	4 557 525	37 056	4 262
中越小计	4 688 200	28 053 386	2 926 494	18 556 866	364 487	119 455
广 西	2 481 464	23 694 479	1 660 611	16 105 109	253 282	40 175
云 南	2 206 736	4 358 907	1 265 883	2 451 757	111 205	79 280
中 哈	1 216 011	209 120 959	993 593	135 081 891	122 906	54 850
中 吉	701 629	424 942 500	662 865	400 790 500	55 314	26 972
中 塔	253 102	167 018 846	253 102	167 018 846	14 056	7 099
中 巴	41 814	21 679 334	38 829	20 124 149	3 003	1 636
中 老	969 640	163 278 592	447 167	78 364 184	88 028	88 028
中 缅	3 141 732	163 198 727	1 110 506	97 469 533	269 435	32
中 尼	–	–	–	–	–	–
内地与港澳	148 260 102	23 251 524 237	87 094 885	16 822 298 175	26 061 595	–
广 西	–	–	–	–	–	–
广 东	148 260 102	23 251 524 237	87 094 885	16 822 298 175	26 061 595	–

家（特别行政区）运输完成情况

旅客运输				年出入境辆次	年A种许可证使用量	年B种许可证使用量
年运输量合计		出　境				
人次	人公里	人次	人公里	辆次	张	张
1 515 076	68 830 695	717 275	32 486 788	69 767	164	8 731
900 903	37 936 011	391 288	17 032 721	34 623	80	2 473
209 810	25 177 200	103 626	12 435 120	8 100	36	670
404 363	5 717 484	222 361	3 018 947	27 044	48	5 588
82 267	1 790 920	61 261	969 950	4 387	–	62
50 587	1 727 560	29 581	906 590	2 011	–	62
31 680	63 360	31 680	63 360	2 376	–	–
2 186 029	57 732 928	1 106 775	28 864 440	29 014	31	441
1 800 907	33 303 701	914 206	16 912 806	28 437	29	155
385 122	24 429 227	192 569	11 951 634	577	2	286
76 868	32 599 640	42 343	18 207 490	1 986	–	143
73 718	31 698 740	42 343	18 207 490	726	–	23
3 150	900 900	–	–	1 260	–	120
441 480	139 304 692	217 157	70 627 431	19 699	884	963
12 230	8 089 000	6 675	4 420 700	1 237	18	8
–	–	–	–	–	–	–
11 902	6 200 942	4 926	2 566 446	1 614	–	367
331 450	57 141 152	152 400	26 750 350	112 175	37	111 758
2 472 081	93 055 644	1 158 904	51 138 594	604 093	–	–
–	–	–	–	–	–	–
14 029 573	3 496 046 233	6 586 874	1 391 632 033	787 488	–	–
67 304	38 035 540	33 421	18 875 130	3 047	–	–
13 962 269	3 458 010 693	6 553 453	1 372 756 903	784 441	–	–

2-33 出入境汽车运输

行政区名称	货物运输				年出入境辆次	年C种许可证使用量
	年运输量合计		出境			
	吨	吨公里	吨	吨公里	辆次	张
中俄小计	534 856	25 289 540	258 417	12 243 512	38 359	19 374
黑龙江	442 133	22 757 610	246 105	12 020 467	29 289	14 868
吉　林	698	83 760	64	7 680	308	154
内蒙古	92 025	2 448 170	12 248	215 365	8 762	4 352
中朝小计	1 279 225	33 883 886	615 703	19 270 999	112 785	–
吉　林	979 625	31 936 486	316 103	18 671 799	90 345	–
辽　宁	299 600	1 947 400	299 600	599 200	22 440	–
中蒙小计	3 746 095	172 501 634	1 554 545	17 889 260	100 144	6 115
内蒙古	2 671 247	79 315 402	1 553 029	17 751 842	78 004	5 763
新　疆	1 074 848	93 186 232	1 516	137 418	22 140	352
中越小计	3 218 700	19 976 101	2 830 044	17 785 266	263 658	78 792
广　西	1 668 843	16 171 291	1 564 161	15 333 509	182 926	11 504
云　南	1 549 857	3 804 810	1 265 883	2 451 757	80 732	67 288
中　哈	345 822	117 653 009	178 951	45 571 549	30 405	13 723
中　吉	178 923	108 574 700	170 440	104 333 200	16 112	7 454
中　塔	137 363	87 043 197	137 363	87 043 197	7 194	3 565
中　巴	39 905	20 684 742	38 133	19 761 530	2 476	1 367
中　老	908 338	149 768 428	407 345	71 505 452	74 714	74 714
中　缅	2 144 182	133 498 310	835 388	64 818 223	187 831	32
中　尼	–	–	–	–	–	–
内地与港澳	1 524 053	167 746 505	148 477	137 098 202	362 401	–
广　西	–	–	–	–	–	–
广　东	1 524 053	167 746 505	148 477	137 098 202	362 401	–

二、公路运输

——中方完成运输情况

旅 客 运 输				年出入境辆次	年A种许可证使用量	年B种许可证使用量
年运输量合计		出 境				
人次	人公里	人次	人公里	辆次	张	张
743 164	31 992 241	359 121	16 205 339	37 980	100	6 037
393 866	17 772 293	166 080	8 061 628	16 411	40	866
88 180	10 581 600	52 504	6 300 480	3 068	36	401
261 052	3 424 508	140 471	1 843 231	18 498	24	4 767
77 669	1 414 910	58 963	779 945	3 951	–	62
45 989	1 351 550	27 283	716 585	1 575	–	62
31 680	63 360	31 680	63 360	2 376	–	–
892 203	15 118 824	456 994	7 514 955	17 424	16	227
875 701	13 567 078	448 607	6 994 181	17 282	14	155
16 502	1 551 746	8 387	520 774	142	2	72
76 398	32 457 732	42 317	18 196 310	1 904	–	663
73 666	31 676 380	42 317	18 196 310	724	–	13
2 732	781 352	–	–	1 180	–	650
216 127	86 663 106	109 929	44 595 232	8 907	184	150
7 662	5 177 800	4 381	2 947 700	950	9	8
–	–	–	–	–	–	–
3 955	2 060 555	3 929	2 047 009	343	–	5
303 878	55 822 132	137 350	25 692 680	104 413	16	104 017
1 293 154	50 232 692	764 664	38 455 630	380 859	–	–
–	–	–	–	–	–	–
1 582 832	311 490 661	1 085 562	166 945 584	101 900	–	–
67 304	38 035 540	33 421	18 875 130	3 047	–	–
1 515 528	273 455 121	1 052 141	148 070 454	98 853	–	–

主要统计指标解释

公路里程 指报告期末公路的实际长度。计算单位：公里。公路里程包括城间、城乡间、乡（村）间能行驶汽车的公共道路，公路通过城镇街道的里程，公路桥梁长度、隧道长度、渡口宽度。不包括城市街道里程，农（林）业生产用道路里程，工（矿）企业等内部道路里程和断头路里程。公路里程按已竣工验收或交付使用的实际里程计算。

公路里程一般按以下方式分组：

按公路行政等级分为国道、省道、县道、乡道、专用公路和村道里程。

按是否达到公路工程技术标准分为等级公路里程和等外公路里程。等级公路里程按技术等级分为高速公路、一级公路、二级公路、三级公路、四级公路里程。

按公路路面类型分为有铺装路面、简易铺装路面和未铺装路面。有铺装路面含沥青混凝土、水泥混凝土路面。

公路养护里程 指报告期内对公路工程设施进行经常性或季节性养护和修理的公路里程数。凡进行养护的公路，不论工程量大小、养护方式如何，均纳入统计，包括拨给补助费由群众养护的公路里程。计算单位：公里。

公路密度 指报告期末一定区域内单位国土面积或人口所拥有的公路里程数。一般地，按国土面积计算，计算单位：公里/百平方公里；按人口计算，计算单位：公里/万人。

公路通达率 指报告期末一定区域内已通公路的行政区占本区域全部行政区的比重。计算单位：%。行政区一般指乡镇或建制村。

公路桥梁数量 指报告期末公路桥梁的实际数量。计算单位：座。按桥梁的跨径分为特大桥、大桥、中桥、小桥数量。

公路隧道数量 指报告期末公路隧道的实际数量。计算单位：处。按隧道长度分为特长隧道、长隧道、中隧道和短隧道数量。

公路营运车辆拥有量 指报告期末在各地交通运输管理部门登记注册的从事公路运输的车辆实有数量。计算单位：辆。

客运量 指报告期内运输车辆实际运送的旅客人数。计算单位：人。

旅客周转量 指报告期内运输车辆实际运送的每位旅客与其相应运送距离的乘积之和。计算单位：人公里。

货运量 指报告期内运输车辆实际运送的货物重量。计算单位：吨。

货物周转量 指报告期内运输车辆实际运送的每批货物重量与其相应运送距离的乘积之和。计算单位：吨公里。

道路运输行业经营业户数 指报告期末持有道路运政管理机构核发的有效道路运输经营许可证，从事道路运输经营活动的业户数量。计算单位：户。一般按道路运输经营许可证核定的经营范围分为道路货物运输、道路旅客运输、道路运输相关业务经营业户数。

交通拥挤度 是指机动车当量数与适应交通量的比值。根据《关于调整公路交通情况调查车型分类及折算系数的通知》（厅规划字〔2010〕205号）要求，从2012年起全国公路交通情况调查报表采用新的车型分类及折算系数进行计算，新旧车型及折算系数关系详见下表所示。

2012年当量小客车折算系数		2005年当量小客车折算系数	
车型	折算系数	车型	折算系数
小型货车	1.0	小型载货汽车	1.0
中型货车	1.5	中型载货汽车	1.5
大型货车	3.0	大型载货汽车	2.0
特大型货车	4.0	特大型载货汽车	3.0
		拖挂车	3.0
集装箱车	4.0	集装箱车	3.0
中小客车	1.0	小型客车	1.0
大客车	1.5	大型客车	1.5
摩托车	1.0	摩托车	1.0
拖拉机	4.0	拖拉机	4.0
		畜力车	4.0
		人力车	1.0
		自行车	0.2

三、水路运输

简 要 说 明

一、本篇资料反映我国水路基础设施、运输装备和水路运输发展的基本情况。主要包括：内河航道通航里程、运输船舶拥有量、水路客货运输量、海上交通事故和搜救活动等。

二、水路运输按船舶航行区域分为内河、沿海和远洋运输。

三、本资料内河航道通航里程为年末通航里程，不含在建和未正式投入使用的航道里程，根据各省航道管理部门资料整理，由各省（区、市）交通运输厅（局、委）提供。

四、运输船舶拥有量根据各省航运管理部门登记的船舶资料整理，由各省（区、市）交通运输厅（局、委）提供。

五、水路运输量通过抽样调查和全面调查相结合的方法，按运输工具经营权和到达量进行统计，范围原则上为所有在交通运输主管部门审批备案，从事营业性旅客和货物运输生产的船舶。

六、船舶拥有量和水路运输量中不分地区是指国内运输企业的驻外机构船舶拥有量及其承运的第三国货物运输量。

七、海上险情及搜救活动统计范围是：由中国海上搜救中心、各省（区、市）海上搜救中心组织、协调或参与的搜救活动。"险情等级"的划分主要根据遇险人数划定：死亡或失踪3人以下的为一般险情，3人到9人为较大险情，10人到29人为重大险情，30人及以上为特大险情，具体内容参见《国家海上搜救应急预案》——海上突发事件险情分级。

3-1　全国内河航道通航里程数（按技术等级分）

单位：公里

地区	总计	等级航道								等外航道
		合计	一级	二级	三级	四级	五级	六级	七级	
全国总计	127 001	66 257	1 341	3 443	6 760	10 682	7 862	18 277	17 891	60 744
北　京	-	-	-	-	-	-	-	-	-	-
天　津	88	88	-	-	-	47	-	42	-	-
河　北	-	-	-	-	-	-	-	-	-	-
山　西	467	139	-	-	-	-	118	21	-	328
内蒙古	2 403	2 380	-	-	-	555	201	1 070	555	23
辽　宁	413	413	-	-	56	-	140	217	-	-
吉　林	1 456	1 381	-	-	64	227	654	312	124	75
黑龙江	5 098	4 723	-	967	864	1 185	490	-	1 217	375
上　海	2 176	983	125	-	107	116	101	408	128	1 192
江　苏	24 389	8 731	370	456	1 362	693	1 092	2 266	2 493	15 658
浙　江	9 765	4 985	14	12	239	1 179	486	1 583	1 473	4 780
安　徽	5 641	5 064	343	-	417	605	511	2 476	712	577
福　建	3 245	1 269	108	20	52	264	205	46	574	1 977
江　西	5 638	2 349	78	175	284	87	167	399	1 160	3 289
山　东	1 117	1 030	-	9	272	72	57	381	238	88
河　南	1 403	1 286	-	-	-	318	259	431	278	117
湖　北	8 433	5 980	229	688	730	424	939	1 763	1 206	2 453
湖　南	11 496	4 127	-	80	497	417	395	1 521	1 217	7 369
广　东	12 151	4 668	65	1	832	381	398	1 134	1 857	7 483
广　西	5 707	3 487	-	520	304	780	321	723	839	2 221
海　南	343	76	9	-	-	7	1	22	37	267
重　庆	4 331	1 801	-	515	379	121	209	126	451	2 530
四　川	10 818	3 945	-	-	288	1 090	389	589	1 588	6 873
贵　州	3 664	2 402	-	-	-	690	172	1 040	500	1 262
云　南	3 939	3 203	-	-	14	1 289	226	809	866	735
西　藏	-	-	-	-	-	-	-	-	-	-
陕　西	1 146	558	-	-	-	137	9	164	248	588
甘　肃	914	456	-	-	-	-	325	13	118	458
青　海	629	618	-	-	-	-	-	618	-	12
宁　夏	130	115	-	-	-	-	-	105	11	15
新　疆	-	-	-	-	-	-	-	-	-	-

3-2 全国内河航道通航里程数（按水系分）

单位：公里

地区	总计	长江水系	长江干流	珠江水系	黄河水系	黑龙江水系	京杭运河	闽江水系	淮河水系	其他水系
全国总计	127 001	64 852	2 813	16 450	3 488	8 211	1 438	1 973	17 507	14 444
北京	-	-	-	-	-	-	-	-	-	-
天津	88	-	-	-	-	-	15	-	-	88
河北	-	-	-	-	-	-	-	-	-	-
山西	467	-	-	-	467	-	-	-	-	-
内蒙古	2 403	-	-	-	939	1 401	-	-	-	63
辽宁	413	-	-	-	-	256	-	-	-	157
吉林	1 456	-	-	-	-	1 456	-	-	-	-
黑龙江	5 098	-	-	-	-	5 098	-	-	-	-
上海	2 176	2 176	125	-	-	-	-	-	-	-
江苏	24 389	10 898	370	-	-	-	795	-	13 450	9
浙江	9 765	3 178	-	-	-	-	175	-	-	6 543
安徽	5 641	3 112	343	-	-	-	-	-	2 469	61
福建	3 245	-	-	-	-	-	-	1 973	-	1 272
江西	5 638	5 638	78	-	-	-	-	-	-	-
山东	1 117	-	-	-	198	-	453	-	870	49
河南	1 403	186	-	-	499	-	-	-	718	-
湖北	8 433	8 433	918	-	-	-	-	-	-	-
湖南	11 496	11 464	80	32	-	-	-	-	-	-
广东	12 151	-	-	8 387	-	-	-	-	-	3 764
广西	5 707	105	-	5 603	-	-	-	-	-	-
海南	343	-	-	343	-	-	-	-	-	-
重庆	4 331	4 331	675	-	-	-	-	-	-	-
四川	10 818	10 814	224	-	4	-	-	-	-	-
贵州	3 664	2 254	-	1 410	-	-	-	-	-	-
云南	3 939	1 259	-	676	-	-	-	-	-	2 004
西藏	-	-	-	-	-	-	-	-	-	-
陕西	1 146	818	-	-	328	-	-	-	-	-
甘肃	914	187	-	-	705	-	-	-	-	23
青海	629	-	-	-	231	-	-	-	-	398
宁夏	130	-	-	-	118	-	-	-	-	12
新疆	-	-	-	-	-	-	-	-	-	-

注：京杭运河航道里程中含长江等其他水系里程1 362公里。

3-3　全国内河航道通航里程数（按水域类型分）

单位：公里

地区	总计	天然河流及渠化河段航道	限制性航道	宽浅河流航道	山区急流河段航道	湖区航道	库区航道
全国总计	127 001	65 612	36 278	6 061	4 351	3 796	10 903
北　京	-	-	-	-	-	-	-
天　津	88	88	-	-	-	-	-
河　北	-	-	-	-	-	-	-
山　西	467	453	-	-	14	-	-
内蒙古	2 403	839	-	1 149	14	364	37
辽　宁	413	413	-	-	-	-	-
吉　林	1 456	572	-	165	102	-	617
黑龙江	5 098	36	-	4 734	85	176	67
上　海	2 176	178	1 986	-	-	11	-
江　苏	24 389	733	23 367	14	-	274	-
浙　江	9 765	1 712	7 032	-	-	10	1 011
安　徽	5 641	4 438	315	-	9	570	309
福　建	3 245	2 747	53	-	305	-	140
江　西	5 638	4 613	61	-	111	426	427
山　东	1 117	331	522	-	-	264	-
河　南	1 403	908	-	-	-	-	494
湖　北	8 433	4 809	1 617	-	512	538	957
湖　南	11 496	9 181	607	-	302	413	993
广　东	12 151	11 094	670	-	-	-	387
广　西	5 707	5 695	-	-	4	-	9
海　南	343	268	-	-	-	-	75
重　庆	4 331	3 179	16	-	356	6	775
四　川	10 818	8 626	32	-	551	51	1 558
贵　州	3 664	3 141	-	-	16	-	507
云　南	3 939	108	-	-	1 562	281	1 988
西　藏	-	-	-	-	-	-	-
陕　西	1 146	1 116	-	-	-	-	30
甘　肃	914	207	-	-	370	-	337
青　海	629	12	-	-	36	398	184
宁　夏	130	115	-	-	2	12	-
新　疆	-	-	-	-	-	-	-

3-4 各水系内河航道通航里程数（按技术等级分）

单位：公里

技术等级	总计	长江水系	长江干流	珠江水系	黄河水系	黑龙江水系	京杭运河	淮河水系	闽江水系	其他水系
全国总计	127 001	64 852	2 813	16 450	3 488	8 211	1 438	17 507	1 973	14 444
等级航道	66 257	30 759	2 813	8 398	2 460	7 761	1 274	8 848	897	7 064
一级航道	1 341	1 145	1 145	16	–	–	–	–	50	130
二级航道	3 443	1 459	1 284	521	–	967	433	465	14	18
三级航道	6 760	3 113	384	1 150	73	967	389	1 280	–	177
四级航道	10 682	4 037	–	1 566	–	1 908	140	1 194	242	1 691
五级航道	7 862	3 305	–	752	628	1 344	61	1 039	135	654
六级航道	18 277	8 588	–	1 940	1 579	782	164	3 060	13	2 296
七级航道	17 891	9 112	–	2 453	180	1 793	86	1 811	444	2 098
等外航道	60 744	34 094	–	8 052	1 028	450	164	8 658	1 076	7 380

注：京杭运河航道里程中含长江等其他水系里程1 362公里。

3-5 各水域类型内河航道通航里程数（按技术等级分）

单位：公里

地区	总计	天然河流及渠化河段航道	限制性航道	宽浅河流航道	山区急流河段航道	湖区航道	库区航道
全国总计	127 001	65 612	36 278	6 061	4 351	3 796	10 903
等级航道	66 257	35 314	13 640	5 739	1 908	2 584	7 071
一级航道	1 341	1 341	–	–	–	–	–
二级航道	3 443	1 691	465	882	85	–	321
三级航道	6 760	4 078	1 627	928	45	45	36
四级航道	10 682	5 913	1 239	1 449	374	471	1 236
五级航道	7 862	3 523	1 812	743	299	375	1 110
六级航道	18 277	9 275	4 420	252	589	957	2 783
七级航道	17 891	9 492	4 078	1 486	515	736	1 585
等外航道	60 744	30 299	22 637	322	2 443	1 212	3 831

3-6 全国内河航道枢纽及通航建筑物数（按行政区域分）

地区	枢纽数量（处）	具有通航功能	通航建筑物数量（座）		正常使用	
			船闸	升船机	船闸	升船机
全国总计	4 208	2 369	856	45	596	21
北　京	-	-	-	-	-	-
天　津	6	6	5	-	1	-
河　北	9	9	3	-	2	-
山　西	1	-	-	-	-	-
内蒙古	2	-	-	-	-	-
辽　宁	4	2	1	-	1	-
吉　林	5	-	-	-	-	-
黑龙江	2	-	-	-	-	-
上　海	95	89	54	-	49	-
江　苏	686	578	109	-	107	-
浙　江	328	299	37	17	33	10
安　徽	99	52	45	1	34	1
福　建	148	29	20	1	12	1
江　西	83	22	19	2	11	1
山　东	42	19	15	-	11	-
河　南	35	3	3	-	-	-
湖　北	167	55	38	4	35	-
湖　南	494	151	133	13	48	4
广　东	1 212	881	201	-	150	-
广　西	135	42	40	3	20	3
海　南	2	-	-	-	-	-
重　庆	167	46	47	1	35	1
四　川	365	80	85	-	47	-
贵　州	93	6	1	2	-	-
云　南	11	1	1	-	1	-
西　藏	-	-	-	-	-	-
陕　西	3	1	-	1	-	-
甘　肃	15	-	-	-	-	-
青　海	2	-	-	-	-	-
宁　夏	1	-	-	-	-	-
新　疆	-	-	-	-	-	-

3-7 全国水路

地 区	轮驳船总计					一、机		
	艘数（艘）	净载重量（吨）	载客量（客位）	集装箱位（TEU）	功率（千瓦）	艘数（艘）	净载重量（吨）	载客量（客位）
全国总计	165 905	272 442 863	1 017 330	2 603 962	72 596 807	149 659	261 434 867	1 015 939
北 京	-	-	-	-	-	-	-	-
天 津	419	7 937 965	2 834	8 099	1 799 628	405	7 697 074	2 834
河 北	1 597	3 698 090	17 753	897	651 998	1 596	3 696 790	17 753
山 西	255	5 060	3 775	-	15 808	255	5 060	3 775
内蒙古	-	-	-	-	-	-	-	-
辽 宁	500	8 089 686	30 326	8 224	1 296 640	493	8 067 965	30 326
吉 林	758	28 464	15 596	-	36 534	728	12 418	15 596
黑龙江	1 589	312 240	20 427	402	146 481	1 239	102 150	20 427
上 海	1 763	36 630 710	44 520	1 591 285	15 060 545	1 710	36 502 772	44 520
江 苏	43 261	43 796 492	45 158	59 738	10 413 610	36 339	39 873 291	45 158
浙 江	16 316	23 654 116	81 257	20 716	6 352 236	16 241	23 631 797	81 257
安 徽	28 800	42 137 741	14 909	59 682	10 016 586	27 475	41 520 161	14 909
福 建	1 959	8 936 908	31 915	201 482	2 586 648	1 955	8 930 481	31 915
江 西	3 508	2 380 456	10 697	2 545	721 532	3 499	2 374 915	10 697
山 东	13 050	17 546 541	69 793	8 774	3 419 912	7 549	12 555 534	69 793
河 南	5 510	8 136 878	14 052	-	1 944 346	5 202	7 867 749	14 052
湖 北	4 357	7 710 626	42 647	20 869	1 913 117	4 155	7 391 699	42 647
湖 南	7 140	4 040 074	67 964	4 408	1 462 726	7 104	3 996 331	67 699
广 东	8 735	27 063 707	80 219	154 034	6 883 339	8 716	27 035 487	80 219
广 西	9 004	8 200 642	119 982	91 033	2 084 065	9 000	8 197 392	119 982
海 南	464	1 711 494	36 435	4 771	527 933	462	1 709 880	36 435
重 庆	3 566	6 249 744	70 396	72 587	1 624 122	3 512	6 151 351	70 396
四 川	7 489	1 189 455	80 760	5 453	539 369	6 435	1 131 900	80 760
贵 州	2 017	131 833	50 312	-	154 540	2 010	130 405	50 312
云 南	1 035	129 397	22 617	-	107 074	1 033	129 210	22 617
西 藏	-	-	-	-	-	-	-	-
陕 西	1 440	31 701	21 016	-	41 820	1 173	30 212	19 890
甘 肃	449	1 484	7 563	-	34 414	449	1 484	7 563
青 海	76	-	2 578	-	17 703	76	-	2 578
宁 夏	710	-	11 829	-	33 712	710	-	11 829
新 疆	-	-	-	-	-	-	-	-
不分地区	138	12 691 359	-	288 963	2 710 369	138	12 691 359	-

运输工具拥有量

动船		1.客船			2.客货船				
集装箱位（TEU）	功率（千瓦）	艘数（艘）	载客量（客位）	功率（千瓦）	艘数（艘）	净载重量（吨）	载客量（客位）	集装箱位（TEU）	功率（千瓦）
2 601 750	72 596 807	22 405	876 683	2 039 496	432	323 215	139 256	2 792	867 954
–	–	–	–	–	–	–	–	–	–
8 099	1 799 628	52	2 834	12 880	–	–	–	–	–
897	651 998	1 444	17 377	44 136	1	4 046	376	228	12 960
–	15 808	247	3 719	13 634	2	20	56	–	62
–	–	–	–	–	–	–	–	–	–
8 224	1 296 640	52	8 391	21 509	30	33 020	21 935	144	177 287
–	36 534	625	15 596	28 272	–	–	–	–	–
402	146 481	632	18 045	51 565	67	3 089	2 382	–	7 317
1 589 881	15 060 545	150	42 361	65 377	5	8 642	2 159	228	15 010
59 738	10 413 610	333	22 072	45 049	57	26 102	23 086	–	27 451
20 716	6 352 236	1 314	79 278	274 651	9	–	1 979	–	2 574
59 682	10 016 586	506	14 909	31 955	–	–	–	–	–
201 332	2 586 648	484	29 485	125 884	10	9 502	2 430	256	53 132
2 545	721 532	294	10 697	18 828	–	–	–	–	–
8 774	3 419 912	1 457	37 633	152 031	39	129 121	32 160	1 775	355 343
–	1 944 346	565	14 052	47 974	–	–	–	–	–
20 869	1 913 117	721	42 647	74 104	–	–	–	–	–
4 408	1 462 726	2 321	67 699	103 026	–	–	–	–	–
153 376	6 883 339	498	59 191	279 722	38	43 402	21 028	–	82 389
91 033	2 084 065	2 462	118 307	128 136	4	4 041	1 675	161	13 522
4 771	527 933	277	12 604	64 057	27	60 309	23 831	–	111 230
72 587	1 624 122	1 028	67 900	146 427	6	175	2 496	–	6 026
5 453	539 369	2 584	80 760	73 880	–	–	–	–	–
–	154 540	1 538	50 312	90 102	–	–	–	–	–
–	107 074	761	20 244	42 333	94	1 314	2 373	–	2 955
–	–	–	–	–	–	–	–	–	–
–	41 820	865	18 600	23 439	43	432	1 290	–	696
–	34 414	413	7 563	30 124	–	–	–	–	–
–	17 703	76	2 578	17 703	–	–	–	–	–
–	33 712	706	11 829	32 698	–	–	–	–	–
–	–	–	–	–	–	–	–	–	–
288 963	2 710 369	–	–	–	–	–	–	–	–

3-7

地 区	3. 货 船				集装箱船			
	艘数（艘）	净载重量（吨）	集装箱位（TEU）	功率（千瓦）	艘数（艘）	净载重量（吨）	集装箱位（TEU）	功率（千瓦）
全国总计	124 154	260 926 616	2 598 958	68 264 931	2 006	24 921 335	2 166 621	14 810 283
北 京	–	–	–	–	–	–	–	–
天 津	320	7 697 074	8 099	1 678 678	3	85 237	7 816	69 947
河 北	146	3 692 744	669	581 052	2	4 112	669	4 265
山 西	6	4 395	–	2 112	–	–	–	–
内蒙古	–	–	–	–	–	–	–	–
辽 宁	400	8 034 942	8 080	1 074 233	10	117 500	6 951	46 909
吉 林	85	12 418	–	3 786	–	–	–	–
黑龙江	360	95 403	402	38 087	1	6 721	402	2 060
上 海	1 510	36 433 806	1 589 653	14 892 188	475	16 900 832	1 555 897	11 240 144
江 苏	34 762	39 816 594	59 738	9 939 715	114	523 852	39 980	165 445
浙 江	14 857	23 622 801	20 716	5 968 557	94	307 983	19 379	147 621
安 徽	26 823	41 514 116	59 682	9 944 336	63	223 702	13 210	60 385
福 建	1 456	8 920 979	201 076	2 392 688	119	1 411 595	96 331	587 942
江 西	3 203	2 374 915	2 545	701 940	1	1 691	94	660
山 东	5 521	12 412 802	6 999	2 540 817	11	100 435	6 159	44 896
河 南	4 618	7 864 892	–	1 892 483	–	–	–	–
湖 北	3 324	7 391 699	20 869	1 782 776	10	27 221	1 631	8 043
湖 南	4 738	3 996 041	4 408	1 352 449	20	38 544	2 695	10 346
广 东	8 121	26 953 774	153 376	6 417 168	886	1 342 187	95 694	585 142
广 西	6 532	8 193 351	90 872	1 941 525	70	180 885	8 970	52 032
海 南	158	1 648 760	4 771	352 646	11	60 619	4 771	31 973
重 庆	2 457	6 151 176	72 587	1 459 614	47	210 253	14 275	47 960
四 川	3 677	1 128 844	5 453	450 532	21	57 762	2 734	13 432
贵 州	472	130 405	–	64 438	–	–	–	–
云 南	176	117 980	–	61 286	–	–	–	–
西 藏	–	–	–	–	–	–	–	–
陕 西	258	23 862	–	17 166	–	–	–	–
甘 肃	36	1 484	–	4 290	–	–	–	–
青 海	–	–	–	–	–	–	–	–
宁 夏	–	–	–	–	–	–	–	–
新 疆	–	–	–	–	–	–	–	–
不分地区	138	12 691 359	288 963	2 710 369	48	3 320 204	288 963	1 691 081

(续表一)

油 船			4. 拖 船		二、驳 船			
艘数（艘）	净载重量（吨）	功率（千瓦）	艘数（艘）	功率（千瓦）	艘数（艘）	净载重量（吨）	载客量（客位）	集装箱位（TEU）
3 569	23 174 510	4 378 957	2 668	1 424 426	16 246	11 007 996	1 391	2 212
–	–	–	–	–	–	–	–	–
41	69 750	36 709	33	108 070	14	240 891	–	–
5	4 159	1 392	5	13 850	1	1 300	–	–
–	–	–	–	–	–	–	–	–
–	–	–	–	–	–	–	–	–
104	7 241 367	783 916	11	23 611	7	21 721	–	–
–	–	–	18	4 476	30	16 046	–	–
7	7 522	2 722	180	49 512	350	210 090	–	–
323	7 652 266	1 206 503	45	87 970	53	127 938	–	1 404
1 091	3 069 427	770 235	1 187	401 395	6 922	3 923 201	–	–
693	2 196 119	639 623	61	106 454	75	22 319	–	–
291	230 502	82 500	146	40 295	1 325	617 580	–	–
165	373 554	121 517	5	14 944	4	6 427	–	150
77	248 198	75 698	2	764	9	5 541	–	–
79	218 815	78 796	532	371 721	5 501	4 991 007	–	–
–	–	–	19	3 889	308	269 129	–	–
163	382 528	109 563	110	56 237	202	318 927	–	–
19	22 642	9 774	45	7 251	36	43 743	265	–
371	1 000 744	334 341	59	104 060	19	28 220	–	658
56	63 282	24 272	2	882	4	3 250	–	–
18	249 827	54 746	–	–	2	1 614	–	–
32	102 423	23 322	21	12 055	54	98 393	–	–
32	40 982	22 380	174	14 957	1 054	57 555	–	–
–	–	–	–	–	7	1 428	–	–
2	403	948	2	500	2	187	–	–
–	–	–	–	–	–	–	–	–
–	–	–	7	519	267	1 489	1 126	–
–	–	–	–	–	–	–	–	–
–	–	–	4	1 014	–	–	–	–
–	–	–	–	–	–	–	–	–

3-8 远洋运输

地区	轮驳船总计					一、机		
	艘数（艘）	净载重量（吨）	载客量（客位）	集装箱位（TEU）	功率（千瓦）	艘数（艘）	净载重量（吨）	载客量（客位）
全国总计	2 689	78 922 864	25 541	1 800 137	21 232 105	2 681	78 912 660	25 541
北　京	–	–	–	–	–	–	–	–
天　津	55	4 375 470	–	326	586 654	55	4 375 470	–
河　北	22	2 316 890	376	228	293 513	22	2 316 890	376
山　西	–	–	–	–	–	–	–	–
内蒙古	–	–	–	–	–	–	–	–
辽　宁	63	7 028 321	800	5 175	758 628	63	7 028 321	800
吉　林	–	–	–	–	–	–	–	–
黑龙江	–	–	–	–	–	–	–	–
上　海	363	22 310 467	316	1 361 064	11 141 960	363	22 310 467	316
江　苏	108	4 056 822	–	3 955	779 645	108	4 056 822	–
浙　江	44	3 145 891	–	680	404 485	44	3 145 891	–
安　徽	–	–	–	–	–	–	–	–
福　建	102	2 103 660	3 730	10 312	468 010	102	2 103 660	3 730
江　西	–	–	–	–	–	–	–	–
山　东	52	4 638 537	5 805	2 622	648 890	52	4 638 537	5 805
河　南	–	–	–	–	–	–	–	–
湖　北	–	–	–	–	–	–	–	–
湖　南	3	218 000	–	–	26 565	3	218 000	–
广　东	1 608	15 083 286	14 115	116 663	3 201 751	1 600	15 073 082	14 115
广　西	109	224 000	399	8 421	71 680	109	224 000	399
海　南	22	730 161	–	1 728	139 955	22	730 161	–
重　庆	–	–	–	–	–	–	–	–
四　川	–	–	–	–	–	–	–	–
贵　州	–	–	–	–	–	–	–	–
云　南	–	–	–	–	–	–	–	–
西　藏	–	–	–	–	–	–	–	–
陕　西	–	–	–	–	–	–	–	–
甘　肃	–	–	–	–	–	–	–	–
青　海	–	–	–	–	–	–	–	–
宁　夏	–	–	–	–	–	–	–	–
新　疆	–	–	–	–	–	–	–	–
不分地区	138	12 691 359	–	288 963	2 710 369	138	12 691 359	–

工具拥有量

动　船		1. 客　船			2. 客货船				
集装箱位（TEU）	功率（千瓦）	艘数（艘）	载客量（客位）	功率（千瓦）	艘数（艘）	净载重量（吨）	载客量（客位）	集装箱位（TEU）	功率（千瓦）
1 800 007	**21 232 105**	**65**	**16 161**	**188 711**	**19**	**79 504**	**9 380**	**2 792**	**264 405**
–	–	–	–	–	–	–	–	–	–
326	586 654	–	–	–	–	–	–	–	–
228	293 513	–	–	–	1	4 046	376	228	12 960
–	–	–	–	–	–	–	–	–	–
–	–	–	–	–	–	–	–	–	–
5 175	758 628	–	–	–	1	5 695	800	144	19 845
–	–	–	–	–	–	–	–	–	–
–	–	–	–	–	–	–	–	–	–
1 361 064	11 141 960	–	–	–	1	4 371	316	228	12 360
3 955	779 645	–	–	–	–	–	–	–	–
680	404 485	–	–	–	–	–	–	–	–
–	–	–	–	–	–	–	–	–	–
10 312	468 010	9	2 287	30 167	2	7 123	1 443	256	48 286
–	–	–	–	–	–	–	–	–	–
2 622	648 890	–	–	–	8	55 701	5 805	1 775	160 717
–	–	–	–	–	–	–	–	–	–
–	–	–	–	–	–	–	–	–	–
–	26 565	–	–	–	–	–	–	–	–
116 533	3 201 751	56	13 874	158 544	5	22	241	–	315
8 421	71 680	–	–	–	1	2 546	399	161	9 922
1 728	139 955	–	–	–	–	–	–	–	–
–	–	–	–	–	–	–	–	–	–
–	–	–	–	–	–	–	–	–	–
–	–	–	–	–	–	–	–	–	–
–	–	–	–	–	–	–	–	–	–
–	–	–	–	–	–	–	–	–	–
–	–	–	–	–	–	–	–	–	–
–	–	–	–	–	–	–	–	–	–
–	–	–	–	–	–	–	–	–	–
–	–	–	–	–	–	–	–	–	–
–	–	–	–	–	–	–	–	–	–
288 963	2 710 369	–	–	–	–	–	–	–	–

3-8

地区	3. 货 船				集 装 箱 船		
	艘数（艘）	净载重量（吨）	集装箱位（TEU）	功率（千瓦）	艘数（艘）	净载重量（吨）	集装箱位（TEU）
全国总计	2 584	78 822 655	1 797 215	20 769 583	1 088	19 153 245	1 713 822
北　京	–	–	–	–	–	–	–
天　津	55	4 375 470	326	586 654	1	6 228	326
河　北	21	2 312 844	–	280 553	–	–	–
山　西	–	–	–	–	–	–	–
内蒙古	–	–	–	–	–	–	–
辽　宁	62	7 022 626	5 031	738 783	5	84 835	5 031
吉　林	–	–	–	–	–	–	–
黑龙江	–	–	–	–	–	–	–
上　海	362	22 306 096	1 360 836	11 129 600	241	14 500 958	1 331 955
江　苏	108	4 056 822	3 955	779 645	5	47 462	3 955
浙　江	44	3 145 891	680	404 485	1	7 364	680
安　徽	–	–	–	–	–	–	–
福　建	91	2 096 537	10 056	389 557	22	91 626	7 304
江　西	–	–	–	–	–	–	–
山　东	44	4 582 836	847	488 173	1	12 696	847
河　南	–	–	–	–	–	–	–
湖　北	–	–	–	–	–	–	–
湖　南	3	218 000	–	26 565	–	–	–
广　东	1 526	15 062 559	116 533	3 033 486	739	1 029 243	71 188
广　西	108	221 454	8 260	61 758	23	31 530	1 845
海　南	22	730 161	1 728	139 955	2	21 099	1 728
重　庆	–	–	–	–	–	–	–
四　川	–	–	–	–	–	–	–
贵　州	–	–	–	–	–	–	–
云　南	–	–	–	–	–	–	–
西　藏	–	–	–	–	–	–	–
陕　西	–	–	–	–	–	–	–
甘　肃	–	–	–	–	–	–	–
青　海	–	–	–	–	–	–	–
宁　夏	–	–	–	–	–	–	–
新　疆	–	–	–	–	–	–	–
不分地区	138	12 691 359	288 963	2 710 369	48	3 320 204	288 963

(续表一)

油 船				4.拖 船		二、驳 船			
功率（千瓦）	艘数（艘）	净载重量（吨）	功率（千瓦）	艘数（艘）	功率（千瓦）	艘数（艘）	净载重量（吨）	载客量（客位）	集装箱位（TEU）
11 945 757	179	15 807 252	2 098 332	13	9 406	8	10 204	–	130
–	–	–	–	–	–	–	–	–	–
4 452	–	–	–	–	–	–	–	–	–
–	–	–	–	–	–	–	–	–	–
–	–	–	–	–	–	–	–	–	–
36 624	33	6 902 861	676 760	–	–	–	–	–	–
–	–	–	–	–	–	–	–	–	–
–	–	–	–	–	–	–	–	–	–
9 632 639	66	6 682 900	964 844	–	–	–	–	–	–
30 180	38	1 635 971	322 399	–	–	–	–	–	–
6 300	–	–	–	–	–	–	–	–	–
–	–	–	–	–	–	–	–	–	–
50 724	1	70 000	10 600	–	–	–	–	–	–
–	–	–	–	–	–	–	–	–	–
7 988	–	–	–	–	–	–	–	–	–
–	–	–	–	–	–	–	–	–	–
–	–	–	–	–	–	–	–	–	–
–	–	–	–	–	–	–	–	–	–
460 641	36	367 360	94 497	13	9 406	8	10 204	–	130
12 198	–	–	–	–	–	–	–	–	–
12 930	5	148 160	29 232	–	–	–	–	–	–
–	–	–	–	–	–	–	–	–	–
–	–	–	–	–	–	–	–	–	–
–	–	–	–	–	–	–	–	–	–
–	–	–	–	–	–	–	–	–	–
–	–	–	–	–	–	–	–	–	–
–	–	–	–	–	–	–	–	–	–
–	–	–	–	–	–	–	–	–	–
–	–	–	–	–	–	–	–	–	–
1 691 081	–	–	–	–	–	–	–	–	–

3-9 沿海运输

地区	轮驳船总计					一、机		
	艘数（艘）	净载重量（吨）	载客量（客位）	集装箱位（TEU）	功率（千瓦）	艘数（艘）	净载重量（吨）	载客量（客位）
全国总计	10 721	68 579 947	209 060	533 336	18 576 568	10 651	68 004 473	209 060
北　京	-	-	-	-	-	-	-	-
天　津	289	3 551 654	-	7 773	1 174 494	275	3 310 763	-
河　北	131	1 381 200	-	669	314 349	130	1 379 900	-
山　西	-	-	-	-	-	-	-	-
内蒙古	-	-	-	-	-	-	-	-
辽　宁	437	1 061 365	29 526	3 049	538 012	430	1 039 644	29 526
吉　林	-	-	-	-	-	-	-	-
黑龙江	20	78 591	-	402	27 851	20	78 591	-
上　海	644	13 845 046	49	218 988	3 657 281	635	13 766 746	49
江　苏	1 354	8 390 284	100	36 382	2 014 446	1 349	8 346 575	100
浙　江	3 172	16 971 184	39 091	16 448	4 108 425	3 168	16 963 312	39 091
安　徽	415	1 595 393	-	14 731	407 026	412	1 592 793	-
福　建	1 099	6 516 933	19 597	191 170	1 874 193	1 095	6 510 506	19 597
江　西	40	188 246	-	-	61 224	40	188 246	-
山　东	1 057	2 923 133	45 694	5 976	1 204 891	1 050	2 858 233	45 694
河　南	-	-	-	-	-	-	-	-
湖　北	222	1 749 117	-	554	384 808	220	1 661 375	-
湖　南	28	37 343	-	-	11 679	28	37 343	-
广　东	823	7 443 588	31 650	15 477	1 814 951	815	7 428 440	31 650
广　西	595	1 842 796	8 747	18 674	592 836	591	1 839 546	8 747
海　南	393	980 667	34 606	3 043	384 661	391	979 053	34 606
重　庆	2	23 407	-	-	5 441	2	23 407	-
四　川	-	-	-	-	-	-	-	-
贵　州	-	-	-	-	-	-	-	-
云　南	-	-	-	-	-	-	-	-
西　藏	-	-	-	-	-	-	-	-
陕　西	-	-	-	-	-	-	-	-
甘　肃	-	-	-	-	-	-	-	-
青　海	-	-	-	-	-	-	-	-
宁　夏	-	-	-	-	-	-	-	-
新　疆	-	-	-	-	-	-	-	-

工具拥有量

动船		1. 客船			2. 客货船				
集装箱位（TEU）	功率（千瓦）	艘数（艘）	载客量（客位）	功率（千瓦）	艘数（艘）	净载重量（吨）	载客量（客位）	集装箱位（TEU）	功率（千瓦）
532 658	18 576 568	1 460	114 210	555 452	137	208 308	94 850	–	555 886
–	–	–	–	–	–	–	–	–	–
7 773	1 174 494	–	–	–	–	–	–	–	–
669	314 349	–	–	–	–	–	–	–	–
–	–	–	–	–	–	–	–	–	–
3 049	538 012	52	8 391	21 509	29	27 325	21 135	–	157 442
–	–	–	–	–	–	–	–	–	–
402	27 851	–	–	–	–	–	–	–	–
218 988	3 657 281	1	49	373	–	–	–	–	–
36 382	2 014 446	2	100	820	–	–	–	–	–
16 448	4 108 425	172	38 612	193 053	6	–	479	–	2 068
14 731	407 026	–	–	–	–	–	–	–	–
191 020	1 874 193	242	18 610	70 198	8	2 379	987	–	4 846
–	61 224	–	–	–	–	–	–	–	–
5 976	1 204 891	547	19 339	91 202	31	73 420	26 355	–	194 626
–	–	–	–	–	–	–	–	–	–
554	384 808	–	–	–	–	–	–	–	–
–	11 679	–	–	–	–	–	–	–	–
14 949	1 814 951	126	10 863	72 856	33	43 380	20 787	–	82 074
18 674	592 836	90	7 471	44 701	3	1 495	1 276	–	3 600
3 043	384 661	228	10 775	60 740	27	60 309	23 831	–	111 230
–	5 441	–	–	–	–	–	–	–	–

地区	3. 货船				集装箱船			
	艘数（艘）	净载重量（吨）	集装箱位（TEU）	功率（千瓦）	艘数（艘）	净载重量（吨）	集装箱位（TEU）	功率（千瓦）
全国总计	8 786	67 775 920	532 658	16 643 118	433	4 805 113	392 375	2 569 921
北 京	–	–	–	–	–	–	–	–
天 津	244	3 310 763	7 773	1 071 716	2	79 009	7 490	65 495
河 北	125	1 379 900	669	300 499	2	4 112	669	4 265
山 西	–	–	–	–	–	–	–	–
内蒙古	–	–	–	–	–	–	–	–
辽 宁	338	1 012 316	3 049	335 450	5	32 665	1 920	10 285
吉 林	–	–	–	–	–	–	–	–
黑龙江	16	78 591	402	19 123	1	6 721	402	2 060
上 海	612	13 766 746	218 988	3 591 104	155	2 284 907	215 173	1 557 391
江 苏	1 296	8 346 529	36 382	1 868 404	64	368 287	30 454	107 610
浙 江	2 960	16 954 319	16 448	3 809 789	31	237 007	15 948	121 115
安 徽	410	1 592 793	14 731	405 571	19	94 892	6 770	27 690
福 建	840	6 508 127	191 020	1 784 205	97	1 319 969	89 027	537 218
江 西	40	188 246	–	61 224	–	–	–	–
山 东	401	2 779 351	5 976	682 651	7	84 594	5 136	35 456
河 南	–	–	–	–	–	–	–	–
湖 北	217	1 661 375	554	368 042	–	–	–	–
湖 南	28	37 343	–	11 679	–	–	–	–
广 东	625	7 379 464	14 949	1 571 876	30	160 220	11 754	55 450
广 西	496	1 838 051	18 674	543 653	11	93 210	4 589	26 843
海 南	136	918 599	3 043	212 691	9	39 520	3 043	19 043
重 庆	2	23 407	–	5 441	–	–	–	–
四 川	–	–	–	–	–	–	–	–
贵 州	–	–	–	–	–	–	–	–
云 南	–	–	–	–	–	–	–	–
西 藏	–	–	–	–	–	–	–	–
陕 西	–	–	–	–	–	–	–	–
甘 肃	–	–	–	–	–	–	–	–
青 海	–	–	–	–	–	–	–	–
宁 夏	–	–	–	–	–	–	–	–
新 疆	–	–	–	–	–	–	–	–

（续表一）

油船 艘数（艘）	油船 净载重量（吨）	油船 功率（千瓦）	4. 拖船 艘数（艘）	4. 拖船 功率（千瓦）	二、驳船 艘数（艘）	二、驳船 净载重量（吨）	二、驳船 载客量（客位）	二、驳船 集装箱位（TEU）
1 466	**5 526 573**	**1 633 981**	**268**	**822 112**	**70**	**575 474**	**–**	**678**
–	–	–	–	–	–	–	–	–
27	62 438	33 130	31	102 778	14	240 891	–	–
5	4 159	1 392	5	13 850	1	1 300	–	–
–	–	–	–	–	–	–	–	–
–	–	–	–	–	–	–	–	–
71	338 506	107 156	11	23 611	7	21 721	–	–
–	–	–	–	–	–	–	–	–
7	7 522	2 722	4	8 728	–	–	–	–
104	890 573	202 476	22	65 804	9	78 300	–	–
87	672 282	186 996	51	145 222	5	43 709	–	–
673	2 189 963	636 198	30	103 515	4	7 872	–	–
15	44 546	10 959	2	1 455	3	2 600	–	–
146	299 633	106 738	5	14 944	4	6 427	–	150
20	127 834	39 050	–	–	–	–	–	–
79	218 815	78 796	71	236 412	7	64 900	–	–
–	–	–	–	–	–	–	–	–
40	52 199	13 413	3	16 766	2	87 742	–	–
3	7 913	3 825	–	–	–	–	–	–
130	455 600	165 808	31	88 145	8	15 148	–	528
46	52 923	19 808	2	882	4	3 250	–	–
13	101 667	25 514	–	–	2	1 614	–	–
–	–	–	–	–	–	–	–	–
–	–	–	–	–	–	–	–	–
–	–	–	–	–	–	–	–	–
–	–	–	–	–	–	–	–	–
–	–	–	–	–	–	–	–	–
–	–	–	–	–	–	–	–	–
–	–	–	–	–	–	–	–	–
–	–	–	–	–	–	–	–	–
–	–	–	–	–	–	–	–	–
–	–	–	–	–	–	–	–	–

3-10 内河运输

地 区	轮驳船总计					一、机	
	艘数（艘）	净载重量（吨）	载客量（客位）	集装箱位（TEU）	功率（千瓦）	艘数（艘）	净载重量（吨）
全国总计	152 495	124 940 052	782 729	270 489	32 788 134	136 327	114 517 734
北 京	-	-	-	-	-	-	-
天 津	75	10 841	2 834	-	38 480	75	10 841
河 北	1 444	-	17 377	-	44 136	1 444	-
山 西	255	5 060	3 775	-	15 808	255	5 060
内蒙古	-	-	-	-	-	-	-
辽 宁	-	-	-	-	-	-	-
吉 林	758	28 464	15 596	-	36 534	728	12 418
黑龙江	1 569	233 649	20 427	-	118 630	1 219	23 559
上 海	756	475 197	44 155	11 233	261 304	712	425 559
江 苏	41 799	31 349 386	45 058	19 401	7 619 519	34 882	27 469 894
浙 江	13 100	3 537 041	42 166	3 588	1 839 326	13 029	3 522 594
安 徽	28 385	40 542 348	14 909	44 951	9 609 560	27 063	39 927 368
福 建	758	316 315	8 588	-	244 445	758	316 315
江 西	3 468	2 192 210	10 697	2 545	660 308	3 459	2 186 669
山 东	11 941	9 984 871	18 294	176	1 566 131	6 447	5 058 764
河 南	5 510	8 136 878	14 052	-	1 944 346	5 202	7 867 749
湖 北	4 135	5 961 509	42 647	20 315	1 528 309	3 935	5 730 324
湖 南	7 109	3 784 731	67 964	4 408	1 424 482	7 073	3 740 988
广 东	6 304	4 536 833	34 454	21 894	1 866 637	6 301	4 533 965
广 西	8 300	6 133 846	110 836	63 938	1 419 549	8 300	6 133 846
海 南	49	666	1 829	-	3 317	49	666
重 庆	3 564	6 226 337	70 396	72 587	1 618 681	3 510	6 127 944
四 川	7 489	1 189 455	80 760	5 453	539 369	6 435	1 131 900
贵 州	2 017	131 833	50 312	-	154 540	2 010	130 405
云 南	1 035	129 397	22 617	-	107 074	1 033	129 210
西 藏	-	-	-	-	-	-	-
陕 西	1 440	31 701	21 016	-	41 820	1 173	30 212
甘 肃	449	1 484	7 563	-	34 414	449	1 484
青 海	76	-	2 578	-	17 703	76	-
宁 夏	710	-	11 829	-	33 712	710	-
新 疆	-	-	-	-	-	-	-

工具拥有量

动船			1. 客 船			2. 客 货 船				
载客量 （客位）	集装箱位 （TEU）	功率 （千瓦）	艘数 （艘）	载客量 （客位）	功率 （千瓦）	艘数 （艘）	净载重量 （吨）	载客量 （客位）	集装箱位 （TEU）	功率 （千瓦）
781 338	269 085	32 788 134	20 880	746 312	1 295 333	276	35 403	35 026	–	47 663
–	–	–	–	–	–	–	–	–	–	–
2 834	–	38 480	52	2 834	12 880	–	–	–	–	–
17 377	–	44 136	1 444	17 377	44 136	–	–	–	–	–
3 775	–	15 808	247	3 719	13 634	2	20	56	–	62
–	–	–	–	–	–	–	–	–	–	–
–	–	–	–	–	–	–	–	–	–	–
15 596	–	36 534	625	15 596	28 272	–	–	–	–	–
20 427	–	118 630	632	18 045	51 565	67	3 089	2 382	–	7 317
44 155	9 829	261 304	149	42 312	65 004	4	4 271	1 843	–	2 650
45 058	19 401	7 619 519	331	21 972	44 229	57	26 102	23 086	–	27 451
42 166	3 588	1 839 326	1 142	40 666	81 598	3	–	1 500	–	506
14 909	44 951	9 609 560	506	14 909	31 955	–	–	–	–	–
8 588	–	244 445	233	8 588	25 519	–	–	–	–	–
10 697	2 545	660 308	294	10 697	18 828	–	–	–	–	–
18 294	176	1 566 131	910	18 294	60 829	–	–	–	–	–
14 052	–	1 944 346	565	14 052	47 974	–	–	–	–	–
42 647	20 315	1 528 309	721	42 647	74 104	–	–	–	–	–
67 699	4 408	1 424 482	2 321	67 699	103 026	–	–	–	–	–
34 454	21 894	1 866 637	316	34 454	48 322	–	–	–	–	–
110 836	63 938	1 419 549	2 372	110 836	83 435	–	–	–	–	–
1 829	–	3 317	49	1 829	3 317	–	–	–	–	–
70 396	72 587	1 618 681	1 028	67 900	146 427	6	175	2 496	–	6 026
80 760	5 453	539 369	2 584	80 760	73 880	–	–	–	–	–
50 312	–	154 540	1 538	50 312	90 102	–	–	–	–	–
22 617	–	107 074	761	20 244	42 333	94	1 314	2 373	–	2 955
–	–	–	–	–	–	–	–	–	–	–
19 890	–	41 820	865	18 600	23 439	43	432	1 290	–	696
7 563	–	34 414	413	7 563	30 124	–	–	–	–	–
2 578	–	17 703	76	2 578	17 703	–	–	–	–	–
11 829	–	33 712	706	11 829	32 698	–	–	–	–	–
–	–	–	–	–	–	–	–	–	–	–

3–10

地区	3. 货船							
					集装箱船			
	艘数（艘）	净载重量（吨）	集装箱位（TEU）	功率（千瓦）	艘数（艘）	净载重量（吨）	集装箱位（TEU）	功率（千瓦）
全国总计	**112 784**	**114 328 041**	**269 085**	**30 852 230**	**485**	**962 977**	**60 424**	**294 605**
北京	–	–	–	–	–	–	–	–
天津	21	10 841	–	20 308	–	–	–	–
河北	–	–	–	–	–	–	–	–
山西	6	4 395	–	2 112	–	–	–	–
内蒙古	–	–	–	–	–	–	–	–
辽宁	–	–	–	–	–	–	–	–
吉林	85	12 418	–	3 786	–	–	–	–
黑龙江	344	16 812	–	18 964	–	–	–	–
上海	536	360 964	9 829	171 484	79	114 967	8 769	50 114
江苏	33 358	27 413 243	19 401	7 291 666	45	108 103	5 571	27 655
浙江	11 853	3 522 591	3 588	1 754 283	62	63 612	2 751	20 206
安徽	26 413	39 921 323	44 951	9 538 765	44	128 810	6 440	32 695
福建	525	316 315	–	218 926	–	–	–	–
江西	3 163	2 186 669	2 545	640 716	1	1 691	94	660
山东	5 076	5 050 615	176	1 369 993	3	3 145	176	1 452
河南	4 618	7 864 892	–	1 892 483	–	–	–	–
湖北	3 107	5 730 324	20 315	1 414 734	10	27 221	1 631	8 043
湖南	4 707	3 740 698	4 408	1 314 205	20	38 544	2 695	10 346
广东	5 970	4 511 751	21 894	1 811 806	117	152 724	12 752	69 051
广西	5 928	6 133 846	63 938	1 336 114	36	56 145	2 536	12 991
海南	–	–	–	–	–	–	–	–
重庆	2 455	6 127 769	72 587	1 454 173	47	210 253	14 275	47 960
四川	3 677	1 128 844	5 453	450 532	21	57 762	2 734	13 432
贵州	472	130 405	–	64 438	–	–	–	–
云南	176	117 980	–	61 286	–	–	–	–
西藏	–	–	–	–	–	–	–	–
陕西	258	23 862	–	17 166	–	–	–	–
甘肃	36	1 484	–	4 290	–	–	–	–
青海	–	–	–	–	–	–	–	–
宁夏	–	–	–	–	–	–	–	–
新疆	–	–	–	–	–	–	–	–

（续表一）

油　船			4.拖　船		二、驳　船			
艘数（艘）	净载重量（吨）	功率（千瓦）	艘数（艘）	功率（千瓦）	艘数（艘）	净载重量（吨）	载客量（客位）	集装箱位（TEU）
1 924	1 840 685	646 644	2 387	592 908	16 168	10 422 318	1 391	1 404
–	–	–	–	–	–	–	–	–
14	7 312	3 579	2	5 292	–	–	–	–
–	–	–	–	–	–	–	–	–
–	–	–	–	–	–	–	–	–
–	–	–	–	–	–	–	–	–
–	–	–	–	–	–	–	–	–
–	–	–	18	4 476	30	16 046	–	–
–	–	–	176	40 784	350	210 090	–	–
153	78 793	39 183	23	22 166	44	49 638	–	1 404
966	761 174	260 840	1 136	256 173	6 917	3 879 492	–	–
20	6 156	3 425	31	2 939	71	14 447	–	–
276	185 956	71 541	144	38 840	1 322	614 980	–	–
18	3 921	4 179	–	–	–	–	–	–
57	120 364	36 648	2	764	9	5 541	–	–
–	–	–	461	135 309	5 494	4 926 107	–	–
–	–	–	19	3 889	308	269 129	–	–
123	330 329	96 150	107	39 471	200	231 185	–	–
16	14 729	5 949	45	7 251	36	43 743	265	–
205	177 784	74 036	15	6 509	3	2 868	–	–
10	10 359	4 464	–	–	–	–	–	–
–	–	–	–	–	–	–	–	–
32	102 423	23 322	21	12 055	54	98 393	–	–
32	40 982	22 380	174	14 957	1 054	57 555	–	–
–	–	–	–	–	7	1 428	–	–
2	403	948	2	500	2	187	–	–
–	–	–	–	–	–	–	–	–
–	–	–	7	519	267	1 489	1 126	–
–	–	–	–	–	–	–	–	–
–	–	–	4	1 014	–	–	–	–

3-11 水路客、货运输量

地区	客运量 (万人)	旅客周转量 (万人公里)	货运量 (万吨)	货物周转量 (万吨公里)
全国总计	27 072	730 840	613 567	917 724 507
北 京	-	-	-	-
天 津	72	1 352	9 850	17 292 103
河 北	5	3 416	4 544	15 527 926
山 西	109	948	16	525
内蒙古	-	-	-	-
辽 宁	504	59 666	13 439	79 631 726
吉 林	188	2 749	193	5 913
黑龙江	372	4 094	1 245	81 276
上 海	386	8 052	49 770	191 955 377
江 苏	2 392	27 025	80 343	58 867 482
浙 江	3 841	58 359	74 797	81 426 446
安 徽	185	3 843	104 949	49 409 940
福 建	1 996	28 444	28 419	42 985 171
江 西	273	3 466	10 894	2 335 617
山 东	1 999	116 372	14 724	13 798 750
河 南	280	5 393	10 459	7 052 934
湖 北	574	33 215	33 968	25 309 143
湖 南	1 534	30 687	23 061	5 803 007
广 东	2 727	104 965	75 113	115 145 176
广 西	533	27 062	24 741	12 646 890
海 南	1 714	34 551	10 229	10 909 313
重 庆	732	60 760	15 040	17 000 844
四 川	2 748	26 264	8 688	1 834 540
贵 州	2 019	55 189	1 463	352 641
云 南	1 157	24 975	507	124 352
西 藏	-	-	-	-
陕 西	378	6 370	218	8 030
甘 肃	90	1 681	34	580
青 海	70	857	-	-
宁 夏	195	1 086	-	-
新 疆	-	-	-	-
不分地区	-	-	16 864	168 218 805

3-12　水路旅客运输量（按航区分）

地区	客运量（万人）			旅客周转量（万人公里）		
	内河	沿海	远洋	内河	沿海	远洋
全国总计	15 939	10 015	1 118	322 756	280 163	127 921
北京	-	-	-	-	-	-
天津	72	-	-	1 352	-	-
河北	-	-	5	-	-	3 416
山西	109	-	-	948	-	-
内蒙古	-	-	-	-	-	-
辽宁	-	490	14	-	52 909	6 757
吉林	188	-	-	2 749	-	-
黑龙江	372	-	-	4 094	-	-
上海	-	385	1	-	6 965	1 087
江苏	2 380	4	7	21 186	94	5 745
浙江	965	2 876	-	9 640	48 719	-
安徽	185	-	-	3 843	-	-
福建	264	1 635	97	4 050	18 930	5 465
江西	273	-	-	3 466	-	-
山东	481	1 421	97	2 195	70 431	43 746
河南	280	-	-	5 393	-	-
湖北	574	-	-	33 215	-	-
湖南	1 534	-	-	30 687	-	-
广东	463	1 367	897	9 552	34 196	61 217
广西	270	263	-	12 806	13 768	488
海南	140	1 574	-	400	34 151	-
重庆	732	-	-	60 760	-	-
四川	2 748	-	-	26 264	-	-
贵州	2 019	-	-	55 189	-	-
云南	1 157	-	-	24 975	-	-
西藏	-	-	-	-	-	-
陕西	378	-	-	6 370	-	-
甘肃	90	-	-	1 681	-	-
青海	70	-	-	857	-	-
宁夏	195	-	-	1 086	-	-
新疆	-	-	-	-	-	-
不分地区	-	-	-	-	-	-

3-13 水路货物运输量（按航区分）

地区	货运量（万吨）			货物周转量（万吨公里）		
	内河	沿海	远洋	内河	沿海	远洋
全国总计	**345 900**	**192 982**	**74 685**	**133 124 134**	**242 239 438**	**542 360 935**
北京	-	-	-	-	-	-
天津	-	9 366	484	-	14 615 907	2 676 195
河北	-	2 868	1 676	-	4 809 077	10 718 849
山西	16	-	-	525	-	-
内蒙古	-	-	-	-	-	-
辽宁	-	6 168	7 271	-	8 237 083	71 394 643
吉林	193	-	-	5 913	-	-
黑龙江	1 245	-	-	81 276	-	-
上海	2 554	29 070	18 145	463 609	39 996 549	151 495 219
江苏	58 065	17 397	4 881	18 711 814	19 198 653	20 957 015
浙江	20 585	50 336	3 876	2 846 686	56 716 074	21 863 686
安徽	101 250	3 699	-	46 199 700	3 210 240	-
福建	3 111	22 863	2 446	146 083	34 774 810	8 064 278
江西	10 417	477	-	1 825 577	510 040	-
山东	5 182	8 483	1 058	2 089 795	6 236 106	5 472 849
河南	10 459	-	-	7 052 934	-	-
湖北	27 564	6 226	178	18 512 652	6 180 200	616 291
湖南	22 885	-	176	4 116 024	-	1 686 983
广东	37 273	20 997	16 844	6 207 058	31 873 259	77 064 860
广西	19 133	5 049	560	5 378 306	7 007 265	261 319
海南	105	9 543	581	233 703	8 411 383	2 264 227
重庆	14 955	85	-	16 932 336	68 508	-
四川	8 688	-	-	1 834 540	-	-
贵州	1 463	-	-	352 641	-	-
云南	507	-	-	124 352	-	-
西藏	-	-	-	-	-	-
陕西	218	-	-	8 030	-	-
甘肃	34	-	-	580	-	-
青海	-	-	-	-	-	-
宁夏	-	-	-	-	-	-
新疆	-	-	-	-	-	-
不分地区	-	357	16 508	-	394 284	167 824 521

3-14　海上险情及搜救活动

指　　标	计算单位	数　　量	所占比例（%）
一、船舶、人员遇险次数	次	1 884	100.00
1. 按遇险性质分：碰撞	次	359	19.06
触礁	次	60	3.18
搁浅	次	235	12.47
触损	次	33	1.75
浪损	次	13	0.69
火灾/爆炸	次	83	4.41
风灾	次	38	2.02
自沉	次	165	8.76
机损	次	166	8.81
伤病	次	332	17.62
其他	次	400	21.23
2. 按区域分：东海海区	次	539	28.61
南海海区	次	415	22.03
黄海海区	次	174	9.24
渤海海区	次	146	7.75
江河干流	次	460	24.42
支流、湖泊	次	140	7.43
其他	次	10	0.53
3. 按等级分：一般	次	1 192	63.27
较大	次	564	29.94
重大	次	120	6.37
特大	次	8	0.42
二、遇险人员救助情况	人次	14 698	100.00
获救人员	人次	13 727	93.39
三、各部门派出搜救船艇	艘次	6 619	100.00
海事	艘次	1 896	28.64
救捞	艘次	357	5.39
军队	艘次	163	2.46
社会	艘次	1 873	28.30
渔船	艘次	1 679	25.37
过往船舶	艘次	651	9.84
四、各部门派出搜救飞机	架次	318	100.00
海事	架次	13	4.09
救助	架次	268	84.28
社会	架次	34	10.69
军队	架次	3	0.94

资料来源：中国海上搜救中心。

主要统计指标解释

内河航道通航长度 指报告期末在江河、湖泊、水库、渠道和运河水域内,船舶、排筏在不同水位期可以通航的实际航道里程数。计算单位:公里。内河航道通航里程按主航道中心线实际长度计算。

内河航道通航里程可分为等级航道和等外航道里程,等级航道里程又分为一级航道、二级航道、三级航道、四级航道、五级航道、六级航道和七级航道里程。

船舶数量 指报告期末在交通运输主管部门注册登记的船舶实际数量。计算单位:艘。统计的船舶包括运输船舶、工程船舶和辅助船舶,不包括渔船和军用船舶。

船舶一般分为机动船和驳船,机动船又可分为客船、客货船、货船(包括集装箱船)和拖船。

净载重量 指报告期末所拥有船舶的总载重量减去燃(物)料、淡水、粮食及供应品、人员及其行李等重量及船舶常数后,能够装载货物的实际重量。计算单位:吨。船舶常数指船舶经过一段时间营运后的空船重量与船舶建造出厂时空船重量的差值。

载客量 指报告期末所拥有船舶可用于载运旅客的额定数量。计算单位:客位。载客量包括船员临时占用的旅客铺位,但不包括船员自用铺位。客货船临时将货舱改作载客用途,该船的客位数不作变更。

箱位量 指报告期末所拥有集装箱船舶可装载折合为20英尺集装箱的额定数量。计算单位:TEU。各种外部尺寸的集装箱箱位均按折算系数折算成20英尺集装箱进行计算。

船舶功率 指报告期末所拥有船舶主机的额定功率数。计算单位:千瓦。

客运量 指报告期内船舶实际运送的旅客人数。计算单位:人。

旅客周转量 指报告期内船舶实际运送的每位旅客与该旅客运送距离的乘积之和。计算单位:人公里。

货运量 指报告期内船舶实际运送的货物重量。计算单位:吨。

货物周转量 指报告期内船舶实际运送的每批货物重量与该批货物运送距离的乘积之和。计算单位:吨公里。

四、城市客运

简 要 说 明

一、本篇资料反映我国全国、中心城市公共交通运输发展的基本情况。主要包括：全国、中心城市公共交通的运输工具、运营线路、客运量等内容。

二、本资料分全国、中心城市公共汽电车、出租汽车、轨道交通和客运轮渡。

4-1　全国城市客运经营业户

单位：户

地区	公共汽电车经营业户数				轨道交通经营业户数	城市客运轮渡经营业户数
		国有企业	国有控股企业	私营企业		
全国	3 844	924	428	1 949	35	45
北京	2	1	1	-	2	-
天津	11	10	-	1	2	-
河北	168	31	16	104	-	-
山西	121	27	8	79	-	-
内蒙古	215	13	6	110	-	-
辽宁	118	37	23	56	2	-
吉林	118	17	6	76	1	-
黑龙江	235	23	4	157	1	5
上海	33	-	23	-	6	1
江苏	92	44	25	21	6	1
浙江	141	69	15	53	3	2
安徽	122	44	18	53	-	-
福建	96	47	27	21	-	3
江西	107	26	16	62	1	1
山东	231	94	27	104	1	1
河南	114	42	14	48	1	-
湖北	109	47	15	45	1	8
湖南	172	55	19	88	1	4
广东	246	55	33	147	3	5
广西	157	12	9	127	-	-
海南	53	13	5	30	-	-
重庆	156	30	5	16	1	14
四川	233	38	38	124	1	-
贵州	205	35	7	57	-	-
云南	159	28	31	100	1	-
西藏	7	5	1	1	-	-
陕西	132	23	15	89	1	-
甘肃	82	12	4	59	-	-
青海	39	12	1	24	-	-
宁夏	47	6	1	38	-	-
新疆	123	28	15	59	-	-

4-1 （续表一）

单位：户

地区	出租汽车经营业户数					
	合计	车辆301辆以上的企业数	车辆101~300辆（含）的企业数	车辆51~100辆（含）的企业数	车辆50辆（含）以下的企业数	个体经营业户数
全　国	**132 246**	**866**	**2 744**	**2 248**	**2 683**	**123 705**
北　京	1 391	29	60	54	91	1 157
天　津	6 084	26	26	11	7	6 014
河　北	415	70	142	114	89	–
山　西	267	26	107	94	39	1
内蒙古	21 963	46	82	60	46	21 729
辽　宁	16 135	60	161	97	288	15 529
吉　林	34 529	33	64	51	82	34 299
黑龙江	21 284	91	142	67	108	20 876
上　海	3 113	27	16	29	53	2 988
江　苏	5 978	33	171	91	73	5 610
浙　江	2 163	20	128	100	180	1 735
安　徽	880	43	137	62	39	599
福　建	192	14	44	56	78	–
江　西	184	8	39	62	75	–
山　东	2 245	42	210	138	113	1 742
河　南	470	41	162	160	105	2
湖　北	1 255	15	110	107	65	958
湖　南	288	16	104	106	62	–
广　东	416	49	138	96	117	16
广　西	202	18	36	44	81	23
海　南	64	4	14	10	36	–
重　庆	1 097	12	48	38	71	928
四　川	1 006	26	87	143	246	504
贵　州	3 184	9	52	66	136	2 921
云　南	2 582	15	84	102	118	2 263
西　藏	21	2	2	7	10	–
陕　西	339	12	91	119	117	–
甘　肃	247	19	105	62	56	5
青　海	132	10	23	15	10	74
宁　夏	85	15	47	12	11	–
新　疆	4 035	35	112	75	81	3 732

4-2　全国城市客运从业人员

单位：人

地区	公共汽电车从业人员	出租汽车从业人员	轨道交通从业人员	客运轮渡从业人员
全国	1 332 284	2 626 338	184 215	5 124
北京	80 418	104 887	39 570	—
天津	19 838	47 385	5 790	—
河北	52 384	116 626	—	—
山西	30 381	71 161	—	—
内蒙古	23 652	100 530	—	—
辽宁	56 390	193 505	8 530	—
吉林	28 048	172 320	3 020	—
黑龙江	37 489	155 286	1 345	394
上海	69 446	99 023	29 315	1 201
江苏	86 942	116 941	17 761	341
浙江	74 536	110 113	7 737	131
安徽	38 909	96 776	—	—
福建	33 843	52 074	—	572
江西	19 174	35 790	1852	41
山东	91 874	123 563	1558	345
河南	55 422	120 756	1 528	—
湖北	58 530	96 676	7 043	736
湖南	49 523	79 049	2875	90
广东	148 200	137 662	30 828	1 149
广西	22 602	39 211	—	—
海南	7 294	12 672	—	—
重庆	36 457	59 794	12 528	124
四川	60 076	100 927	6 387	—
贵州	22 067	63 723	—	—
云南	27 833	56 352	3 247	—
西藏	1 673	5 715	—	—
陕西	37 065	77 632	3 301	—
甘肃	18 756	48 261	—	—
青海	8 258	21 029	—	—
宁夏	9 409	24 137	—	—
新疆	25 795	86 762	—	—

4-3 全国城市客运设施

地区	公交专用车道长度（公里）	轨道交通车站数（个）	换乘站数	城市客运轮渡在用码头数（个）	公交IC卡累计售卡量（万张）
全 国	8 569.1	2 092	180	200	52 057.1
北 京	740.7	334	53	-	8 987.7
天 津	65.0	82	3	-	1 000.0
河 北	22.5	-	-	-	1 043.7
山 西	216.6	-	-	-	539.1
内蒙古	151.7	-	-	-	274.7
辽 宁	648.8	99	2	-	1 617.0
吉 林	161.6	119	1	-	414.3
黑龙江	76.8	18	-	23	572.8
上 海	312.4	366	54	40	6 051.0
江 苏	1 013.2	251	9	12	5 755.2
浙 江	679.1	95	6	7	2 777.6
安 徽	120.7	-	-	-	840.7
福 建	158.2	-	-	12	1 097.0
江 西	46.2	24	-	2	219.3
山 东	857.8	10	-	2	2 008.7
河 南	124.2	20	-	-	1 061.2
湖 北	285.5	102	6	25	1 248.1
湖 南	374.4	23	-	14	936.1
广 东	1 174.3	288	34	40	9 447.2
广 西	219.6	-	-	-	200.9
海 南	25.0	-	-	-	57.1
重 庆	25.9	119	8	23	1 390.0
四 川	500.0	70	3	-	2 058.5
贵 州	23.9	-	-	-	61.2
云 南	85.0	33	-	-	700.6
西 藏	-	-	-	-	13.3
陕 西	270.1	39	1	-	411.8
甘 肃	8.9	-	-	-	523.6
青 海	-	-	-	-	172.6
宁 夏	74.3	-	-	-	78.2
新 疆	106.7	-	-	-	497.8

注：上海轨道交通车站数含江苏（昆山）境内3个，换乘站数0个。

4-4　全国公共汽电车数量（总计）

地区	公共汽电车数（辆）				标准运营车数（标台）
		空调车	安装卫星定位车载终端的车辆	BRT运营车辆	
全国	561 756	347 250	440 683	6 163	632 909
北京	23 287	19 181	21 469	359	33 699
天津	11 619	9 275	8 737	-	12 738
河北	25 614	13 262	17 256	-	26 934
山西	10 605	2 439	6 194	-	11 612
内蒙古	10 251	1 582	5 864	-	10 512
辽宁	23 097	2 563	12 145	64	27 396
吉林	12 709	1 145	6 383	-	12 722
黑龙江	18 729	1 928	7 751	-	20 588
上海	16 531	16 524	16 531	-	20 359
江苏	39 729	36 386	38 732	911	47 138
浙江	32 698	32 554	30 452	298	36 105
安徽	18 622	10 666	13 318	220	21 399
福建	17 021	16 719	16 778	227	18 783
江西	9 806	6 459	7 862	-	10 895
山东	46 654	19 204	36 539	366	51 335
河南	25 258	14 158	18 752	1 206	27 355
湖北	20 895	14 462	16 150	200	23 216
湖南	22 030	15 899	12 611	106	24 757
广东	56 950	55 592	50 351	1 100	62 945
广西	11 442	5 278	9 134	144	12 374
海南	3 370	3 294	2 816	-	3 680
重庆	12 837	10 983	12 277	-	14 073
四川	27 646	20 458	23 728	254	32 563
贵州	7 889	3 630	6 928	-	8 888
云南	14 704	3 765	10 802	-	14 831
西藏	609	295	591	-	759
陕西	13 715	4 482	8 928	-	15 501
甘肃	7 513	1 278	5 550	70	7 449
青海	3 790	103	2 888	-	3 894
宁夏	4 115	1 015	3 501	80	4 558
新疆	12 021	2 671	9 665	558	13 851

4-5　全国公共汽电车数量（按长度分）

地区	公共汽电车数（辆）								
	合计	≤5米	>5米且≤7米	>7米且≤10米	>10米且≤13米	>13米且≤16米	>16米且≤18米	>18米	双层车
全　国	561 756	10 293	66 910	192 831	275 401	7 166	4 886	13	4 256
北　京	23 287	-	92	206	16 016	4 141	1 875	-	957
天　津	11 619	146	883	6 005	4 450	-	-	-	135
河　北	25 614	2 424	3 608	8 453	10 470	604	-	2	53
山　西	10 605	156	2 030	3 016	5 271	55	53	-	24
内蒙古	10 251	991	1 906	3 049	4 249	-	34	-	22
辽　宁	23 097	-	1 649	6 216	14 815	177	89	-	151
吉　林	12 709	567	2 598	6 051	3 446	-	-	-	47
黑龙江	18 729	720	2 138	6 384	9 461	6	-	-	20
上　海	16 531	-	260	3 393	12 812	-	29	-	37
江　苏	39 729	53	1 826	12 140	25 254	139	219	5	93
浙　江	32 698	207	4 769	12 232	14 924	326	163	6	71
安　徽	18 622	324	1 473	6 297	10 175	62	229	-	62
福　建	17 021	212	2 846	5 401	8 315	22	95	-	130
江　西	9 806	51	910	4 398	4 332	82	10	-	23
山　东	46 654	421	7 943	15 521	21 948	366	246	-	209
河　南	25 258	558	5 648	7 424	10 567	478	406	-	177
湖　北	20 895	22	2 640	9 412	8 007	74	41	-	699
湖　南	22 030	4	1 888	9 193	10 918	22	3	-	2
广　东	56 950	757	4 826	25 973	25 017	139	42	-	196
广　西	11 442	535	1 634	4 312	4 626	-	5	-	330
海　南	3 370	20	542	1 446	1 177	185	-	-	-
重　庆	12 837	22	1 365	5 974	5 444	30	-	-	2
四　川	27 646	278	2 032	8 291	16 240	36	759	-	10
贵　州	7 889	44	732	3 362	3 492	202	-	-	57
云　南	14 704	526	4 779	4 554	4 235	-	46	-	564
西　藏	609	-	11	86	512	-	-	-	-
陕　西	13 715	20	2 384	3 226	7 943	-	-	-	142
甘　肃	7 513	558	1 070	4 146	1 719	-	20	-	-
青　海	3 790	151	972	1 116	1 541	-	-	-	10
宁　夏	4 115	10	423	2 019	1 551	6	100	-	6
新　疆	12 021	516	1 033	3 535	6 474	14	422	-	27

4-6 全国公共汽电车数量（按燃料类型分）

地区	公共汽电车数（辆）										
	合计	汽油车	乙醇汽油车	柴油车	液化石油气车	天然气车	双燃料车	无轨电车	纯电动客车	混合动力车	其他
全 国	561 756	9 657	4 127	253 458	6 032	182 396	17 477	1 934	36 262	50 397	16
北 京	23 287	-	-	14 132	50	7 695	-	828	582	-	-
天 津	11 619	14	-	8 738	-	515	-	-	591	1 761	
河 北	25 614	1 688	947	5 583	50	10 657	604	-	4594	1491	
山 西	10 605	424	-	3 704	112	3 809	1 640	121	429	366	-
内蒙古	10 251	1 368	-	3 993	-	4 390	277	-	42	181	
辽 宁	23 097	256	280	13 815	-	5 526	309	51	756	2 104	
吉 林	12 709	-	1 166	6 423	-	4 620	172	-	18	310	
黑龙江	18 729	24	1 304	10 923	563	5 052	26	-	108	729	
上 海	16 531	-	-	12 949	-	35	1782	29	1 437	290	9
江 苏	39 729	193	1	19 627	175	11 636	458	-	3 256	4 383	
浙 江	32 698	277	-	19 679		7 374	12	159	-2121	3 070	6
安 徽	18 622	105	285	8 671	-	6 012	600	-	1 504	1445	
福 建	17 021	179	-	9 848	-	3 393	102	-	1380	2 119	
江 西	9 806	72	-	7 319	-	1170	22	-	134	1 089	
山 东	46 654	455	9	16 328	138	16 908	595	250	8 202	3 769	
河 南	25 258	378	-	11 069	74	4 251	747	67	2 677	5 995	-
湖 北	20 895	103	55	10 383	88	7 637	553	155	637	1 284	-
湖 南	22 030	125	-	10 935	-	3 718	32	-	729	6 491	-
广 东	56 950	203	-	23 858	4 497	15 976	104	274	5 146	6 892	-
广 西	11 442	534	36	8 233	-	1 564	46	-	233	796	
海 南	3 370	-	-	1 461	239	653	138	-	214	665	
重 庆	12 837	37	-	1 052	-	9 529	322	-	128	1 769	-
四 川	27 646	496	-	3 761	-	18 787	3 710	-	362	530	
贵 州	7 889	21	-	3 026	-	4 269	202	-	32	339	
云 南	14 704	825	-	10 917	-	1 216	73	-	578	1 095	
西 藏	609	-	-	446	-	15	-	-	27	120	1
陕 西	13 715	48	-	1 491	36	8 210	3 214	-	165	551	
甘 肃	7 513	675	-	3 149	-	3 368	216	-	25	80	
青 海	3 790	429	-	323	-	2 688	5	-	133	212	
宁 夏	4 115	69	44	636	10	3 044	312	-	-	-	
新 疆	12 021	659	-	986	-	8 679	1 204	-	22	471	

4-7 全国公共汽电车数量（按排放标准分）

地区	公共汽电车数（辆）				
	合计	国Ⅱ及以下	国Ⅲ	国Ⅳ	国Ⅴ及以上
全 国	561 756	45 709	246 314	149 606	120 127
北 京	23 287	–	10 655	4 657	7 975
天 津	11 619	38	4 516	5 566	1 499
河 北	25 614	2 557	7 694	7 732	7 631
山 西	10 605	971	4 369	4 399	866
内蒙古	10 251	1 751	5 920	2 192	388
辽 宁	23 097	2 906	11 540	4 163	4 488
吉 林	12 709	2 618	6 676	3 055	360
黑龙江	18 729	2 510	9 643	5 091	1 485
上 海	16 531	–	7 954	3 480	5 097
江 苏	39 729	1 549	17 818	11 785	8 577
浙 江	32 698	1 073	13 781	9 274	8 570
安 徽	18 622	2 329	9 026	3 635	3 632
福 建	17 021	752	9 333	3 859	3 077
江 西	9 806	1 012	6 458	1 733	603
山 东	46 654	2 759	20 180	9 435	14 280
河 南	25 258	3 167	9 730	5 700	6 661
湖 北	20 895	2 209	9 073	7 672	1 941
湖 南	22 030	2 269	10 420	7 523	1 818
广 东	56 950	853	21 251	10 768	24 078
广 西	11 442	1 593	5 927	1 874	2 048
海 南	3 370	68	1 990	1 084	228
重 庆	12 837	1 793	6 291	4 457	296
四 川	27 646	2 369	9 171	10 555	5 551
贵 州	7 889	459	3 890	1 743	1 797
云 南	14 704	3 275	6 793	3 665	971
西 藏	609	15	62	384	148
陕 西	13 715	2 506	6 275	3 460	1 474
甘 肃	7 513	1 238	3 105	2 170	1 000
青 海	3 790	129	1 396	1 520	745
宁 夏	4 115	461	1 264	1 735	655
新 疆	12 021	480	4 113	5 240	2 188

4-8 全国公共汽电车场站及线路

地区	停保场面积（万平方米）	运营线路条数（条）	运营线路总长度（公里）	BRT线路长度	无轨电车线路长度
全 国	6 992.7	48 905	894 332	3 081	944
北 京	517.4	876	20 186	81	291
天 津	84.1	715	15 866	—	—
河 北	312.0	2 360	40 854	—	—
山 西	133.1	1 187	20 829	—	50
内蒙古	162.6	1 179	27 119	—	—
辽 宁	270.2	1 860	32 137	14	8
吉 林	68.6	1 027	14 294	—	—
黑龙江	213.3	1 468	27 367	—	—
上 海	184.0	1 429	24 027	—	152
江 苏	561.9	3 509	63 623	543	—
浙 江	452.6	4 083	71 219	245	64
安 徽	303.7	1 483	24 898	109	—
福 建	200.8	1 596	27 443	130	—
江 西	85.4	1 158	21 069	—	—
山 东	647.6	3 934	95 367	403	76
河 南	316.9	1 611	25 880	82	34
湖 北	284.0	1 486	24 673	32	103
湖 南	231.3	1 588	24 307	182	—
广 东	667.3	5 000	100 088	846	166
广 西	146.0	1 287	21 453	180	—
海 南	27.9	350	7 196	—	—
重 庆	56.9	1 058	15 750	—	—
四 川	279.3	2 491	36 991	59	—
贵 州	115.9	795	10 542	—	—
云 南	148.4	2 028	44 086	—	—
西 藏	4.6	73	1 325	—	—
陕 西	160.2	884	15 471	—	—
甘 肃	72.9	663	9 269	9	—
青 海	33.8	428	8 698	—	—
宁 夏	80.4	431	7 949	21	—
新 疆	169.5	868	14 357	147	—

4-9 全国公共汽电车客运量

地区	运营里程（万公里）	客运量（万人次）	月票换算	使用IC卡
全国	3 523 345	7 654 049	119 759	3 431 837
北京	135 411	406 003	-	331 573
天津	50 642	157 001	1 604	64 506
河北	124 083	209 293	23 694	41 787
山西	60 438	153 881	2 946	58 365
内蒙古	70 421	129 395	1 107	39 453
辽宁	142 153	410 880	5 009	159 138
吉林	78 083	176 165	770	43 460
黑龙江	131 762	269 900	3 825	72 105
上海	105 713	254 852	-	199 930
江苏	241 810	474 984	8 955	249 438
浙江	204 609	387 970	11 877	209 233
安徽	115 213	237 468	2 113	93 559
福建	104 085	245 962	13 692	85 278
江西	71 276	149 854	2 016	41 832
山东	256 305	418 586	2 141	192 252
河南	141 373	268 573	15 254	68 647
湖北	151 269	346 476	2 217	174 088
湖南	179 392	337 535	829	90 673
广东	427 128	737 382	336	436 764
广西	68 876	138 531	1 233	24 899
海南	24 814	47 951	-	1 422
重庆	90 116	269 080	12 217	169 007
四川	159 936	440 667	631	196 853
贵州	50 484	153 634	1 198	17 279
云南	91 451	177 625	571	73 674
西藏	3 289	9 628	46	1 465
陕西	92 485	257 533	1 385	138 957
甘肃	37 415	125 777	1 995	58 960
青海	21 829	46 803	-	27 740
宁夏	22 543	45 426	27	20 661
新疆	68 944	169 235	2 075	48 840

4-10　全国出租汽车车辆数

单位：辆

地区	运营车数								
	合计	汽油车	乙醇汽油车	柴油车	液化石油气车	天然气车	双燃料车	纯电动车	其他
全国	1 392 520	492 217	200 511	36 312	8 768	44 169	600 695	6 854	2 994
北京	68 284	65 284	-	-	-	-	2 000	1000	-
天津	31 940	31 843	-	-	-	-	97	-	-
河北	71 946	24 879	5 888	223	-	769	40 022	-	165
山西	43 120	11 586	-	-	-	1 093	30 441	-	-
内蒙古	67 035	36 193	-	16	-	3	30 823	-	-
辽宁	93 018	25 453	15 151	6 258	1580	-	41 787	50	2 739
吉林	71 058	-	61 786	5 293	-	88	3 891	-	-
黑龙江	105 816	2 884	96 455	3 863	-	57	2 557	-	-
上海	49 586	48 076	-	660	-	-	846	4	-
江苏	61 120	25 171	3 257	148	217	250	31 375	702	-
浙江	43 822	22 261	-	5 846	200	3	14 922	590	-
安徽	55 217	4 155	10 516	106	-	1 198	38 742	500	-
福建	24 785	5 696	-	2 030	-	-	16 690	369	-
江西	17 988	13 594	-	2 664	-	-	1 728	2	-
山东	72 090	12 740	-	134	166	1 332	57 690	28	-
河南	61 555	17 088	5 599	539	858	1 038	36 333	100	-
湖北	41 820	8 144	1 298	3	30	1 954	30 271	120	-
湖南	35 991	12 899	-	3 834	-	254	19 004	-	-
广东	70 281	22 796	-	1 710	4 022	-	39 603	2 150	-
广西	20 731	12 826	561	854	-	-	6 290	200	-
海南	6 672	100	-	131	-	-	6 161	280	-
重庆	23 544	682	-	-	-	1 770	21 092	-	-
四川	45 293	7 301	-	26	-	389	37 327	250	-
贵州	25 697	19 968	-	1 761	-	2 695	1 273	-	-
云南	29 376	27 047	-	207	-	1186	886	50	-
西藏	2 611	418	-	-	1 695	-	490	8	-
陕西	36 030	3 256	-	-	-	-	32 384	350	40
甘肃	34 838	13 699	-	-	-	14 825	6 213	51	50
青海	13 112	3 252	-	-	-	400	9 460	-	-
宁夏	16 144	4 582	-	-	-	492	11 020	50	-
新疆	52 000	8 344	-	6	-	14 373	29 277	-	-

4-11　全国出租汽车运量

地区	载客车次总数（万车次）	运营里程（万公里）	载客里程	客运量（万人次）
全　国	2 049 545	16 024 203	10 902 048	3 967 404
北　京	41 965	589 815	378 382	58 750
天　津	20 353	346 128	201 754	37 178
河　北	75 496	730 798	500 290	146 680
山　西	57 175	405 759	272 552	112 747
内蒙古	82 897	611 223	407 370	146 594
辽　宁	153 732	1 216 516	843 604	300 217
吉　林	114 503	758 878	580 510	243 275
黑龙江	160 911	953 477	675 448	326 399
上　海	53 974	608 488	392 688	97 153
江　苏	82 518	777 616	475 760	162 544
浙　江	73 683	622 314	408 807	132 674
安　徽	89 619	685 167	471 542	184 791
福　建	37 565	336 470	224 931	76 377
江　西	31 212	199 670	130 075	65 981
山　东	86 074	837 977	532 312	153 284
河　南	91 063	687 153	487 353	165 739
湖　北	80 811	608 465	409 353	156 028
湖　南	85 929	529 039	370 102	176 385
广　东	96 811	950 146	618 052	185 398
广　西	22 599	200 134	133 636	45 073
海　南	7 448	86 739	65 452	15 568
重　庆	49 876	384 878	266 507	100 396
四　川	91 606	625 463	422 934	181 212
贵　州	62 320	283 315	223 268	137 696
云　南	44 225	248 824	169 342	91 343
西　藏	8 113	52 114	40 448	15 062
陕　西	64 239	470 618	323 520	121 697
甘　肃	46 877	334 115	246 365	84 588
青　海	16 644	128 074	100 925	28 905
宁　夏	26 346	170 837	121 501	51 944
新　疆	92 961	583 994	407 267	165 726

4-12 全国轨道交通运营车辆数

地区	运营车数（辆）						标准运营车数（标台）	编组列数（列）
	合计	地铁	轻轨	单轨	有轨电车	磁悬浮		
全国	**19 941**	**18 098**	**1 434**	**–**	**392**	**17**	**48 165**	**3 539**
北京	5 024	5 024	–	–	–	–	12 456	809
天津	626	450	152	–	24	–	1 529	121
河北	–	–	–	–	–	–	–	–
山西	–	–	–	–	–	–	–	–
内蒙古	–	–	–	–	–	–	–	–
辽宁	800	528	200	–	72	–	1 980	214
吉林	395	–	351	–	44	–	507	121
黑龙江	66	66	–	–	–	–	165	11
上海	3 797	3 780	–	–	–	17	9 493	643
江苏	1 805	1 366	215	–	224	–	4 297	334
浙江	744	744	–	–	–	–	1860	124
安徽	–	–	–	–	–	–	–	–
福建	–	–	–	–	–	–	–	–
江西	138	138	–	–	–	–	345	23
山东	48	48	–	–	–	–	120	8
河南	150	150	–	–	–	–	375	25
湖北	776	776	–	–	–	–	1 940	145
湖南	162	162	–	–	–	–	405	27
广东	3 196	3 168	–	–	28	–	7 931	565
广西	–	–	–	–	–	–	–	–
海南	–	–	–	–	–	–	–	–
重庆	918	402	516	–	–	–	1 882	153
四川	732	732	–	–	–	–	1 830	122
贵州	–	–	–	–	–	–	–	–
云南	240	240	–	–	–	–	240	40
西藏	–	–	–	–	–	–	–	–
陕西	324	324	–	–	–	–	810	54
甘肃	–	–	–	–	–	–	–	–
青海	–	–	–	–	–	–	–	–
宁夏	–	–	–	–	–	–	–	–
新疆	–	–	–	–	–	–	–	–

4-13　全国轨道交通运营线路条数

单位：条

地　区	运营线路条数					
	合计	地铁	轻轨	单轨	有轨电车	磁悬浮
全　国	**105**	**85**	**10**	**–**	**9**	**1**
北　京	18	18	–	–	–	–
天　津	5	3	1	–	1	–
河　北	–	–	–	–	–	–
山　西	–	–	–	–	–	–
内蒙古	–	–	–	–	–	–
辽　宁	9	4	3	–	2	–
吉　林	4	–	2	–	2	–
黑龙江	1	1	–	–	–	–
上　海	15	14	–	–	–	1
江　苏	13	8	2	–	3	–
浙　江	5	5	–	–	–	–
安　徽	–	–	–	–	–	–
福　建	–	–	–	–	–	–
江　西	1	1	–	–	–	–
山　东	1	1	–	–	–	–
河　南	1	1	–	–	–	–
湖　北	4	4	–	–	–	–
湖　南	1	1	–	–	–	–
广　东	15	14	–	–	1	–
广　西	–	–	–	–	–	–
海　南	–	–	–	–	–	–
重　庆	5	3	2	–	–	–
四　川	3	3	–	–	–	–
贵　州	–	–	–	–	–	–
云　南	2	2	–	–	–	–
西　藏	–	–	–	–	–	–
陕　西	2	2	–	–	–	–
甘　肃	–	–	–	–	–	–
青　海	–	–	–	–	–	–
宁　夏	–	–	–	–	–	–
新　疆	–	–	–	–	–	–

4-14　全国轨道交通运营线路总长度

单位：公里

地　区	运　营　线　路　总　长　度					
	合计	地铁	轻轨	单轨	有轨电车	磁悬浮
全　国	3 195.4	2 722.7	341.2	-	102.4	29.1
北　京	553.7	553.7	-	-	-	-
天　津	147.0	86.9	52.2	-	7.9	-
河　北						
山　西						
内蒙古						
辽　宁	220.9	96.3	101.1	-	23.5	-
吉　林	64.2	-	46.9	-	17.3	-
黑龙江	17.2	17.2	-	-	-	-
上　海	617.5	588.4	-	-	-	29.1
江　苏	377.0	279.0	52.3	-	45.7	-
浙　江	130.7	130.7	-	-	-	-
安　徽						
福　建						
江　西	28.8	28.8	-	-	-	-
山　东	11.0	11.0	-	-	-	-
河　南	26.2	26.2	-	-	-	-
湖　北	125.4	125.4	-	-	-	-
湖　南	26.6	26.6	-	-	-	-
广　东	451.0	443.0	-	-	8.0	-
广　西						
海　南						
重　庆	202.0	113.3	88.7	-	-	-
四　川	86.0	86.0	-	-	-	-
贵　州						
云　南	59.3	59.3	-	-	-	-
西　藏						
陕　西	50.9	50.9	-	-	-	-
甘　肃						
青　海						
宁　夏						
新　疆						

注：上海轨道交通运营线路总长度含江苏（昆山）境内约6公里。

4-15 全国轨道交通运量

地 区	运营里程（万列公里）	客运量（万人次）
全 国	**37 448**	**1 400 102**
北 京	8 218	332 381
天 津	1 162	28 812
河 北	–	–
山 西	–	–
内蒙古	–	–
辽 宁	1 405	39 076
吉 林	750	7 835
黑龙江	158	6 564
上 海	7 574	306 798
江 苏	3 548	92 727
浙 江	1153	26 122
安 徽	–	–
福 建	–	–
江 西	4	140
山 东	4	54
河 南	269	8 810
湖 北	1 402	56 510
湖 南	238	8 407
广 东	7 153	352 880
广 西	–	–
海 南	–	–
重 庆	2 268	63 247
四 川	943	27 163
贵 州	–	–
云 南	540	8 367
西 藏	–	–
陕 西	660	34 209
甘 肃	–	–
青 海	–	–
宁 夏	–	–
新 疆	–	–

注：上海轨道交通客运量含江苏（昆山）境内约1373万人次。

4-16 全国城市客运轮渡船舶及航线数

地区	运营船数（艘）	运营航线条数（条）	运营航线总长度（公里）
全国	310	123	568.9
北京	-	-	-
天津	-	-	-
河北	-	-	-
山西	-	-	-
内蒙古	-	-	-
辽宁	-	-	-
吉林	-	-	-
黑龙江	45	11	43.2
上海	44	18	14.7
江苏	15	6	33.4
浙江	6	2	2.1
安徽	-	-	-
福建	34	14	82.0
江西	3	1	1.5
山东	2	1	11.0
河南	-	-	-
湖北	59	23	213.5
湖南	14	7	5.9
广东	65	22	95.6
广西	-	-	-
海南	-	-	-
重庆	23	18	66.0
四川	-	-	-
贵州	-	-	-
云南	-	-	-
西藏	-	-	-
陕西	-	-	-
甘肃	-	-	-
青海	-	-	-
宁夏	-	-	-
新疆	-	-	-

4-17　全国城市客运轮渡运量

地　区	运　量		
	客运量（万人次）	机动车运量（辆）	非机动车运量（辆）
全　国	10 107	1 142 413	23 345 217
北　京	-	-	-
天　津	-	-	-
河　北	-	-	-
山　西	-	-	-
内蒙古	-	-	-
辽　宁	-	-	-
吉　林	-	-	-
黑龙江	354	-	-
上　海	1 349	503 205	19 923 149
江　苏	486	-	1 862 866
浙　江	301	-	-
安　徽	-	-	-
福　建	3 132	-	-
江　西	36	1 820	60 511
山　东	74	63 279	-
河　南	-	-	-
湖　北	1 628	-	1 444 700
湖　南	130	-	-
广　东	2 371	574 109	53 991
广　西	-	-	-
海　南	-	-	-
重　庆	247	-	-
四　川	-	-	-
贵　州	-	-	-
云　南	-	-	-
西　藏	-	-	-
陕　西	-	-	-
甘　肃	-	-	-
青　海	-	-	-
宁　夏	-	-	-
新　疆	-	-	-

4-18　中心城市城市客运经营业户

单位：户

中心城市	公共汽电车经营业户数				轨道交通经营业户数	城市客运轮渡经营业户数
		国有企业	国有控股企业	私营企业		
合　计	522	111	74	179	31	17
北　京	2	1	1	-	2	-
天　津	11	10	-	1	2	-
石家庄	1	1	-	-	-	-
太　原	1	-	1	-	-	-
呼和浩特	1	1	-	-	-	-
沈　阳	17	4	7	6	1	-
长　春	26	2	-	24	1	-
哈尔滨	37	2	1	34	1	5
上　海	33	-	23	-	6	1
南　京	3	3	-	-	2	1
杭　州	6	6	-	-	2	-
合　肥	5	5	-	-	-	-
福　州	5	2	1	1	-	2
南　昌	1	1	-	-	1	-
济　南	4	3	1	-	-	-
郑　州	1	1	-	-	1	-
武　汉	8	4	1	3	1	1
长　沙	7	1	-	6	1	-
广　州	32	12	11	9	1	1
南　宁	21	1	1	19	-	-
海　口	8	2	-	6	-	-
重　庆	132	17	4	11	1	3
成　都	8	-	7	-	1	-
贵　阳	53	4	1	2	-	-
昆　明	9	3	3	3	1	-
拉　萨	1	1	-	-	-	-
西　安	23	1	5	17	1	-
兰　州	4	-	1	3	-	-
西　宁	5	3	-	2	-	-
银　川	1	1	-	-	-	-
乌鲁木齐	9	4	-	5	-	-
大　连	14	4	2	8	1	-
青　岛	6	6	-	-	1	1
宁　波	7	4	-	3	1	1
深　圳	18	-	3	15	2	-
厦　门	2	1	-	1	-	1

4-18 （续表一）

单位：户

中心城市	出租汽车经营业户数					
	合计	车辆301辆以上的企业数	车辆101~300辆（含）的企业数	车辆51~100辆（含）的企业数	车辆50辆（含）以下的企业数	个体经营业户数
合　计	**25 449**	**367**	**683**	**403**	**634**	**23 362**
北　京	1 391	29	60	54	91	1 157
天　津	6 084	26	26	11	7	6 014
石家庄	41	10	17	11	3	–
太　原	19	7	8	1	3	–
呼和浩特	26	4	11	8	3	–
沈　阳	487	14	37	25	77	334
长　春	5 566	11	13	20	7	5 515
哈尔滨	92	13	34	22	23	–
上　海	3 113	27	16	29	53	2 988
南　京	1 447	7	29	13	8	1 390
杭　州	1 282	8	24	21	49	1 180
合　肥	104	6	–	–	1	97
福　州	19	7	7	3	2	–
南　昌	31	5	7	10	9	–
济　南	196	9	22	10	–	155
郑　州	51	10	23	14	2	2
武　汉	73	9	38	12	13	1
长　沙	21	12	6	3	–	–
广　州	67	12	31	19	5	–
南　宁	17	11	–	3	3	–
海　口	13	2	7	2	2	–
重　庆	1 051	12	42	20	49	928
成　都	70	24	8	13	25	–
贵　阳	458	7	14	8	16	413
昆　明	66	14	35	9	8	–
拉　萨	2	2	–	–	–	–
西　安	57	7	31	9	10	–
兰　州	30	6	19	3	2	–
西　宁	7	6	1	–	–	–
银　川	17	6	9	–	2	–
乌鲁木齐	25	10	11	3	1	–
大　连	3 366	3	11	26	138	3 188
青　岛	27	8	15	1	3	–
宁　波	35	1	26	3	5	–
深　圳	84	17	41	12	14	–
厦　门	14	5	4	5	–	–

4-19　中心城市城市客运从业人员

单位：人

中心城市	公共汽电车从业人员	出租汽车从业人员	轨道交通从业人员	客运轮渡从业人员
合　计	659 229	1 019 802	177 027	4 502
北　京	83 969	105 357	34 759	—
天　津	18 531	46 176	5 124	—
石家庄	13 721	15 906	—	—
太　原	7 049	14 298	—	—
呼和浩特	6 103	15 900	—	—
沈　阳	13 090	50 000	3 460	—
长　春	9 675	61 199	2 422	—
哈尔滨	13 128	32 393	1 590	425
上　海	56 829	102 299	28 987	1 342
南　京	23 348	23 660	9 486	303
杭　州	22 246	27 431	4 355	—
合　肥	9 218	20 249	—	—
福　州	8 388	15 827	—	20
南　昌	5 858	13 230	—	—
济　南	12 052	13 762	—	—
郑　州	12 510	25 810	1 706	—
武　汉	28 618	44 940	5 205	545
长　沙	10 882	19 669	1 862	—
广　州	34 268	43 196	17 829	1 167
南　宁	6 304	14 546	—	—
海　口	2 744	7 479	—	—
重　庆	34 706	51 420	11 178	91
成　都	19 585	35 660	4 339	—
贵　阳	8 261	17 098	—	—
昆　明	12 166	15 707	2 913	—
拉　萨	1 260	2 779	—	—
西　安	22 543	33 443	3 318	—
兰　州	9 540	10 236	—	—
西　宁	4 863	10 058	—	—
银　川	5 216	9 417	—	—
乌鲁木齐	11 808	25 114	—	—
大　连	11 823	35 024	3 718	—
青　岛	20 535	19 525	—	422
宁　波	10 470	10 703	2 375	59
深　圳	53 059	38 730	9 896	—
厦　门	9 056	12 704	—	462

4-20 中心城市城市客运设施

中心城市	公交专用车道长度（公里）	轨道交通车站数（个）	换乘站数	城市客运轮渡在用码头数（个）	公交IC卡累计售卡量（万张）
合　计	5 203.2	1 975	178	142	39 108.9
北　京	740.7	334	53	-	8 987.7
天　津	65.0	82	3	-	1 000.0
石家庄	14.0	-	-	-	665.3
太　原	128.6	-	-	-	379.8
呼和浩特	70.0	-	-	-	98.5
沈　阳	197.0	43	1	-	828.7
长　春	141.2	119	1	-	205.2
哈尔滨	65.8	18	-	23	401.8
上　海	312.4	366	54	40	6 051.0
南　京	136.5	134	7	12	2 220.0
杭　州	153.5	53	5	-	1 018.9
合　肥	41.9	-	-	-	374.4
福　州	78.5	-	-	6	212.3
南　昌	17.3	24	-	-	36.8
济　南	179.1	-	-	-	722.6
郑　州	82.0	20	-	-	492.7
武　汉	155.0	102	6	14	550.0
长　沙	129.6	23	-	-	581.2
广　州	457.6	170	21	28	4 761.0
南　宁	32.0	-	-	-	127.2
海　口	25.0	-	-	-	37.0
重　庆	14.4	119	8	6	1 377.5
成　都	431.8	70	3	-	1 300.0
贵　阳	13.4	-	-	-	6.9
昆　明	85.0	33	-	-	489.7
拉　萨	-	-	-	-	13.3
西　安	238.8	39	1	-	165.0
兰　州	8.9	-	-	-	396.0
西　宁	-	-	-	-	156.1
银　川	74.3	-	-	-	70.0
乌鲁木齐	101.7	-	-	-	330.3
大　连	259.6	56	1	-	408.6
青　岛	134.0	10	-	2	460.4
宁　波	102.0	42	1	5	492.0
深　圳	463.4	118	13	-	2 988.9
厦　门	53.2	-	-	6	702.0

注：广州轨道交通车站数含佛山境内11个，换乘站0个。

4-21　中心城市公共汽电车数量（总计）

中心城市	公共汽电车数（辆）				标准运营车数（标台）
		空调车	安装卫星定位车载终端	BRT运营车辆	
合　计	238 186	172 376	214 532	4 378	296 067
北　京	23 287	19 181	21 469	359	33 699
天　津	11 619	9 275	8 737	-	12 738
石家庄	4 403	1 935	4 403	-	5 724
太　原	2 501	1 128	-	-	3 251
呼和浩特	1 946	-	1 946	-	2 537
沈　阳	5 598	183	4 010	-	7 275
长　春	5 020	977	3 457	-	5 693
哈尔滨	6 923	639	4 237	-	8 755
上　海	16 531	16 524	16 531	-	20 359
南　京	8 111	7 811	8 111	-	9 974
杭　州	8 068	8 055	8 068	160	10 022
合　肥	4 684	3 178	4 626	220	6 035
福　州	4 242	4 242	4 242	-	5 142
南　昌	3 305	2 712	3 305	-	4 049
济　南	5 284	3 300	5 284	197	6 700
郑　州	6 221	5 771	5 685	1 206	8 298
武　汉	8 301	6 806	8 215	-	9 793
长　沙	6 103	5 532	3 939	-	7 877
广　州	13 930	13 930	13 592	989	16 179
南　宁	3 121	2 237	3 121	-	4 065
海　口	1 702	1 702	1 702	-	2 056
重　庆	11 573	9 862	11 079	-	12 875
成　都	10 656	10 117	10 569	254	13 631
贵　阳	3 060	2 174	3 060	-	3 672
昆　明	6 075	2 586	5 716	-	7 302
拉　萨	486	254	486	-	627
西　安	7 772	2 843	5 124	-	9 053
兰　州	2 686	935	2 554	70	3 050
西　宁	1 755	82	1 720	-	2 181
银　川	1 949	774	1 949	80	2 398
乌鲁木齐	4 684	611	4 398	552	6 119
大　连	5 304	1 086	2 561	64	6 582
青　岛	6 748	1 426	6 106	-	8 726
宁　波	4 727	4 727	4 719	-	5 820
深　圳	15 120	15 090	15 120	-	17 943
厦　门	4 691	4 691	4 691	227	5 868

4-22 中心城市公共汽电车数量（按长度分）

中心城市	公共汽电车数（辆）								
	合计	≤5米	>5米且≤7米	>7米且≤10米	>10米且≤13米	>13米且≤16米	>16米且≤18米	>18米	双层车
合　计	238 186	927	10 789	46 786	165 542	6 298	4 429	13	3 402
北　京	23 287	–	92	206	16 016	4 141	1 875	–	957
天　津	11 619	146	883	6 005	4 450	–	–	–	135
石家庄	4 403	–	150	497	3 168	574	–	2	12
太　原	2 501	–	1	117	2 333	–	50	–	–
呼和浩特	1 946	–	18	50	1 828	–	30	–	20
沈　阳	5 598	–	–	367	5 034	75	40	–	82
长　春	5 020	–	14	2 798	2 183	–	–	–	25
哈尔滨	6 923	–	49	759	6 095	–	–	–	20
上　海	16 531	–	260	3 393	12 812	–	29	–	37
南　京	8 111	20	273	1 321	6 492	–	–	5	–
杭　州	8 068	56	452	1 267	5 843	280	160	–	10
合　肥	4 684	–	48	565	3 858	–	163	–	50
福　州	4 242	21	274	674	3 248	22	–	–	3
南　昌	3 305	20	100	674	2 440	61	–	–	10
济　南	5 284	–	278	800	3 788	160	183	–	75
郑　州	6 221	–	399	189	4 715	422	406	–	90
武　汉	8 301	–	768	3 280	3 491	58	11	–	693
长　沙	6 103	–	–	191	5 912	–	–	–	–
广　州	13 930	583	591	3 821	8 879	–	36	–	20
南　宁	3 121	–	55	99	2 850	–	–	–	117
海　口	1 702	–	142	484	891	185	–	–	–
重　庆	11 573	15	901	5 394	5 261	–	–	–	2
成　都	10 656	–	596	1 198	8 154	–	708	–	–
贵　阳	3 060	–	349	406	2 263	–	–	–	42
昆　明	6 075	36	985	1 055	3 439	–	46	–	514
拉　萨	486	–	–	16	470	–	–	–	–
西　安	7 772	–	1 232	1 239	5 201	–	–	–	100
兰　州	2 686	–	60	1 400	1 206	–	20	–	–
西　宁	1 755	–	125	104	1 516	–	–	–	10
银　川	1 949	10	63	554	1 210	6	100	–	6
乌鲁木齐	4 684	20	168	482	3 598	–	416	–	–
大　连	5 304	–	30	1 202	3 971	–	49	–	52
青　岛	6 748	–	20	420	6 097	179	12	–	20
宁　波	4 727	–	280	607	3 804	–	–	6	30
深　圳	15 120	–	842	4 512	9 478	135	–	–	153
厦　门	4 691	–	291	640	3 548	–	95	–	117

4-23 中心城市公共汽电车数量（按燃料类型分）

中心城市	公共汽电车数（辆）										
	合计	汽油车	乙醇汽油车	柴油车	液化石油气车	天然气车	双燃料车	无轨电车	纯电动客车	混合动力车	其他
合　计	**238 186**	**383**	**423**	**96 404**	**4 703**	**88 440**	**6 212**	**1 867**	**12 880**	**26 864**	**10**
北　京	23 287	–	–	14 132	50	7 695	–	828	582	–	–
天　津	11 619	14	–	8 738	–	515	–	–	591	1 761	–
石家庄	4 403	–	–	404	–	3 589	–	–	388	22	–
太　原	2 501	57	–	–	–	1 160	1 158	121	–	5	–
呼和浩特	1 946	–	–	–	–	1 946	–	–	–	–	–
沈　阳	5 598	–	50	3 695	–	1 496	247	–	–	110	–
长　春	5 020	–	–	1 203	–	3 415	166	–	–	236	–
哈尔滨	6 923	–	364	1 801	95	4 027	26	–	3	607	–
上　海	16 531	–	–	12 949	–	35	1 782	29	1 437	290	9
南　京	8 111	26	–	3 865	23	2 963	–	–	989	245	–
杭　州	8 068	112	–	2 680	–	2 378	–	150	1 608	1 140	–
合　肥	4 684	–	–	1 206	–	2 298	–	–	928	252	–
福　州	4 242	21	–	2 018	–	815	–	–	704	684	–
南　昌	3 305	–	–	2 379	–	439	–	–	–	487	–
济　南	5 284	–	9	2 295	–	1 861	–	140	266	713	–
郑　州	6 221	–	–	1 485	–	437	282	–	40	3 977	–
武　汉	8 301	3	–	4 940	38	2 263	10	155	267	625	–
长　沙	6 103	–	–	1 146	–	687	–	–	423	3 847	–
广　州	13 930	27	–	2 885	4 497	3 072	–	274	117	3 058	–
南　宁	3 121	–	–	1 372	–	1193	–	–	–	556	–
海　口	1 702	–	–	332	–	630	–	–	190	550	–
重　庆	11 573	15	–	489	–	9 201	41	–	116	1 711	–
成　都	10 656	–	–	299	–	9 362	621	–	284	90	–
贵　阳	3 060	–	–	113	–	2 928	15	–	4	–	–
昆　明	6 075	97	–	3 886	–	786	–	–	260	1 046	–
拉　萨	486	–	–	323	–	15	–	–	27	120	1
西　安	7 772	–	–	84	–	5 412	1 851	–	50	375	–
兰　州	2 686	–	–	37	–	2 569	–	–	25	55	–
西　宁	1 755	–	–	–	–	1 522	–	–	21	212	–
银　川	1 949	–	–	–	–	1 949	–	–	–	–	–
乌鲁木齐	4 684	4	–	275	–	4 278	13	–	–	114	–
大　连	5 304	1	–	2 353	–	1 440	–	51	726	733	–
青　岛	6 748	–	–	2 383	–	3 115	–	110	856	284	–
宁　波	4 727	–	–	2 556	–	1 600	–	9	132	430	–
深　圳	15 120	–	–	10 875	–	626	–	–	1 836	1 783	–
厦　门	4 691	6	–	3 206	–	723	–	–	10	746	–

4-24　中心城市公共汽电车数量（按排放标准分）

中心城市	公共汽电车数（辆）				
	合计	国Ⅱ及以下	国Ⅲ	国Ⅳ	国Ⅴ及以上
合　计	238 186	9 870	99 001	68 006	61 309
北　京	23 287	-	10 655	4 657	7 975
天　津	11 619	38	4 516	5 566	1 499
石家庄	4 403	908	594	2313	588
太　原	2 501	57	-	2 444	-
呼和浩特	1 946	-	1 946	-	-
沈　阳	5 598	920	3 192	720	766
长　春	5 020	547	2 711	1 499	263
哈尔滨	6 923	92	3 389	2 431	1011
上　海	16 531	-	7 954	3 480	5 097
南　京	8 111	122	3 120	2 025	2 844
杭　州	8 068	7	1 678	1 508	4 875
合　肥	4 684	370	1 479	944	1891
福　州	4 242	71	1 986	1 092	1093
南　昌	3 305	56	2 693	438	118
济　南	5 284	258	2 353	835	1 838
郑　州	6 221	349	1 689	1 581	2 602
武　汉	8 301	82	4 296	3 878	45
长　沙	6 103	419	1 656	3 530	498
广　州	13 930	28	1 057	838	12 007
南　宁	3 121	416	845	230	1 630
海　口	1 702	32	963	607	100
重　庆	11 573	1 692	5 474	4 117	290
成　都	10 656	82	3 040	5 399	2 135
贵　阳	3 060	-	1 302	509	1249
昆　明	6 075	1 162	1 821	2 522	570
拉　萨	486	-	-	338	148
西　安	7 772	1 797	3 368	1 658	949
兰　州	2 686	-	156	1 631	899
西　宁	1 755	62	433	669	591
银　川	1 949	-	-	1 323	626
乌鲁木齐	4 684	1	1 111	2 028	1 544
大　连	5 304	26	2 379	1 358	1 541
青　岛	6 748	-	4 200	1 112	1 436
宁　波	4 727	67	2 616	1 324	720
深　圳	15 120	-	11 273	2 430	1 417
厦　门	4 691	209	3 056	972	454

4-25　中心城市公共汽电车场站及线路

中心城市	停保场面积（万平方米）	运营线路条数（条）	运营线路总长度（公里）	BRT线路长度	无轨电车线路长度
合　　计	3 002.3	14 241	262 838	1 593	910
北　　京	517.4	876	20 186	81	291
天　　津	84.1	715	15 866	—	—
石 家 庄	82.2	229	3 802	—	—
太　　原	43.4	193	3 174	—	50
呼和浩特	53.3	105	2 002	—	—
沈　　阳	39.4	229	4 280	—	—
长　　春	9.5	265	4 463	—	—
哈 尔 滨	87.5	255	5 086	—	—
上　　海	184.0	1 429	24 027	—	152
南　　京	60.0	580	9 285	—	—
杭　　州	113.1	716	12 033	128	52
合　　肥	84.2	186	2 828	109	—
福　　州	61.1	235	4 228	—	—
南　　昌	3.3	231	4 413	—	—
济　　南	94.9	253	4 417	94	46
郑　　州	128.4	306	4 378	82	—
武　　汉	119.8	467	8 144	—	103
长　　沙	73.6	180	3 559	—	—
广　　州	163.5	1 158	19 397	765	166
南　　宁	33.3	169	3 200	—	—
海　　口	12.4	106	2 265	—	—
重　　庆	52.3	866	13 342	—	—
成　　都	113.5	545	7 962	59	—
贵　　阳	35.7	247	3 819	—	—
昆　　明	73.2	539	13 007	—	—
拉　　萨	3.4	34	667	—	—
西　　安	92.6	268	6 209	—	—
兰　　州	24.1	128	1 747	9	—
西　　宁	18.6	84	1 203	—	—
银　　川	48.2	109	1 979	21	—
乌鲁木齐	51.3	168	3 071	102	—
大　　连	42.4	246	4 282	14	8
青　　岛	72.9	417	8 302	—	30
宁　　波	103.4	447	9 240	—	11
深　　圳	189.8	903	20 561	—	—
厦　　门	32.4	357	6 416	130	—

4-26 中心城市公共汽电车客运量

中心城市	运营里程（万公里）	客运量（万人次）	月票换算	使用IC卡
合　计	1 414 971	3 938 531	56 156	2 365 340
北　京	135 411	406 003	-	331 573
天　津	50 642	157 001	1 604	64 506
石家庄	18 903	58 686	15 281	11 661
太　原	12 879	49 694	-	39 705
呼和浩特	15 566	40 290	-	19 138
沈　阳	28 799	103 444	-	57 207
长　春	29 524	73 598	-	21 136
哈尔滨	56 529	134 227	-	44 328
上　海	105 713	254 852	-	199 930
南　京	50 233	100 427	-	83 477
杭　州	49 380	138 197	8 698	102 265
合　肥	21 325	64 016	-	29 574
福　州	22 030	57 530	8 319	8 170
南　昌	31 234	61 973	-	20 695
济　南	22 213	75 126	-	47 752
郑　州	28 157	95 387	7 914	21 786
武　汉	52 326	143 092	524	97 053
长　沙	37 885	74 324	-	51 812
广　州	105 275	254 954	-	194 239
南　宁	18 601	47 729	254	8 073
海　口	11 640	29 529	-	1 306
重　庆	81 345	246 920	11 736	167 046
成　都	45 593	172 607	-	121 899
贵　阳	16 818	61 610	1 180	9 597
昆　明	31 995	87 449	-	49 674
拉　萨	2 574	8 648	-	1 465
西　安	47 865	161 573	-	105 673
兰　州	13 534	74 366	-	42 000
西　宁	8 791	36 213	-	25 195
银　川	8 413	30 653	-	19 378
乌鲁木齐	24 853	86 351	-	27 709
大　连	26 236	102 596	648	53 387
青　岛	35 717	102 402	-	63 399
宁　波	27 873	48 559	-	36 797
深　圳	108 913	206 892	-	130 084
厦　门	30 184	91 614	-	56 655

4-27 中心城市出租汽车车辆数

单位：辆

中心城市	运营车数								
	合计	汽油车	乙醇汽油车	柴油车	液化石油气车	天然气车	双燃料车	纯电动车	其他
合　计	495 745	200 044	33 611	14 746	5 912	24 119	209 264	5 298	2 751
北　京	68 284	65 284	-	-	-	-	2 000	1000	-
天　津	31 940	31 843	-	-	-	-	97	-	-
石家庄	7 645	139	-	-	-	-	7 506	-	-
太　原	8 292	550	-	-	-	69	7 673	-	-
呼和浩特	6 568	-	-	-	-	-	6 568	-	-
沈　阳	18 795	-	4 093	3 302	-	-	9 519	-	1 881
长　春	18 534	-	15 527	2 999	-	-	8	-	-
哈尔滨	16 572	-	13 991	2 581	-	-	-	-	-
上　海	49 586	48 076	-	660	-	-	846	4	-
南　京	13 791	2 353	-	1	-	-	10 737	700	-
杭　州	11 694	6 839	-	184	200	-	3 911	560	-
合　肥	9 402	-	-	-	-	541	8 361	500	-
福　州	6 452	1 057	-	998	-	-	4 397	-	-
南　昌	5 453	4 021	-	1 074	-	-	358	-	-
济　南	8 955	10	-	-	-	-	8 945	-	-
郑　州	10 719	-	-	-	-	-	10 719	-	-
武　汉	16 747	220	-	-	30	387	15 990	120	-
长　沙	7 816	1 063	-	262	-	-	6 491	-	-
广　州	22 022	602	-	-	4 022	-	17 298	100	-
南　宁	6 723	3 818	-	101	-	-	2 804	-	-
海　口	2 748	-	-	-	-	-	2 468	280	-
重　庆	20 631	-	-	-	-	1 550	19 081	-	-
成　都	15 930	1 890	-	-	-	-	14 040	-	-
贵　阳	7 849	6 636	-	994	-	8	211	-	-
昆　明	8 573	7 100	-	36	-	1 173	214	50	-
拉　萨	1 668	-	-	-	1 660	-	-	8	-
西　安	13 552	-	-	-	-	-	13 232	300	20
兰　州	7 704	-	-	-	-	7 653	-	51	-
西　宁	5 666	-	-	-	-	400	5 266	-	-
银　川	4 930	-	-	-	-	-	4 880	50	-
乌鲁木齐	12 338	-	-	-	-	12 338	-	-	-
大　连	11 243	1 738	-	49	-	-	8 556	50	850
青　岛	10 033	1 348	-	7	-	-	8 678	-	-
宁　波	4 627	9	-	1 498	-	-	3 120	-	-
深　圳	16 596	15 436	-	-	-	-	-	1 160	-
厦　门	5 667	12	-	-	-	-	5 290	365	-

4-28 中心城市出租汽车运量

中心城市	载客车次总数（万车次）	运营里程（万公里）	载客里程	客运量（万人次）
合　　计	635 523	6 091 186	4 146 897	1 216 279
北　　京	41 965	589 815	378 382	58 750
天　　津	20 353	346 128	201 754	37 178
石 家 庄	10 360	101 306	68 767	19 176
太　　原	10 871	93 056	67 635	21 834
呼和浩特	7 589	67 068	46 948	10 271
沈　　阳	25 212	265 385	185 770	50 423
长　　春	28 296	239 208	184 340	76 334
哈 尔 滨	25 077	195 764	137 034	50 126
上　　海	53 974	608 488	392 688	97 153
南　　京	14 941	151 932	96 251	30 031
杭　　州	13 294	135 706	87 699	24 528
合　　肥	14 980	141 456	102 678	29 913
福　　州	10 299	87 066	57 175	22 558
南　　昌	10 375	72 533	47 007	23 300
济　　南	7 610	78 416	46 879	15 465
郑　　州	13 869	94 413	66 057	29 535
武　　汉	25 606	254 021	180 836	40 616
长　　沙	16 574	126 115	82 102	34 213
广　　州	28 801	288 448	197 890	65 765
南　　宁	7 602	73 934	49 393	14 673
海　　口	4 555	41 347	29 802	9 052
重　　庆	41 802	346 322	240 496	86 948
成　　都	21 274	206 488	135 933	33 936
贵　　阳	15 038	88 366	70 884	35 284
昆　　明	8 513	81 129	53 912	17 147
拉　　萨	5 087	32 868	26 892	8 139
西　　安	21 694	195 643	131 051	43 189
兰　　州	13 811	92 235	70 905	24 795
西　　宁	8 959	62 905	51 893	18 734
银　　川	9 139	61 286	45 799	20 761
乌鲁木齐	19 101	167 281	118 245	27 123
大　　连	23 605	150 604	122 528	43 420
青　　岛	12 674	143 216	89 833	24 650
宁　　波	7 029	69 711	48 655	13 122
深　　圳	26 075	255 490	172 231	39 113
厦　　门	9 520	86 038	60 556	19 027

4-29　中心城市轨道交通运营车辆数

中心城市	运营车数（辆）						标准运营车数（标台）	编组列数（列）
	合计	地铁	轻轨	单轨	有轨电车	磁悬浮		
合　　计	19 256	17 822	1 219	–	198	17	46 614	3 401
北　京	5 024	5 024	–	–	–	–	12 456	809
天　津	626	450	152	–	24	–	1 529	121
石家庄	–	–	–	–	–	–	–	–
太　原	–	–	–	–	–	–	–	–
呼和浩特	–	–	–	–	–	–	–	–
沈　阳	300	300	–	–	–	–	750	50
长　春	395	–	351	–	44	–	507	121
哈尔滨	66	66	–	–	–	–	165	11
上　海	3 797	3 780	–	–	–	17	9 493	643
南　京	1 120	1 090	–	–	30	–	2 746	196
杭　州	468	468	–	–	–	–	1170	78
合　肥	–	–	–	–	–	–	–	–
福　州	–	–	–	–	–	–	–	–
南　昌	138	138	–	–	–	–	345	23
济　南	–	–	–	–	–	–	–	–
郑　州	150	150	–	–	–	–	375	25
武　汉	776	776	–	–	–	–	1 940	145
长　沙	162	162	–	–	–	–	405	27
广　州	1 912	1 884	–	–	28	–	4 721	351
南　宁	–	–	–	–	–	–	–	–
海　口	–	–	–	–	–	–	–	–
重　庆	918	402	516	–	–	–	1 882	153
成　都	732	732	–	–	–	–	1 830	122
贵　阳	–	–	–	–	–	–	–	–
昆　明	240	240	–	–	–	–	240	40
拉　萨	–	–	–	–	–	–	–	–
西　安	324	324	–	–	–	–	810	54
兰　州	–	–	–	–	–	–	–	–
西　宁	–	–	–	–	–	–	–	–
银　川	–	–	–	–	–	–	–	–
乌鲁木齐	–	–	–	–	–	–	–	–
大　连	500	228	200	–	72	–	1 230	164
青　岛	48	48	–	–	–	–	120	8
宁　波	276	276	–	–	–	–	690	46
深　圳	1 284	1 284	–	–	–	–	3 210	214
厦　门	–	–	–	–	–	–	–	–

4–30 中心城市轨道交通运营线路条数

单位：条

中心城市	运营线路条数					
	合计	地铁	轻轨	单轨	有轨电车	磁悬浮
合 计	**99**	**83**	**8**	**–**	**7**	**1**
北 京	18	18	–	–	–	–
天 津	5	3	1	–	1	–
石家庄	–	–	–	–	–	–
太 原	–	–	–	–	–	–
呼和浩特	–	–	–	–	–	–
沈 阳	2	2	–	–	–	–
长 春	4	–	2	–	2	–
哈尔滨	1	1	–	–	–	–
上 海	15	14	–	–	–	1
南 京	7	6	–	–	1	–
杭 州	3	3	–	–	–	–
合 肥	–	–	–	–	–	–
福 州	–	–	–	–	–	–
南 昌	1	1	–	–	–	–
济 南	–	–	–	–	–	–
郑 州	1	1	–	–	–	–
武 汉	4	4	–	–	–	–
长 沙	1	1	–	–	–	–
广 州	10	9	–	–	1	–
南 宁	–	–	–	–	–	–
海 口	–	–	–	–	–	–
重 庆	5	3	2	–	–	–
成 都	3	3	–	–	–	–
贵 阳	–	–	–	–	–	–
昆 明	2	2	–	–	–	–
拉 萨	–	–	–	–	–	–
西 安	2	2	–	–	–	–
兰 州	–	–	–	–	–	–
西 宁	–	–	–	–	–	–
银 川	–	–	–	–	–	–
乌鲁木齐	–	–	–	–	–	–
大 连	7	2	3	–	2	–
青 岛	1	1	–	–	–	–
宁 波	2	2	–	–	–	–
深 圳	5	5	–	–	–	–
厦 门	–	–	–	–	–	1

4-31　中心城市轨道交通运营线路总长度

单位：公里

中心城市	运营线路总长度					
	合计	地铁	轻轨	单轨	有轨电车	磁悬浮
合　计	3 050.2	2 667.7	288.9	–	64.5	29.1
北　京	553.7	553.7	–	–	–	–
天　津	147.0	86.9	52.2	–	7.9	–
石家庄	–	–	–	–	–	–
太　原	–	–	–	–	–	–
呼和浩特	–	–	–	–	–	–
沈　阳	54.0	54.0	–	–	–	–
长　春	64.2	–	46.9	–	17.3	–
哈尔滨	17.2	17.2	–	–	–	–
上　海	617.5	588.4	–	–	–	29.1
南　京	231.8	224.0	–	–	7.8	–
杭　州	81.5	81.5	–	–	–	–
合　肥	–	–	–	–	–	–
福　州	–	–	–	–	–	–
南　昌	28.8	28.8	–	–	–	–
济　南	–	–	–	–	–	–
郑　州	26.2	26.2	–	–	–	–
武　汉	125.4	125.4	–	–	–	–
长　沙	26.6	26.6	–	–	–	–
广　州	274.0	266.0	–	–	8.0	–
南　宁	–	–	–	–	–	–
海　口	–	–	–	–	–	–
重　庆	202.0	113.3	88.7	–	–	–
成　都	86.0	86.0	–	–	–	–
贵　阳	–	–	–	–	–	–
昆　明	59.3	59.3	–	–	–	–
拉　萨	–	–	–	–	–	–
西　安	50.9	50.9	–	–	–	–
兰　州	–	–	–	–	–	–
西　宁	–	–	–	–	–	–
银　川	–	–	–	–	–	–
乌鲁木齐	–	–	–	–	–	–
大　连	166.9	42.3	101.1	–	23.5	–
青　岛	11.0	11.0	–	–	–	–
宁　波	49.2	49.2	–	–	–	–
深　圳	177.0	177.0	–	–	–	–
厦　门	–	–	–	–	–	–

注：广州轨道交通运营线路长度含佛山境内约 14.8 公里。

4-32　中心城市轨道交通运量

中心城市	运营里程（万列公里）	客运量（万人次）
合　计	36 237	1 379 087
北　京	8 218	332 381
天　津	1 162	28 812
石家庄	-	-
太　原	-	-
呼和浩特	-	-
沈　阳	553	27 772
长　春	750	7 835
哈尔滨	158	6 564
上　海	7 574	306 798
南　京	2 337	71 712
杭　州	886	22 346
合　肥	-	-
福　州	-	-
南　昌	4	140
济　南	-	-
郑　州	269	8 810
武　汉	1 402	56 510
长　沙	238	8 407
广　州	4 573	240 692
南　宁	-	-
海　口	-	-
重　庆	2 268	63 247
成　都	943	27 163
贵　阳	-	-
昆　明	540	8 367
拉　萨	-	-
西　安	660	34 209
兰　州	-	-
西　宁	-	-
银　川	-	-
乌鲁木齐	-	-
大　连	851	11 304
青　岛	4	54
宁　波	267	3 776
深　圳	2 580	112 188
厦　门	-	-

4-33 中心城市客运轮渡船舶及航线数

中心城市	运营船数（艘）	运营航线条数（条）	运营航线总长度（公里）
合　　计	238	86	444.0
北　　京	-	-	-
天　　津	-	-	-
石 家 庄	-	-	-
太　　原	-	-	-
呼和浩特	-	-	-
沈　　阳	-	-	-
长　　春	-	-	-
哈 尔 滨	45	11	43.2
上　　海	44	18	14.7
南　　京	15	6	33.4
杭　　州	-	-	-
合　　肥	-	-	-
福　　州	6	4	11.0
南　　昌	-	-	-
济　　南	-	-	-
郑　　州	-	-	-
武　　汉	36	15	180.5
长　　沙	-	-	-
广　　州	51	14	54.9
南　　宁	-	-	-
海　　口	-	-	-
重　　庆	8	6	24.0
成　　都	-	-	-
贵　　阳	-	-	-
昆　　明	-	-	-
拉　　萨	-	-	-
西　　安	-	-	-
兰　　州	-	-	-
西　　宁	-	-	-
银　　川	-	-	-
乌鲁木齐	-	-	-
大　　连	-	-	-
青　　岛	2	1	11.0
宁　　波	3	1	0.3
深　　圳	-	-	-
厦　　门	28	10	71.0

4-34 中心城市客运轮渡运量

中心城市	运量		
	客运量（万人次）	机动车运量（辆）	非机动车运量（辆）
合　计	8 839	566 484	23 221 015
北　京	-	-	-
天　津	-	-	-
石家庄	-	-	-
太　原	-	-	-
呼和浩特	-	-	-
沈　阳	-	-	-
长　春	-	-	-
哈尔滨	354	-	-
上　海	1 349	503 205	19 923 149
南　京	486	-	1 862 866
杭　州	-	-	-
合　肥	-	-	-
福　州	17	-	-
南　昌	-	-	-
济　南	-	-	-
郑　州	-	-	-
武　汉	1 025	-	1 435 000
长　沙	-	-	-
广　州	2 056	-	-
南　宁	-	-	-
海　口	-	-	-
重　庆	176	-	-
成　都	-	-	-
贵　阳	-	-	-
昆　明	-	-	-
拉　萨	-	-	-
西　安	-	-	-
兰　州	-	-	-
西　宁	-	-	-
银　川	-	-	-
乌鲁木齐	-	-	-
大　连	-	-	-
青　岛	74	63 279	-
宁　波	188	-	-
深　圳	-	-	-
厦　门	3 114	-	-

主要统计指标解释

经营业户 指截至报告期末持有主管部门核发的有效运营资质证件，从事城市客运交通经营活动的业户。按经营类别分为公共汽电车、出租汽车、轨道交通和城市客运轮渡经营业户。计算单位：户。

从业人员数 指在本单位工作并取得劳动报酬的期末实有人员数。从业人员包括在各单位工作的外方人员和港澳台方人员、兼职人员、再就业的离退休人员、借用的外单位人员和第二职业者，但不包括离开本单位仍保留劳动关系的职工。包括公共汽电车、出租汽车、轨道交通和城市客运轮渡从业人员数。计算单位：人。

公交专用车道 指为了调整公共交通车辆与其他社会车辆的路权使用分配关系，提高公共交通车辆运营速度和道路资源利用率而科学、合理设置的公共交通优先车道、专用车道（路）、路口专用线（道）、专用街道、单向优先专用线（道）等。计算单位：公里。

轨道交通车站数 指轨道交通运营线路上供乘客候车和上下车的场所个数。包括地面、地下、高架车站。如同一个车站被多条线路共用，同站台换乘站计为一站；非同站台换乘站，按累计计算。计算单位：个。

城市客运轮渡在用码头数 指报告期末在用的、供城市客运轮渡停靠和乘客购票、候船和乘降的场所个数。计算单位：个。

公交IC卡累计售卡量 指截至报告期末，累计发售的可以用于乘坐城市公共交通车辆的公交IC卡总量。计算单位：张。

公共汽电车运营车数 指城市（县城）用于公共客运交通运营业务的全部公共汽电车车辆数。新购、新制和调入的运营车辆，自投入之日起开始计算；调出、报废和调作他用的运营车辆，自上级主管机关批准之日起不再计入。可按不同车长、不同燃料类型、不同排放标准和是否配备空调等分别统计。计算单位：辆。

公共汽电车标准运营车数 指不同类型的运营车辆按统一的标准当量折算合成的运营车数。计算单位：标台。计算公式：标准运营车数 = ∑（每类型车辆数 × 相应换算系数）。

各类型车辆换算系数标准表

类别	车长范围	换算系数
1	5米以下（含）	0.5
2	5米~7米（含）	0.7
3	7米~10米（含）	1.0
4	10米~13米（含）	1.3

续上表

各类型车辆换算系数标准表

类别	车长范围	换算系数
5	13米~16米（含）	1.7
6	16米~18米（含）	2.0
7	18米以上	2.5
8	双层	1.9

停保场面积 指为公共电汽车提供运营车辆集中停放，或提供车辆停放场地的同时备有必要设施，能对运营车辆进行各级保养及相应的配件加工、修制和修车材料存储、发放的场所的占地面积。公共电汽车停车保养场可分散专门建设，也可与公交首末站等站点进行合建。计算单位：平方米。

公共汽电车运营线路条数 指为运营车辆设置的固定运营线路条数。包括干线、支线、专线和高峰时间行驶的固定线路。不包括临时行驶和联营线路。计算单位：条。

公共汽电车运营线路总长度 指全部运营线路长度之和。单向行驶的环行线路长度等于起点至终点里程与终点下客站至起点里程之和的一半。运营线路长度不包括折返、试车、联络线等非运营线路。计算单位：公里。

公共汽电车运营里程 指报告期内运营车辆为运营而出车行驶的全部里程。包括载客里程和空驶里程。计算单位：公里。

公共汽电车客运量 指报告期内公共汽电车运送乘客的总人次，包括付费乘客和不付费乘客人次，包括在城市道路和公路上完成的客运量。计算单位：人次。

出租汽车载客车次总数 指出租汽车年载客运行的总次数，数据可通过计价器、车载GPS等车载设备采集获得。计算单位：车次。

出租车客运量 指报告期内出租汽车运送乘客的总人次。计算单位：人次。

轨道交通运营车数 指城市用于轨道交通运营业务的全部车辆数。以企业（单位）固定资产台账中已投入运营的车辆数为准；新购、新制和调入的运营车辆，自投入之日起开始计算；调出、报废和调作他用的运营车辆，自上级主管机关批准之日起不再计入。计算单位：辆。

轨道交通标准运营车数 指不同类型的运营车辆按统一的标准当量折算合成的运营车数。计算单位：标台。计算公式：标准运营车数 =Σ（每类型车辆数×相应换算系数）。

各类型车辆换算系数标准表

类别	车长范围	换算系数
1	7米以下（含）	0.7
2	7米~10米（含）	1.0
3	10米~13米（含）	1.3
4	13米~16米（含）	1.7
5	16米~18米（含）	2.0
6	18米以上	2.5

轨道交通编组列数 指某一城市各条轨道交通运营线路列车日均编组的数量合计数。计算单位：列。

轨道交通运营线路条数 指为运营列车设置的固定线路总条数。按规划设计为同一条线路但分期建成的线路，统计时仍按一条线路计算。计算单位：条。

轨道交通客运量 指报告期内轨道交通运送乘客的总人次，包括付费乘客和不付费乘客人次。计算单位：人次。

轨道交通运营里程 指轨道交通车辆在运营中运行的全部里程，包括载客里程和调度空驶里程。计算单位：列公里。

运营船数 指用于城市客渡运营业务的全部船舶数，不含旅游客轮（长途旅游和市内供游人游览江、河、湖泊的船舶）。计算单位：艘。

运营航线条数 指为运营船舶设置的固定航线的总条数，包括对江航线和顺江航线。计算单位：条。

运营航线总长度 指全部运营航线长度之和。测定运营航线的长度，应按实际航程的曲线长度计算。水位变化大的对江河客渡航线长度，可通过实测计算出一个平均长度，作为常数值使用。计算单位：公里。

轮渡客运量 指报告期内城市客运轮渡运输经营业户运送乘客的总人次。计算单位：人次。

轮渡机动车运量 指报告期内城市客运轮渡运输经营业户运送机动车（如电瓶车、摩托车等）的总量。计算单位：辆。

轮渡非机动车运量 指报告期内城市客运轮渡运输经营业户运送非机动车（如自行车、三轮车等）的总量。计算单位：辆。

五、港口吞吐量

简 要 说 明

一、本篇资料反映我国港口发展的基本情况。主要包括：全国港口码头泊位拥有量、规模以上港口设施和设备拥有量、全国港口吞吐量、规模以上港口吞吐量等。

二、全国港口统计范围是在各地港口行政管理部门注册的全部港口企业和从事港口生产活动的单位。规模以上港口的统计范围为年货物吞吐量在1000万吨以上的沿海港口和200万吨以上的内河港口，其范围由交通运输部划定。2015年规模以上港口的数量为95个，其中沿海港口的数量39个，内河港口的数量56个。从2015年1月起，盐城港纳入规模以上港口统计范围。

三、全国港口的码头泊位拥有量为年末生产用码头泊位数，全国港口吞吐量为全年累计数，根据各港口企业和生产活动单位的资料整理，由各省（区、市）交通运输厅（局、委）提供。

四、规模以上港口的设施、设备拥有量和港口吞吐量资料由各港口行政管理机构提供。

5-1 全国港口生产用码头泊位拥有量

地 区	泊位长度（米）		生产用码头泊位（个）		#万吨级泊位（个）	
	总长	公用	总数	公用	总数	公用
总　计	2 249 129	1 081 867	31 259	12 026	2 221	1 700
沿海合计	809 514	521 981	5 899	2 856	1 807	1 442
天　津	36 473	36 473	157	157	113	113
河　北	50 810	43 652	205	172	168	152
辽　宁	77 002	64 443	404	331	214	187
上　海	75 161	35 322	609	218	174	104
江　苏	24 511	19 699	152	105	72	61
浙　江	123 954	44 059	1 109	229	219	126
福　建	73 779	50 520	480	284	162	132
山　东	101 731	79 744	561	384	265	235
广　东	189 739	112 153	1 844	779	291	234
广　西	35 343	24 633	256	132	79	67
海　南	21 011	11 283	122	65	50	31
内河合计	1 439 615	559 886	25 360	9 170	414	258
山　西	180	—	6	—	—	—
辽　宁	345	345	6	6	—	—
吉　林	1 726	1 238	31	19	—	—
黑龙江	11 725	10 071	135	116	—	—
上　海	96 673	7 730	1 968	164	—	—
江　苏	450 004	131 851	7 114	1 309	400	248
浙　江	165 155	18 425	3 388	550	—	—
安　徽	83 908	52 565	1 212	788	14	10
福　建	4 132	2 538	86	44	—	—
江　西	69 802	16 059	1 765	195	—	—
山　东	19 759	18 299	276	257	—	—
河　南	3 213	360	71	6	—	—
湖　北	160 096	67 137	1 951	662	—	—
湖　南	83 172	62 681	1 855	1 505	—	—
广　东	65 736	14 365	1 047	219	—	—
广　西	31 882	15 110	507	212	—	—
重　庆	69 984	47 742	812	525	—	—
四　川	76 542	70 906	2 082	2 001	—	—
贵　州	22 771	4 539	414	68	—	—
云　南	8 840	4 206	190	86	—	—
陕　西	10 777	10 777	255	255	—	—
甘　肃	3 193	2 942	189	183	—	—

5-2 全国港口吞吐量

地 区	旅客吞吐量（万人）	货物吞吐量（万吨）		集装箱吞吐量	
			外贸	箱量（万 TEU）	重量（万吨）
总 计	**18 530**	**1 275 026**	**366 352**	**21 156**	**245 499**
沿海合计	**8 163**	**814 728**	**330 060**	**18 907**	**217 788**
天 津	52	54 051	29 852	1 411	15 492
河 北	5	91 251	30 752	253	3 588
辽 宁	571	104 859	23 934	1 838	31 044
上 海	225	64 906	37 797	3 654	35 850
江 苏	7	27 332	11 743	518	5 091
浙 江	698	109 930	44 183	2 257	22 914
福 建	1 012	50 282	20 174	1 364	17 754
山 东	1 378	134 218	67 856	2 402	26 851
广 东	2 867	142 059	48 246	4 915	53 957
广 西	20	20 482	12 556	142	2 549
海 南	1 328	15 357	2 966	154	2 698
内河合计	**10 367**	**460 298**	**36 292**	**2 249**	**27 711**
山 西	18	17	–	–	–
辽 宁	–	19	–	–	–
吉 林	–	105	–	–	–
黑龙江	129	485	76	…	3
上 海	–	6 834	–	–	–
江 苏	–	205 957	28 028	1 087	13 849
浙 江	71	28 206	184	37	390
安 徽	62	48 044	1 649	96	789
福 建	289	370	–	–	–
江 西	345	32 675	367	36	499
山 东	–	7 920	–	–	–
河 南	53	221	–	–	–
湖 北	361	32 949	1 242	132	1 935
湖 南	1 382	29 053	381	37	456
广 东	566	29 050	3 608	597	6 673
广 西	–	11 011	163	63	1 091
重 庆	776	15 750	512	101	1 230
四 川	1 477	9 564	46	62	796
贵 州	3 008	1 048	–	–	–
云 南	1 219	719	35	–	–
陕 西	611	299	–	–	–
甘 肃	–	–	–	–	–

5-3　全国港口货物吞吐量

单位：万吨

地区	合计	液体散货	干散货	件杂货	集装箱		滚装汽车	
					（万TEU）	重量	（万辆）	重量
总　计	1 275 026	108 098	736 126	124 180	21 156	245 499	1 677	61 122
沿海合计	814 728	86 958	387 636	65 589	18 907	217 788	1 519	56 757
天　津	54 051	6 248	25 739	4 618	1 411	15 492	63	1 955
河　北	91 251	2 697	78 346	6 621	253	3 588	－	－
辽　宁	104 859	12 593	34 816	13 243	1 838	31 044	204	13 162
上　海	64 906	3 639	19 335	4 638	3 654	35 850	139	1 444
江　苏	27 332	408	17 366	4 467	518	5 091	－	－
浙　江	109 930	16 139	61 134	4 741	2 257	22 914	239	5 002
福　建	50 282	4 918	23 986	3 246	1 364	17 754	33	378
山　东	134 218	18 844	64 208	9 775	2 402	26 851	179	14 540
广　东	142 059	15 772	46 999	9 780	4 915	53 957	436	15 551
广　西	20 482	2 286	13 161	2 407	142	2 549	2	79
海　南	15 357	3 415	2 546	2 052	154	2 698	226	4 645
内河合计	460 298	21 141	348 489	58 592	2 249	27 711	158	4 365
山　西	17	－	16	1	－	－	－	－
辽　宁	19	－	12	7	－	－	－	－
吉　林	105	－	105	－	－	－	－	－
黑龙江	485	10	382	65	…	3	1	25
上　海	6 834	20	5 832	982.00	－	－	－	－
江　苏	205 957	13 804	144 027	34 216	1 087	13 849	4	61
浙　江	28 206	874	24 373	2 568	37	390	－	－
安　徽	48 044	762	41 531	4 853	96	789	11	109
福　建	370	－	297	73	－	－	－	－
江　西	32 675	515	29 801	1 860	36	499	－	－
山　东	7 920	－	7 806	115	－	－	－	－
河　南	221	－	201	19	－	－	－	－
湖　北	32 949	737	24 911	3 283	132	1 935	67	2 084
湖　南	29 053	962	25 687	1 948	37	456	－	－
广　东	29 050	2 339	16 372	3 666	597	6 673	－	－
广　西	11 011	129	7 990	1 801	63	1 091	－	－
重　庆	15 750	805	9 729	1 901	101	1 230	76	2 086
四　川	9 564	62	8 241	465	62	796	－	－
贵　州	1 048	122	353	573	－	－	－	－
云　南	719	1	534	183	－	－	－	－
陕　西	299	－	288	12	－	－	－	－
甘　肃	－	－	－	－	－	－	－	－

5-4 规模以上港口旅客吞吐量

单位：万人

港口	总计	到达量	国际航线	发送量	国际航线
总　计	8 464	4 193	646	4 271	723
沿海合计	7 307	3 613	607	3 694	684
丹　东	18	9	9	9	9
大　连	548	272	4	276	3
营　口	5	3	3	3	3
锦　州	－	－	－	－	－
秦皇岛	5	2	2	2	2
黄　骅	－	－	－	－	－
唐　山	－	－	－	－	－
#京　唐	－	－	－	－	－
曹妃甸	－	－	－	－	－
天　津	52	26	24	26	25
烟　台	368	195	11	173	11
#龙　口	－	－	－	－	－
威　海	145	69	13	76	13
青　岛	11	5	5	6	6
日　照	8	4	4	4	4
#石臼	8	4	4	4	4
岚　山	－	－	－	－	－
上　海	225	112	83	113	83
连云港	7	4	4	4	4
盐　城	－	－	－	－	－
嘉　兴	－	－	－	－	－
宁波 - 舟山	325	163	－	162	－
#宁　波	159	78	－	81	－
舟　山	166	85	－	81	－
台　州	188	94	1	93	1
温　州	185	94	－	91	－
福　州	15	7	7	8	8
#原福州	15	7	7	8	8
宁　德	－	－	－	－	－
莆　田	－	－	－	－	－
泉　州	12	6	6	6	6
厦　门	984	490	92	495	91

5-4 （续表一）

单位：万人

港 口	总计	到达量	国际航线	发送量	国际航线
#原厦门	984	490	92	495	91
漳 州	–	–	–	–	–
汕 头	–	–	–	–	–
汕 尾	–	–	–	–	–
惠 州	–	–	–	–	–
深 圳	587	266	130	321	185
#蛇 口	522	236	100	286	151
赤 湾	–	–	–	–	–
妈 湾	–	–	–	–	–
东角头	–	–	–	–	–
盐 田	–	–	–	–	–
下 洞	–	–	–	–	–
虎 门	32	8	8	24	24
#太 平	32	8	8	24	24
麻 涌	–	–	–	–	–
沙 田	–	–	–	–	–
广 州	61	30	30	32	31
中 山	121	58	58	63	63
珠 海	766	380	111	386	110
江 门	–	–	–	–	–
阳 江	–	–	–	–	–
茂 名	–	–	–	–	–
湛 江	1 300	656	–	644	–
#原湛江	–	–	–	–	–
海 安	1 300	656	–	644	–
北部湾港	20	10	…	10	…
#北 海	20	10	…	10	…
钦 州	–	–	–	–	–
防 城	–	–	–	–	–
海 口	1 318	650	2	668	2
洋 浦	–	–	–	–	–
八 所	–	–	–	–	–
内河合计	1 157	580	38	578	39

5-4 （续表二）

单位：万人

港口	总计	到达量	国际航线	发送量	国际航线
哈尔滨	-	-	-	-	-
佳木斯	-	-	-	-	-
上　海	-	-	-	-	-
南　京	-	-	-	-	-
镇　江	-	-	-	-	-
苏　州	-	-	-	-	-
#常　熟	-	-	-	-	-
太　仓	-	-	-	-	-
张家港	-	-	-	-	-
南　通	-	-	-	-	-
常　州	-	-	-	-	-
江　阴	-	-	-	-	-
扬　州	-	-	-	-	-
泰　州	-	-	-	-	-
徐　州	-	-	-	-	-
连云港	-	-	-	-	-
无　锡	-	-	-	-	-
宿　迁	-	-	-	-	-
淮　安	-	-	-	-	-
扬州内河	-	-	-	-	-
镇江内河	-	-	-	-	-
杭　州	-	-	-	-	-
嘉兴内河	-	-	-	-	-
湖　州	-	-	-	-	-
合　肥	-	-	-	-	-
亳　州	-	-	-	-	-
阜　阳	-	-	-	-	-
淮　南	-	-	-	-	-
滁　州	-	-	-	-	-
马鞍山	-	-	-	-	-
芜　湖	-	-	-	-	-
铜　陵	-	-	-	-	-
池　州	-	-	-	-	-
安　庆	-	-	-	-	-

5-4 （续表三）

单位：万人

港口	总计	到达量	国际航线	发送量	国际航线
南　昌	-	-	-	-	-
九　江	17	8	-	8	-
武　汉	-	-	-	-	-
黄　石	-	-	-	-	-
荆　州	-	-	-	-	-
宜　昌	38	21	-	18	-
长　沙	-	-	-	-	-
湘　潭	-	-	-	-	-
株　洲	-	-	-	-	-
岳　阳	9	4	-	5	-
番　禺	-	-	-	-	-
新　塘	-	-	-	-	-
五和	-	-	-	-	-
中　山	-	-	-	-	-
佛　山	62	31	31	31	31
江　门	15	7	7	7	7
虎　门	-	-	-	-	-
肇　庆	-	-	-	-	-
惠　州	-	-	-	-	-
南　宁	-	-	-	-	-
柳　州	-	-	-	-	-
贵　港	-	-	-	-	-
梧　州	-	-	-	-	-
来　宾	-	-	-	-	-
重　庆	776	382	-	394	-
#原重庆	51	22	-	29	-
涪　陵	1	…	-	…	-
万　州	130	60	-	70	-
重庆航管处	48	24	-	24	-
泸　州	-	-	-	-	-
宜　宾	38	20	-	18	-
乐　山	3	2	-	2	-
南　充	38	20	-	19	-
广　安	96	53	-	43	-
达　州	64	32	-	32	-

5-5 规模以上港口货物吞吐量

单位：万吨

港口	总计	外贸	出港	外贸	进港	外贸
总　计	1 146 382	361 372	491 924	99 624	654 457	261 749
沿海合计	784 578	325 326	341 424	88 653	443 154	236 673
丹　东	15 022	1 767	4 127	197	10 895	1 570
大　连	41 482	13 023	20 446	4 453	21 036	8 570
营　口	33 849	7 904	16 461	1 715	17 388	6 189
锦　州	9 192	1 001	7 621	404	1 571	597
秦皇岛	25 309	1 569	23 829	494	1 480	1 075
黄　骅	16 658	1 700	13 113	…	3 544	1 700
唐　山	49 285	27 484	22 596	1 897	26 689	25 586
#京　唐	23 298	10 877	12 589	926	10 709	9 950
曹妃甸	25 987	16 607	10 007	971	15 980	15 636
天　津	54 051	29 852	28 487	9 788	25 565	20 064
烟　台	25 163	8 589	10 421	1 599	14 742	6 990
#龙　口	7 105	3 450	2 305	463	4 800	2 987
威　海	4 213	2 205	2 084	1 042	2 129	1 163
青　岛	48 453	31 901	18 143	9 225	30 310	22 676
日　照	33 707	21 096	7 829	1 083	25 878	20 014
#石　臼	21 569	11 208	6 920	903	14 650	10 306
岚　山	12 138	9 888	909	180	11 229	9 708
上　海	64 906	37 797	28 331	17 337	36 575	20 460
连云港	19 756	9 997	7 935	2 243	11 821	7 754
盐　城	7 576	1 745	1 594	178	5 982	1 567
嘉　兴	6 273	955	1 617	239	4 657	716
宁波－舟山	88 929	42 106	39 900	11 288	49 030	30 817
#宁　波	51 004	30 204	19 871	10 922	31 134	19 281
舟　山	37 925	11 902	20 029	366	17 896	11 536
台　州	6 237	709	982	12	5 255	697
温　州	8 490	413	1 358	63	7 133	350
福　州	13 967	5 492	4 794	1 420	9 173	4 072
#原福州	11 361	4 581	4 005	1 184	7 356	3 397
宁　德	2 606	911	789	236	1 817	675
莆　田	3 051	1 011	489	7	2 562	1 004
泉　州	12 241	3 379	3 106	78	9 135	3 301
厦　门	21 023	10 291	9 016	5 039	12 006	5 252

5-5 （续表一）

单位：万吨

港口	总计		出港		进港	
		外贸		外贸		外贸
#原厦门	19 580	10 122	8 392	5 034	11 188	5 089
漳州	1 442	169	625	6	818	163
汕头	5 181	1 202	486	215	4 695	987
汕尾	858	378	79	1	779	377
惠州	5 250	2 024	1 550	383	3 700	1 640
深圳	21 706	18 363	11 306	10 151	10 400	8 212
#蛇口	5 975	4 932	3 128	2 707	2 847	2 225
赤湾	5 483	5 150	2 823	2 513	2 660	2 637
妈湾	1 011	139	139	–	872	139
东角头	14	–	6	–	8	–
盐田	6 740	6 597	4 443	4 409	2 297	2 188
下洞	410	251	112	111	297	139
虎门	12 089	2 310	4 270	183	7 819	2 127
#太平	851	100	5	3	847	97
麻涌	4 820	1 282	1 716	1	3 104	1 281
沙田	6 417	928	2 549	179	3 868	749
广州	50 053	11 869	20 893	4 145	29 160	7 723
中山	3 370	469	1 185	282	2 185	187
珠海	11 209	2 075	4 401	428	6 808	1 647
江门	3 812	180	1 785	92	2 027	88
阳江	2 139	1 079	29	–	2 110	1 079
茂名	2 685	1 478	584	196	2 100	1 282
湛江	22 036	6 394	8 049	374	13 987	6 020
#原湛江	9 827	6 394	1 990	374	7 837	6 020
海安	12 058	…	5 934	…	6 123	…
北部湾港	20 482	12 556	6 410	1 929	14 072	10 627
#北海	2 468	1 016	1 225	224	1 243	792
钦州	6 510	2 868	1 954	380	4 556	2 488
防城	11 504	8 672	3 231	1 325	8 273	7 346
海口	9 204	344	3 688	47	5 516	297
洋浦	3 901	2 262	1 544	351	2 358	1 911
八所	1 767	357	888	74	880	283
内河合计	**361 804**	**36 046**	**150 500**	**10 970**	**211 304**	**25 076**

5-5 （续表二）

单位：万吨

港口	总计	外贸	出港	外贸	进港	外贸
哈尔滨	136	-	51	-	85	-
佳木斯	212	46	29	12	183	34
上海	6 834	-	1 501	-	5 332	-
南京	21 454	2 251	8 490	1 142	12 964	1 109
镇江	13 010	2 274	5 694	506	7 316	1 768
苏州	53 990	14 091	20 522	3 665	33 468	10 426
#常熟	8 507	1 481	3 183	412	5 324	1 069
太仓	20 398	6 630	9 151	1 242	11 247	5 388
张家港	25 085	5 981	8 188	2 011	16 897	3 969
南通	21 827	5 152	8 909	992	12 918	4 159
常州	3 619	409	1 333	148	2 287	261
江阴	12 228	1 536	4 210	265	8 017	1 271
扬州	7 345	799	2 928	364	4 417	435
泰州	16 803	1 492	6 767	247	10 036	1 244
徐州	9 030	-	3 666	-	5 364	-
连云港	1 319	-	283	-	1 036	-
无锡	7 637	24	1 045	19	6 591	5
宿迁	1 468	-	337	-	1 131	-
淮安	8 004	-	1 648	-	6 356	-
扬州内河	2 611	-	270	-	2 340	-
镇江内河	557	-	235	-	323	-
杭州	9 372	-	4 105	-	5 267	-
嘉兴内河	8 586	76	1 767	8	6 820	68
湖州	8 052	108	5 455	40	2 597	68
合肥	3 006	17	805	15	2 201	2
亳州	1 398	-	179	-	1 219	-
阜阳	1 391	-	277	-	1 114	-
淮南	2 111	-	1 738	-	372	-
滁州	909	-	593	-	316	-
马鞍山	9 205	1 305	3 116	14	6 090	1 291
芜湖	12 009	240	6 762	160	5 247	80
铜陵	8 011	41	4 992	22	3 019	18
池州	4 137	19	3 519	17	618	1
安庆	4 002	28	2 735	18	1 267	11

5-5 （续表三）

单位：万吨

港口	总计	外贸	出港	外贸	进港	外贸
南 昌	3 055	88	306	61	2 748	27
九 江	10 425	278	6 193	161	4 231	117
武 汉	8 455	840	2 139	482	6 315	358
黄 石	3 643	301	2 411	14	1 232	288
荆 州	868	43	171	27	697	15
宜 昌	719	59	471	50	247	9
长 沙	4 231	106	65	65	4 165	41
湘 潭	1 252	-	325	-	926	-
株 洲	726	-	13	-	713	-
岳 阳	13 144	259	9 315	137	3 829	123
番 禺	677	-	36	-	640	-
新 塘	883	22	141	2	742	20
五 和	483	103	193	50	290	53
中 山	3 949	198	1 323	141	2 625	58
佛 山	6 147	2 404	2 466	1 394	3 681	1 010
江 门	3 712	401	1 492	214	2 221	188
虎 门	1 060	5	169	1	891	4
肇 庆	2 945	310	1 569	126	1 376	184
惠 州	1 763	…	1 401	-	362	…
南 宁	1 004	-	405	-	598	-
柳 州	234	-	216	-	17	-
贵 港	5 334	27	2 753	24	2 582	3
梧 州	3 202	136	2 746	56	455	80
来 宾	1 166	-	1 151	-	15	-
重 庆	15 750	512	6 218	288	9 532	224
#原重庆	3 057	403	1 731	245	1 326	159
涪 陵	430	17	153	15	277	2
万 州	1 662	28	597	26	1 065	2
重庆航管处	6 513	4	2 108	3	4 405	1
泸 州	3 247	46	1 044	25	2 203	21
宜 宾	1 788	-	1 258	-	531	-
乐 山	266	-	263	-	3	-
南 充	553	-	68	-	484	-
广 安	478	…	23	…	455	-
达 州	374	-	188	-	187	-

5-6 规模以上港口分货类吞吐量

单位：万吨

货物种类	总计	外贸	出港	外贸	进港	外贸
总计	**1 146 382**	**361 372**	**491 924**	**99 624**	**654 457**	**261 749**
煤炭及制品	207 220	21 100	101 061	1 705	106 160	19 395
石油、天然气及制品	85 357	43 248	25 825	3 377	59 532	39 872
#原油	47 439	32 111	8 602	489	38 837	31 623
金属矿石	182 595	112 700	38 591	131	144 005	112 569
钢铁	47 929	11 336	30 500	9 889	17 430	1 447
矿建材料	177 688	3 656	70 979	3 107	106 709	549
水泥	30 682	1 508	19 876	1 464	10 806	45
木材	7 924	6 113	1 407	385	6 517	5 729
非金属矿石	25 658	6 330	12 086	1 151	13 572	5 180
化学肥料及农药	5 997	3 737	3 786	2 921	2 211	816
盐	1 757	620	612	35	1 144	584
粮食	25 131	11 941	7 163	76	17 968	11 865
机械、设备、电器	22 234	13 662	11 800	7 807	10 433	5 855
化工原料及制品	24 401	8 919	9 662	1 967	14 739	6 952
有色金属	1 652	1 122	722	391	931	731
轻工、医药产品	11 628	5 223	5 755	2 565	5 872	2 659
农林牧渔业产品	5 466	2 391	1 751	365	3 715	2 026
其他	283 062	107 765	150 350	62 290	132 713	45 476

5-7 沿海规模以上港口分货类吞吐量

单位：万吨

货物种类	总计	外贸	出港	外贸	进港	外贸
总计	**784 578**	**325 326**	**341 424**	**88 653**	**443 154**	**236 673**
煤炭及制品	137 870	19 632	78 631	1 657	59 239	17 976
石油、天然气及制品	72 942	42 202	21 240	3 122	51 702	39 081
#原油	44 315	32 105	7 888	489	36 427	31 616
金属矿石	134 412	102 690	24 975	81	109 437	102 609
钢铁	29 421	9 277	20 144	8 284	9 277	993
矿建材料	61 693	3 205	24 555	2 727	37 138	478
水泥	6 913	576	2 083	535	4 830	41
木材	4 948	4 084	748	335	4 200	3 749
非金属矿石	13 516	5 620	5 453	923	8 063	4 697
化学肥料及农药	3 510	2 950	2 497	2 242	1 013	708
盐	885	569	108	11	777	558
粮食	17 336	9 976	4 651	65	12 686	9 911
机械、设备、电器	21 378	13 204	11 119	7 425	10 259	5 779
化工原料及制品	14 292	5 804	5 652	1 316	8 640	4 488
有色金属	1 340	851	519	219	821	632
轻工、医药产品	9 746	4 374	4 905	2 261	4 841	2 113
农林牧渔业产品	3 938	2 051	1 139	342	2 799	1 709
其他	250 437	98 260	133 007	57 109	117 430	41 151

5-8 内河规模以上港口分货类吞吐量

单位：万吨

货物种类	总计	外贸	出港	外贸	进港	外贸
总计	**361 804**	**36 046**	**150 500**	**10 970**	**211 304**	**25 076**
煤炭及制品	69 350	1 467	22 430	48	46 921	1 419
石油、天然气及制品	12 415	1 046	4 585	255	7 830	791
#原油	3 124	7	714	–	2 410	7
金属矿石	48 183	10 011	13 616	50	34 567	9 960
钢铁	18 509	2 059	10 356	1 605	8 153	454
矿建材料	115 995	451	46 425	380	69 570	71
水泥	23 768	933	17 792	929	5 976	4
木材	2 976	2 029	659	49	2 318	1 980
非金属矿石	12 142	711	6 633	228	5 509	483
化学肥料及农药	2 487	787	1 289	679	1 198	108
盐	872	50	504	24	367	26
粮食	7 794	1 965	2 513	12	5 282	1 953
机械、设备、电器	856	458	681	381	175	77
化工原料及制品	10 109	3 115	4 010	651	6 099	2 464
有色金属	312	272	202	172	110	99
轻工、医药产品	1 882	849	851	303	1 031	546
农林牧渔业产品	1 528	340	612	23	916	317
其他	32 625	9 505	17 343	5 181	15 282	4 325

5-9　规模以上港口煤炭及制品吞吐量

单位：千吨

港　口	总计	外贸	出港	外贸	进港	外贸
总　计	2 072 203	210 998	1 010 606	17 051	1 061 597	193 947
沿海合计	1 378 698	196 323	786 307	16 567	592 391	179 757
丹　东	13 644	4 951	2 696	109	10 948	4 842
大　连	12 363	1 609	1 918	1	10 444	1 608
营　口	18 957	7 537	5 706	11	13 251	7 526
锦　州	11 760	116	11 449	-	310	116
秦皇岛	222 336	2 393	220 333	435	2 003	1 958
黄　骅	127 273	900	126 003	-	1 270	900
唐　山	151 485	15 495	135 789	718	15 696	14 777
#京　唐	97 936	11 422	86 957	718	10 978	10 703
曹妃甸	53 549	4 073	48 832	-	4 717	4 073
天　津	124 126	10 827	123 671	10 508	455	319
烟　台	16 653	5 920	5 287	1 271	11 366	4 649
#龙　口	10 825	3 816	4 072	761	6 754	3 055
威　海	5 402	1 241	978	184	4 424	1 056
青　岛	16 640	3 121	11 509	576	5 131	2 545
日　照	28 197	10 941	16 343	1 427	11 855	9 513
#石　臼	23 504	7 201	16 010	1 427	7 493	5 773
岚　山	4 693	3 740	332	-	4 361	3 740
上　海	70 129	5 891	12 568	341	57 561	5 550
连云港	20 347	1 787	7 198	728	13 149	1 059
盐　城	19 550	86	3 479	-	16 070	86
嘉　兴	30 498	22	7 520	-	22 978	22
宁波-舟山	88 012	14 433	17 440	32	70 572	14 402
#宁　波	61 020	5 995	6 871	-	54 149	5 995
舟　山	26 992	8 438	10 569	32	16 423	8 406
台　州	13 696	4 892	75	-	13 621	4 892
温　州	21 508	1 364	574	-	20 933	1 364
福　州	26 757	10 559	1 893	-	24 865	10 559
#原福州	21 277	8 570	1 893	-	19 385	8 570
宁　德	5 480	1 989	-	-	5 480	1 989
莆　田	13 341	5 459	4 289	-	9 052	5 459
泉　州	14 283	4 168	34	-	14 249	4 168
厦　门	20 047	7 383	974	-	19 074	7 383

5-9 （续表一）

单位：千吨

港口	总计		出港		进港	
		外贸		外贸		外贸
#原厦门	19 425	7 383	903	–	18 521	7 383
漳州	623	–	71	–	552	–
汕头	13 964	7 621	208	–	13 756	7 621
汕尾	7 548	3 613	–	–	7 548	3 613
惠州	5 850	–	–	–	5 850	–
深圳	3 354	737	–	–	3 354	737
#蛇口	–	–	–	–	–	–
赤湾	–	–	–	–	–	–
妈湾	3 354	737	–	–	3 354	737
东角头	–	–	–	–	–	–
盐田	–	–	–	–	–	–
下洞	–	–	–	–	–	–
虎门	51 709	6 348	18 237	…	33 472	6 348
#太平	7 997	662	–	–	7 997	662
麻涌	32 661	5 596	13 324	–	19 337	5 596
沙田	11 051	89	4 913	…	6 138	89
广州	75 843	7 929	29 675	4	46 168	7 926
中山	441	–	12	–	429	–
珠海	29 336	3 781	10 355	–	18 981	3 781
江门	9 882	7	63	…	9 819	7
阳江	8 843	615	5	–	8 838	615
茂名	2 499	162	–	–	2 499	162
湛江	15 014	6 694	554	–	14 460	6 694
#原湛江	14 765	6 694	554	–	14 211	6 694
海安	16	–	–	–	16	–
北部湾港	54 372	32 131	8 757	221	45 615	31 910
#北海	3 289	130	–	–	3 289	130
钦州	13 664	5 950	390	–	13 274	5 950
防城	37 419	26 051	8 367	221	29 052	25 831
海口	4 563	1 967	322	–	4 241	1 967
洋浦	1 732	795	–	–	1 732	795
八所	6 746	2 830	395	–	6 351	2 830
内河合计	**693 504**	**14 674**	**224 299**	**484**	**469 206**	**14 190**

5-9 (续表二)

单位：千吨

港口	总计	外贸	出港	外贸	进港	外贸
哈尔滨	709	–	468	–	241	–
佳木斯	162	–	158	–	4	–
上 海	9 283	–	4 393	–	4 890	–
南 京	54 951	1 438	17 088	–	37 864	1 438
镇 江	36 308	3 274	8 956	307	27 352	2 968
苏 州	134 247	1 881	40 430	112	93 817	1 769
＃常 熟	30 873	112	8 869	–	22 004	112
太 仓	43 614	451	16 704	112	26 910	338
张家港	59 760	1 319	14 857	–	44 903	1 319
南 通	49 685	4 474	16 276	–	33 409	4 474
常 州	8 249	936	1 602	–	6 647	936
江 阴	54 781	391	19 806	…	34 975	391
扬 州	34 925	45	14 640	–	20 285	45
泰 州	65 022	1 717	28 856	42	36 166	1 675
徐 州	28 035	–	25 221	–	2 814	–
连云港	1 225	–	–	–	1 225	–
无 锡	15 071	–	20	–	15 051	–
宿 迁	1 593	–	63	–	1 529	–
淮 安	7 513	–	20	–	7 493	–
扬州内河	2 751	–	2	–	2 749	–
镇江内河	430	–	–	–	430	–
杭 州	7 306	–	198	–	7 109	–
嘉兴内河	8 462	–	2 088	–	6 374	–
湖 州	7 198	–	483	–	6 715	–
合 肥	2 060	–	26	–	2 034	–
亳 州	1 071	–	1 071	–	–	–
阜 阳	2 042	–	1 563	–	478	–
淮 南	9 648	–	9 549	–	100	–
滁 州	398	–	10	–	388	–
马鞍山	11 938	438	33	–	11 906	438
芜 湖	21 420	–	8 042	–	13 379	–
铜 陵	17 881	–	2 642	–	15 238	–
池 州	3 878	–	30	–	3 848	–
安 庆	6 079	–	36	–	6 043	–

5-9 （续表三）

单位：千吨

港口	总计	外贸	出港	外贸	进港	外贸
南 昌	5 046	29	3	1	5 043	28
九 江	12 580	-	685	-	11 895	-
武 汉	3 226	-	2 057	-	1 169	-
黄 石	4 540	24	169	-	4 371	24
荆 州	564	-	59	-	505	-
宜 昌	2 457	-	1 883	-	575	-
长 沙	1 166	-	-	-	1 166	-
湘 潭	1 054	-	1	-	1 053	-
株 洲	294	-	-	-	294	-
岳 阳	3 807	-	197	-	3 609	-
番 禺	352	-	-	-	352	-
新 塘	2 636	-	-	-	2 636	-
五 和	730	-	-	-	730	-
中 山	1 877	-	33	-	1 844	-
佛 山	7 153	-	79	-	7 074	-
江 门	3 495	-	303	-	3 193	-
虎 门	2 593	-	-	-	2 593	-
肇 庆	4 826	-	-	-	4 826	-
惠 州	189	-	-	-	189	-
南 宁	595	-	276	-	318	-
柳 州	74	-	-	-	74	-
贵 港	5 480	-	560	-	4 920	-
梧 州	728	-	19	-	710	-
来 宾	1 980	-	1 929	-	51	-
重 庆	15 705	-	7 956	-	7 749	-
#原重庆	1 445	-	1 184	-	261	-
涪 陵	618	-	5	-	613	-
万 州	3 646	-	1 958	-	1 688	-
重庆航管处	3 286	-	1 142	-	2 144	-
泸 州	4 486	27	3 323	21	1 163	6
宜 宾	595	-	532	-	63	-
乐 山	15	-	8	-	8	-
南 充	25	-	-	-	25	-
广 安	-	-	-	-	-	-
达 州	916	-	458	-	458	-

5-10 规模以上港口石油、天然气及制品吞吐量

单位：千吨

港口	总计		出港		进港	
		外贸		外贸		外贸
总计	**853 575**	**432 482**	**258 250**	**33 766**	**595 325**	**398 715**
沿海合计	**729 421**	**422 024**	**212 397**	**31 215**	**517 023**	**390 809**
丹东	227	10	226	10	1	–
大连	71 915	41 071	31 197	6 496	40 718	34 576
营口	29 437	11 322	12 309	812	17 128	10 510
锦州	9 606	1 963	5 699	1 263	3 907	700
秦皇岛	7 403	35	4 973	–	2 430	35
黄骅	2 680	–	–	–	2 680	–
唐山	16 591	16 258	83	72	16 509	16 185
#京唐	546	212	83	72	463	140
曹妃甸	16 045	16 045	–	–	16 045	16 045
天津	54 484	19 452	31 053	1 626	23 431	17 825
烟台	15 953	7 141	3 636	912	12 317	6 229
#龙口	13 418	5 008	2 770	288	10 648	4 720
威海	222	90	–	–	222	90
青岛	72 617	55 659	19 028	4 353	53 588	51 305
日照	49 280	46 887	1 454	101	47 826	46 786
#石臼	1 043	921	101	44	943	877
岚山	48 236	45 966	1 353	56	46 883	45 910
上海	29 865	9 705	9 710	1 917	20 155	7 788
连云港	942	110	265	22	677	88
盐城	255	114	119	–	136	114
嘉兴	5 459	1 277	2 176	1	3 283	1 276
宁波-舟山	132 375	86 344	32 852	2 156	99 523	84 188
#宁波	82 865	56 943	16 938	1 605	65 927	55 338
舟山	49 510	29 400	15 914	551	33 596	28 849
台州	1 882	–	48	–	1 835	–
温州	4 559	584	760	4	3 799	580
福州	2 280	111	124	–	2 157	111
#原福州	1 950	111	122	–	1 828	111
宁德	330	–	2	–	328	–
莆田	2 832	2 803	1	–	2 832	2 803
泉州	34 507	22 044	9 891	36	24 616	22 007
厦门	4 786	1 498	770	–	4 016	1 498

5-10 （续表一）

单位：千吨

港口	总计	外贸	出港	外贸	进港	外贸
#原厦门	2 307	263	128	–	2 179	263
漳州	2 479	1 235	642	–	1 838	1 235
汕头	1 473	609	64	9	1 409	600
汕尾	50	–	–	–	50	–
惠州	34 153	16 825	5 756	722	28 397	16 103
深圳	12 086	7 647	1 488	1 112	10 599	6 535
#蛇口	414	–	15	–	399	–
赤湾	–	–	–	–	–	–
妈湾	1 479	71	291	–	1 188	71
东角头	140	–	56	–	84	–
盐田	–	–	–	–	–	–
下洞	4 095	2 506	1 124	1 112	2 971	1 394
虎门	8 283	2 729	3 544	768	4 739	1 961
#太平	2	…	1	–	1	…
麻涌	507	–	263	–	244	–
沙田	7 771	2 728	3 279	768	4 493	1 960
广州	20 195	3 139	8 159	561	12 036	2 578
中山	586	1	7	…	579	1
珠海	9 697	3 426	3 726	608	5 971	2 817
江门	979	126	522	…	457	126
阳江	340	–	25	–	315	–
茂名	16 771	14 096	2 944	1 765	13 826	12 331
湛江	25 762	18 233	3 334	36	22 427	18 196
#原湛江	25 762	18 233	3 334	36	22 427	18 196
海安	–	–	–	–	–	–
北部湾港	22 561	14 877	6 625	2 617	15 936	12 260
#北海	2 942	460	2 583	165	358	295
钦州	18 269	13 440	3 939	2 365	14 330	11 075
防城	1 351	977	103	87	1 248	890
海口	1 970	71	298	–	1 672	71
洋浦	20 342	15 772	7 771	3 233	12 572	12 539
八所	4 014	–	1 760	–	2 254	–
内河合计	**124 154**	**10 457**	**45 853**	**2 551**	**78 302**	**7 906**

5-10 （续表二）

单位：千吨

港口	总计	外贸	出港	外贸	进港	外贸
哈尔滨	46	–	46	–	–	–
佳木斯	47	–	–	–	47	–
上海	200	–	5	–	195	–
南京	35 898	1 128	18 335	637	17 562	491
镇江	4 644	1 574	1 434	141	3 210	1 434
苏州	7 283	2 161	2 524	607	4 759	1 554
＃常熟	2 522	–	825	–	1 697	–
太仓	3 693	1 214	1 635	551	2 058	663
张家港	1 068	947	64	55	1 004	891
南通	13 646	3 505	4 987	356	8 658	3 149
常州	–	–	–	–	–	–
江阴	7 291	1 144	2 639	555	4 652	589
扬州	1 800	30	1 182	–	619	30
泰州	5 118	676	2 265	255	2 853	421
徐州	161	–	19	–	142	–
连云港	–	–	–	–	–	–
无锡	2 318	–	–	–	2 318	–
宿迁	698	–	281	–	417	–
淮安	2 288	–	887	–	1 401	–
扬州内河	2 070	–	1 307	–	763	–
镇江内河	–	–	–	–	–	–
杭州	1 494	–	–	–	1 494	–
嘉兴内河	747	–	392	–	354	–
湖州	511	–	96	–	415	–
合肥	243	–	–	–	243	–
亳州	–	–	–	–	–	–
阜阳	19	–	–	–	19	–
淮南	–	–	–	–	–	–
滁州	98	–	–	–	98	–
马鞍山	189	–	26	–	163	–
芜湖	2 068	–	320	–	1 748	–
铜陵	154	–	67	–	88	–
池州	444	12	–	–	444	12
安庆	3 160	–	2 542	–	618	–

5-10 （续表三）

单位：千吨

港口	总计	外贸	出港	外贸	进港	外贸
南昌	639	-	…	-	639	-
九江	4 074	-	1 120	-	2 954	-
武汉	2 167	-	1 202	-	965	-
黄石	320	1	-	-	320	1
荆州	181	-	4	-	177	-
宜昌	-	-	-	-	-	-
长沙	168	-	-	-	168	-
湘潭	-	-	-	-	-	-
株洲	15	-	-	-	15	-
岳阳	7 156	-	1 217	-	5 939	-
番禺	461	-	91	-	370	-
新塘	641	-	218	-	423	-
五和	-	-	-	-	-	-
中山	113	…	10	-	102	…
佛山	5 989	225	1 195	1	4 794	225
江门	917	-	163	-	754	-
虎门	421	-	210	-	211	-
肇庆	747	-	-	-	747	-
惠州	-	-	-	-	-	-
南宁	98	-	-	-	98	-
柳州	-	-	-	-	-	-
贵港	18	…	17	-	1	…
梧州	295	-	1	-	294	-
来宾	-	-	-	-	-	-
重庆	6 478	-	1 043	-	5 435	-
#原重庆	1 595	-	10	-	1 585	-
涪陵	46	-	8	-	38	-
万州	-	-	-	-	-	-
重庆航管处	4 684	-	1 011	-	3 673	-
泸州	621	…	6	…	615	…
宜宾	1	-	1	-	-	-
乐山	-	-	-	-	-	-
南充	-	-	-	-	-	-
广安	-	-	-	-	-	-
达州	-	-	-	-	-	-

5-11 规模以上港口原油吞吐量

单位：千吨

港口	总计	外贸	出港	外贸	进港	外贸
总　计	474 394	321 113	86 020	4 886	388 374	316 228
沿海合计	443 152	321 047	78 882	4 886	364 270	316 161
丹　东	–	–	–	–	–	–
大　连	44 760	31 406	10 294	1 366	34 466	30 040
营　口	14 374	10 177	2 024	–	12 349	10 177
锦　州	4 356	605	624	–	3 732	605
秦皇岛	6 699	–	4 664	–	2 035	–
黄　骅	2 670	–	–	–	2 670	–
唐　山	14 342	14 342	–	–	14 342	14 342
#京　唐	–	–	–	–	–	–
曹妃甸	14 342	14 342	–	–	14 342	14 342
天　津	46 187	15 299	28 069	578	18 118	14 720
烟　台	4 861	610	122	74	4 739	536
#龙　口	4 707	456	48	–	4 659	456
威　海	100	–	–	–	100	–
青　岛	60 706	48 708	12 722	2 497	47 983	46 211
日　照	38 780	37 292	800	–	37 980	37 292
#石　臼	–	–	–	–	–	–
岚　山	38 780	37 292	800	–	37 980	37 292
上　海	4 451	–	–	–	4 451	–
连云港	–	–	–	–	–	–
盐　城	134	41	92	–	42	41
嘉　兴	–	–	–	–	–	–
宁波－舟山	93 504	73 483	14 675	370	78 829	73 113
#宁　波	64 986	51 630	8 640	–	56 346	51 630
舟　山	28 518	21 854	6 035	370	22 482	21 484
台　州	–	–	–	–	–	–
温　州	732	–	–	–	732	–
福　州	–	–	–	–	–	–
#原福州	–	–	–	–	–	–
宁　德	–	–	–	–	–	–
莆　田	–	–	–	–	–	–
泉　州	21 853	21 833	–	–	21 853	21 833
厦　门	990	987	3	–	987	987

5-11 （续表一）

单位：千吨

港 口	总计	外贸	出港	外贸	进港	外贸
#原厦门	–	–	–	–	–	–
漳 州	990	987	3	–	987	987
汕 头	–	–	–	–	–	–
汕 尾	–	–	–	–	–	–
惠 州	24 463	14 963	–	–	24 463	14 963
深 圳	–	–	–	–	–	–
#蛇 口	–	–	–	–	–	–
赤 湾	–	–	–	–	–	–
妈 湾	–	–	–	–	–	–
东角头	–	–	–	–	–	–
盐 田	–	–	–	–	–	–
下 洞	–	–	–	–	–	–
虎 门	–	–	–	–	–	–
#太 平	–	–	–	–	–	–
麻 涌	–	–	–	–	–	–
沙 田	–	–	–	–	–	–
广 州	87	–	43	–	43	–
中 山	–	–	–	–	–	–
珠 海	–	–	–	–	–	–
江 门	–	–	–	–	–	–
阳 江	–	–	–	–	–	–
茂 名	12 099	12 099	–	–	12 099	12 099
湛 江	21 192	18 120	2 276	–	18 916	18 120
#原湛江	21 192	18 120	2 276	–	18 916	18 120
海 安	–	–	–	–	–	–
北部湾港	12 459	9 939	2 346	–	10 113	9 939
#北 海	2 297	–	2 297	–	–	–
钦 州	10 162	9 939	49	–	10 113	9 939
防 城	–	–	–	–	–	–
海 口	127	–	126	–	1	–
洋 浦	11 144	11 144	–	–	11 144	11 144
八 所	2 082	–	–	–	2 082	–
内河合计	31 242	66	7 138	–	24 104	66

5-11 （续表二）

单位：千吨

港 口	总计	外贸	出港	外贸	进港	外贸
哈尔滨	–	–	–	–	–	–
佳木斯	–	–	–	–	–	–
上 海	–	–	–	–	–	–
南 京	14 954	37	4 104	–	10 850	37
镇 江	–	–	–	–	–	–
苏 州	–	–	–	–	–	–
#常 熟	–	–	–	–	–	–
太 仓	–	–	–	–	–	–
张家港	–	–	–	–	–	–
南 通	248	12	118	–	130	12
常 州	–	–	–	–	–	–
江 阴	1 546	17	328	–	1 218	17
扬 州	–	–	–	–	–	–
泰 州	2 864	–	1 020	–	1 844	–
徐 州	–	–	–	–	–	–
连云港	–	–	–	–	–	–
无 锡	–	–	–	–	–	–
宿 迁	–	–	–	–	–	–
淮 安	1 347	–	291	–	1 056	–
扬州内河	1 857	–	1 265	–	591	–
镇江内河	–	–	–	–	–	–
杭 州	–	–	–	–	–	–
嘉兴内河	1	–	…	–	1	–
湖 州	–	–	–	–	–	–
合 肥	–	–	–	–	–	–
亳 州	–	–	–	–	–	–
阜 阳	–	–	–	–	–	–
淮 南	–	–	–	–	–	–
滁 州	–	–	–	–	–	–
马鞍山	–	–	–	–	–	–
芜 湖	–	–	–	–	–	–
铜 陵	–	–	–	–	–	–
池 州	–	–	–	–	–	–
安 庆	430	–	–	–	430	–

5-11 （续表三）

单位：千吨

港口	总计	外贸	出港	外贸	进港	外贸
南　昌	－	－	－	－	－	－
九　江	205	－	－	－	205	－
武　汉	17	－	12	－	5	－
黄　石	－	－	－	－	－	－
荆　州	－	－	－	－	－	－
宜　昌	－	－	－	－	－	－
长　沙	－	－	－	－	－	－
湘　潭	－	－	－	－	－	－
株　洲	－	－	－	－	－	－
岳　阳	5 088	－	－	－	5 088	－
番　禺	－	－	－	－	－	－
新　塘	－	－	－	－	－	－
五和中山	－	－	－	－	－	－
佛　山	1 859	－	－	－	1 859	－
江　门	－	－	－	－	－	－
虎　门	－	－	－	－	－	－
肇　庆	301	－	－	－	301	－
惠　州	－	－	－	－	－	－
南　宁	－	－	－	－	－	－
柳　州	－	－	－	－	－	－
贵　港	－	－	－	－	－	－
梧　州	－	－	－	－	－	－
来　宾	－	－	－	－	－	－
重　庆	－	－	－	－	－	－
#原重庆	－	－	－	－	－	－
涪　陵	－	－	－	－	－	－
万　州	－	－	－	－	－	－
重庆航管处	－	－	－	－	－	－
泸　州	526	－	－	－	526	－
宜　宾	－	－	－	－	－	－
乐　山	－	－	－	－	－	－
南　充	－	－	－	－	－	－
广　安	－	－	－	－	－	－
达　州	－	－	－	－	－	－

5-12　规模以上港口金属矿石吞吐量

单位：千吨

港　口	总计	外贸	出港	外贸	进港	外贸
总　计	1 825 952	1 127 003	385 906	1 309	1 440 046	1 125 694
沿海合计	1 344 121	1 026 897	249 748	805	1 094 372	1 026 091
丹　东	16 697	8 443	3 096	-	13 601	8 443
大　连	14 892	8 868	5 625	21	9 267	8 846
营　口	41 734	39 110	855	…	40 878	39 110
锦　州	5 890	3 968	30	-	5 860	3 968
秦皇岛	5 537	5 535	13	11	5 524	5 524
黄　骅	27 784	14 222	-	-	27 784	14 222
唐　山	223 310	222 200	272	-	223 039	222 200
#京　唐	87 641	87 168	266	-	87 375	87 168
曹妃甸	135 669	135 032	5	-	135 664	135 032
天　津	128 404	127 727	270	130	128 134	127 596
烟　台	15 362	9 777	5 336	25	10 026	9 752
#龙　口	2 245	1 917	150	25	2 095	1 892
威　海	10	2	-	-	10	2
青　岛	142 858	110 242	27 675	44	115 183	110 198
日　照	122 853	111 889	10 596	-	112 257	111 889
#石　臼	82 224	72 395	9 700	-	72 523	72 395
岚　山	40 629	39 494	896	-	39 734	39 494
上　海	101 102	49 031	36 498	38	64 604	48 993
连云港	86 420	56 039	24 221	440	62 198	55 600
盐　城	19 414	11 967	1 702	-	17 712	11 967
嘉　兴	183	93	13	-	170	93
宁波-舟山	233 676	126 725	106 617	-	127 059	126 725
#宁　波	95 215	56 925	38 280	-	56 935	56 925
舟　山	138 461	69 800	68 337	-	70 124	69 800
台　州	-	-	-	-	-	-
温　州	2 897	847	36	-	2 861	847
福　州	33 088	23 047	9 424	-	23 664	23 047
#原福州	28 338	18 502	9 424	-	18 914	18 502
宁　德	4 750	4 545	-	-	4 750	4 545
莆　田	445	247	138	8	307	239
泉　州	1 383	1 332	22	-	1 361	1 332
厦　门	10 198	9 035	998	-	9 200	9 035

5-12 （续表一）

单位：千吨

港口	总计	外贸	出港	外贸	进港	外贸
#原厦门	10 198	9 035	998	-	9 200	9 035
漳　州	-	-	-	-	-	-
汕　头	35	34	1	…	35	34
汕　尾	-	-	-	-	-	-
惠　州	-	-	-	-	-	-
深　圳	-	-	-	-	-	-
#蛇　口	-	-	-	-	-	-
赤　湾	-	-	-	-	-	-
妈　湾	-	-	-	-	-	-
东角头	-	-	-	-	-	-
盐　田	-	-	-	-	-	-
下　洞	-	-	-	-	-	-
虎　门	277	-	135	-	142	-
#太　平	-	-	-	-	-	-
麻　涌	-	-	-	-	-	-
沙　田	277	-	135	-	142	-
广　州	8 207	4 446	288	7	7 919	4 439
中　山	11	-	5	-	6	-
珠　海	9 861	6 527	1 848	-	8 014	6 527
江　门	29	1	12	-	16	1
阳　江	9 388	8 755	3	-	9 385	8 755
茂　名	30	-	-	-	30	-
湛　江	34 795	26 607	7 586	10	27 209	26 597
#原湛江	34 795	26 607	7 586	10	27 209	26 597
海　安	-	-	-	-	-	-
北部湾港	43 280	40 014	2 970	47	40 310	39 968
#北　海	4 780	4 753	9	7	4 771	4 746
钦　州	4 116	3 544	356	17	3 760	3 526
防　城	34 384	31 718	2 605	22	31 779	31 696
海　口	773	167	167	24	605	143
洋　浦	1 263	-	1 263	-	-	-
八　所	2 036	-	2 036	-	-	-
内河合计	481 831	100 106	136 158	503	345 673	99 603

5-12 （续表二）

单位：千吨

港 口	总计	外贸	出港	外贸	进港	外贸
哈尔滨	–	–	–	–	–	–
佳木斯	–	–	–	–	–	–
上 海	118	–	20	–	97	–
南 京	40 718	3 243	9 297	–	31 421	3 243
镇 江	27 181	3 973	13 835	–	13 346	3 973
苏 州	150 947	49 853	44 790	182	106 158	49 671
#常 熟	1 518	–	759	–	759	–
太 仓	75 050	33 894	37 497	182	37 553	33 712
张家港	74 380	15 959	6 534	–	67 846	15 959
南 通	56 824	19 324	28 297	2	28 527	19 322
常 州	21 056	466	9 288	–	11 768	466
江 阴	30 487	5 816	10 897	7	19 590	5 809
扬 州	7 212	2 068	3 277	–	3 936	2 068
泰 州	16 335	1 037	6 948	221	9 386	816
徐 州	484	–	6	–	478	–
连云港	4 245	–	–	–	4 245	–
无 锡	353	–	–	–	353	–
宿 迁	95	–	–	–	95	–
淮 安	4 507	–	–	–	4 507	–
扬州内河	2 153	–	–	–	2 153	–
镇江内河	–	–	–	–	–	–
杭 州	479	–	46	–	432	–
嘉兴内河	74	–	74	–	–	–
湖 州	54	–	1	–	52	–
合 肥	2 130	–	561	–	1 570	–
亳 州	–	–	–	–	–	–
阜 阳	–	–	–	–	–	–
淮 南	–	–	–	–	–	–
滁 州	–	–	–	–	–	–
马鞍山	22 745	11 368	695	–	22 050	11 368
芜 湖	9 733	–	489	–	9 244	–
铜 陵	5 422	5	1 143	–	4 279	5
池 州	565	–	274	–	292	–
安 庆	2 623	–	2 044	–	580	–

5-12 （续表三）

单位：千吨

港口	总计	外贸	出港	外贸	进港	外贸
南 昌	1 781	–	2	–	1 779	–
九 江	14 907	–	814	–	14 093	–
武 汉	21 799	–	96	–	21 703	–
黄 石	6 776	2 804	811	1	5 965	2 803
荆 州	37	–	–	–	37	–
宜 昌	11	9	2	–	9	9
长 沙	137	83	63	63	75	20
湘 潭	5 039	–	–	–	5 039	–
株 洲	539	–	–	–	539	–
岳 阳	7 165	–	269	–	6 896	–
番 禺	–	–	–	–	–	–
新 塘	…	–	–	–	…	–
五 和	–	–	–	–	–	–
中 山	20	–	4	–	16	–
佛 山	94	–	…	–	94	–
江 门	8	–	1	–	7	–
虎 门	–	–	–	–	–	–
肇 庆	6	–	6	–	–	–
惠 州	–	–	–	–	–	–
南 宁	–	–	–	–	–	–
柳 州	–	–	–	–	–	–
贵 港	2 551	–	340	–	2 211	–
梧 州	9	–	5	–	4	–
来 宾	299	–	299	–	–	–
重 庆	13 455	–	1 238	–	12 216	–
#原重庆	2 354	–	341	–	2 014	–
涪 陵	111	–	21	–	90	–
万 州	3 462	–	38	–	3 424	–
重庆航管处	3 283	–	832	–	2 451	–
泸 州	372	57	96	28	276	29
宜 宾	158	–	3	–	155	–
乐 山	127	–	127	–	–	–
南 充	–	–	–	–	–	–
广 安	–	–	–	–	–	–
达 州	–	–	–	–	–	–

5-13 规模以上港口钢铁吞吐量

单位：千吨

港口	总计	外贸	出港	外贸	进港	外贸
总　计	479 294	113 358	304 996	98 892	174 297	14 466
沿海合计	294 209	92 773	201 439	82 842	92 770	9 931
丹　东	7 515	571	6 989	550	525	21
大　连	8 946	2 703	7 140	2 014	1 806	688
营　口	25 641	11 147	25 335	11 051	307	96
锦　州	3 172	1 027	3 144	1 027	28	–
秦皇岛	4 277	970	4 168	865	109	105
黄　骅	164	–	164	–	–	–
唐　山	55 981	15 991	55 618	15 979	363	12
#京　唐	19 437	6 870	19 437	6 870	–	–
曹妃甸	36 543	9 121	36 181	9 109	363	12
天　津	43 408	31 420	40 866	30 488	2 541	932
烟　台	1 553	731	494	396	1 059	335
#龙　口	424	253	251	245	173	8
威　海	266	60	24	19	242	41
青　岛	6 752	3 331	6 049	3 088	703	243
日　照	8 631	4 915	8 578	4 915	53	–
#石　臼	4 560	4 257	4 557	4 257	3	–
岚　山	4 071	658	4 020	658	51	–
上　海	36 588	8 595	14 704	6 844	21 884	1 751
连云港	9 247	3 946	8 715	3 816	533	130
盐　城	2 262	199	723	1	1 539	198
嘉　兴	2 411	3	5	–	2 406	3
宁波–舟山	11 147	871	1 373	182	9 773	689
#宁　波	8 399	743	772	180	7 627	563
舟　山	2 747	127	601	2	2 147	126
台　州	3 247	–	137	–	3 111	–
温　州	1 921	…	30	–	1 891	…
福　州	5 844	315	3 696	–	2 149	315
#原福州	3 105	122	1 752	–	1 353	122
宁　德	2 740	193	1 943	–	796	193
莆　田	538	3	177	3	361	–
泉　州	2 723	–	39	–	2 684	–
厦　门	2 691	581	787	251	1 904	331

5-13 （续表一）

单位：千吨

港口	总计	外贸	出港	外贸	进港	外贸
#原厦门	2 416	581	760	251	1 656	331
漳州	275	–	26	–	248	–
汕头	648	3	89	–	560	3
汕尾	–	–	–	–	–	–
惠州	661	–	15	–	647	–
深圳	1 632	434	230	7	1 401	427
#蛇口	508	123	157	–	351	123
赤湾	7	7	7	7	…	…
妈湾	1 064	304	67	–	997	304
东角头	–	–	–	–	–	–
盐田	–	–	–	–	–	–
下洞	–	–	–	–	–	–
虎门	2 472	644	548	10	1 924	634
#太平	13	13	–	–	13	13
麻涌	224	33	4	–	220	33
沙田	2 235	599	544	10	1 692	589
广州	27 909	2 946	5 835	855	22 074	2 091
中山	682	94	174	28	508	66
珠海	686	27	222	21	464	6
江门	1 179	110	197	43	982	67
阳江	257	237	6	–	251	237
茂名	242	–	–	–	242	–
湛江	1 234	51	661	51	572	–
#原湛江	1 231	51	659	51	572	–
海安	3	–	3	–	–	–
北部湾港	7 688	668	4 256	336	3 432	332
#北海	981	245	711	–	270	245
钦州	870	3	65	2	805	2
防城	5 837	420	3 481	335	2 356	85
海口	3 970	180	250	3	3 721	176
洋浦	18	–	–	–	18	–
八所	5	–	1	–	4	–
内河合计	**185 085**	**20 585**	**103 558**	**16 050**	**81 527**	**4 536**

5-13 （续表二）

单位：千吨

港口	总计	外贸	出港	外贸	进港	外贸
哈尔滨	-	-	-	-	-	-
佳木斯	2	2	2	2	-	-
上海	6 269	-	2 229	-	4 040	-
南京	12 565	710	10 357	439	2 209	271
镇江	1 556	1	452	1	1 104	
苏州	42 422	15 051	33 620	13 360	8 802	1 690
#常熟	5 332	2 810	2 964	2 733	2 368	77
太仓	2 915	1 750	911	681	2 004	1 069
张家港	34 175	10 491	29 745	9 946	4 430	545
南通	2 967	1 173	1 068	216	1 900	957
常州	329	-	140	-	190	-
江阴	7 963	2 233	3 249	1 459	4 714	774
扬州	2 474	-	396	-	2 078	-
泰州	9 634	17	4 385	-	5 249	17
徐州	3 293	-	3 275	-	18	-
连云港	4 165	-	2 830	-	1 335	-
无锡	11 851	-	329	-	11 522	-
宿迁	1 111	-	613	-	497	-
淮安	2 908	-	2 406	-	502	-
扬州内河	1 369	-	798	-	572	-
镇江内河	69	-	1	-	68	-
杭州	13 949	-	539	-	13 409	-
嘉兴内河	4 309	-	1 487	-	2 822	-
湖州	1 519	-	227	-	1 292	-
合肥	1 817	…	480	…	1 337	-
亳州	10	-	7	-	3	-
阜阳	2	-	-	-	2	-
淮南	3	-	1	-	3	-
滁州	21	-	8	-	13	-
马鞍山	4 380	135	3 681	135	699	-
芜湖	4 631	59	3 627	4	1 004	55
铜陵	1 556	-	1 430	-	126	-
池州	581	-	410	-	171	-
安庆	49	3	5	3	43	…

5-13 （续表三）

单位：千吨

港　口	总计		出港		进港	
		外贸		外贸		外贸
南　昌	2 600	25	837	24	1 762	1
九　江	6 055	–	6 025	–	30	–
武　汉	8 203	–	5 268	–	2 935	–
黄　石	1 641	71	1 359	71	282	…
荆　州	188	–	103	–	85	–
宜　昌	208	5	107	4	102	…
长　沙	1 122	19	3	3	1 119	16
湘　潭	2 903	–	2 898	–	5	–
株　洲	–	–	–	–	–	–
岳　阳	407	–	185	–	222	–
番　禺	166	–	–	–	166	–
新　塘	3	3	–	–	3	3
五　和	6	–	–	–	6	–
中　山	240	13	129	8	111	5
佛　山	3 700	965	1 217	225	2 483	740
江　门	3 160	5	2 319	–	841	5
虎　门	42	1	3	1	39	1
肇　庆	29	1	1	1	28	1
惠　州	–	–	–	–	–	–
南　宁	118	–	51	–	66	–
柳　州	1 461	–	1 451	–	10	–
贵　港	434	91	373	91	62	–
梧　州	42	–	42	–	1	–
来　宾	2 445	–	2 445	–	–	–
重　庆	5 973	–	672	–	5 301	–
#原重庆	1 767	–	172	–	1 595	–
涪　陵	221	–	68	–	153	–
万　州	502	–	–	–	502	–
重庆航管处	2 866	–	14	–	2 852	–
泸　州	147	4	6	3	141	1
宜　宾	6	–	6	–	–	–
乐　山	–	–	–	–	–	–
南　充	–	–	–	–	–	–
广　安	1	–	1	–	–	–
达　州	12	–	6	–	6	–

5-14 规模以上港口矿建材料吞吐量

单位：千吨

港口	总计	外贸	出港	外贸	进港	外贸
总　计	1 776 880	36 563	709 791	31 074	1 067 089	5 489
沿海合计	616 931	32 053	245 546	27 269	371 385	4 783
丹　东	51 065	-	1 062	-	50 003	-
大　连	5 891	312	5 405	297	486	16
营　口	30 726	752	19 986	752	10 740	-
锦　州	29	-	29	-	-	-
秦皇岛	925	-	849	-	75	-
黄　骅	305	-	-	-	305	-
唐　山	15 459	1 402	15 366	1 402	93	-
#京　唐	7 328	1 021	7 311	1 021	17	-
曹妃甸	8 131	381	8 055	381	76	-
天　津	15 786	1 519	1 531	947	14 256	573
烟　台	1 531	405	1 275	404	256	2
#龙　口	649	11	489	9	161	2
威　海	501	27	217	26	285	1
青　岛	14 499	19	19	19	14 480	…
日　照	31 965	560	3 354	560	28 611	-
#石　臼	17 999	154	2 497	154	15 501	-
岚　山	13 966	406	857	406	13 109	-
上　海	7 527	64	198	64	7 329	-
连云港	95	82	85	82	11	-
盐　城	18 744	-	2 998	-	15 746	-
嘉　兴	2 312	-	371	-	1 940	-
宁波-舟山	131 171	-	89 641	-	41 530	-
#宁　波	15 662	-	4 885	-	10 777	-
舟　山	115 509	-	84 756	-	30 754	-
台　州	23 544	-	3 412	-	20 133	-
温　州	25 285	6	3 308	-	21 977	6
福　州	18 403	4 451	14 357	4 451	4 045	-
#原福州	11 682	2 096	9 267	2 096	2 415	-
宁　德	6 721	2 355	5 090	2 355	1 631	-
莆　田	9 908	-	20	-	9 888	-
泉　州	21 535	2 833	823	443	20 712	2 391
厦　门	48 978	14 944	23 965	13 252	25 014	1 693

5-14 （续表一）

单位：千吨

港 口	总计	外贸	出港	外贸	进港	外贸
#原厦门	42 787	14 944	21 710	13 252	21 077	1 693
漳 州	6 191	–	2 254	–	3 937	–
汕 头	17 446	22	59	…	17 386	21
汕 尾	25	–	–	–	25	–
惠 州	4 242	3 045	4 223	3 045	19	–
深 圳	1 476	–	646	–	830	–
#蛇 口	–	–	–	–	–	–
赤 湾	–	–	–	–	–	–
妈 湾	–	–	–	–	–	–
东角头	–	–	–	–	–	–
盐 田	–	–	–	–	–	–
下 洞	–	–	–	–	–	–
虎 门	5 305	62	1 171	14	4 135	48
#太 平	122	–	–	–	122	–
麻 涌	1 053	–	3	–	1 050	–
沙 田	4 130	62	1 167	14	2 963	48
广 州	23 029	274	4 490	260	18 539	14
中 山	20 581	6	6 815	5	13 766	1
珠 海	31 044	451	15 509	451	15 535	…
江 门	13 537	16	12 913	15	624	…
阳 江	11	–	2	–	9	–
茂 名	1 862	16	1 320	16	542	–
湛 江	6 224	1	1 494	1	4 730	–
#原湛江	1 028	1	218	1	810	–
海 安	3 941	–	54	–	3 887	–
北部湾港	8 953	769	5 056	753	3 897	16
#北 海	1 875	2	1 645	–	229	2
钦 州	2 970	56	1 377	43	1 592	13
防 城	4 109	711	2 034	710	2 075	1
海 口	4 305	14	1 114	12	3 191	2
洋 浦	598	–	375	–	223	–
八 所	2 109	–	2 087	–	22	–
内河合计	1 159 949	4 511	464 245	3 805	695 704	706

5-14 （续表二）

单位：千吨

港　口	总计	外贸	出港	外贸	进港	外贸
哈尔滨	606	-	-	-	606	-
佳木斯	1 416	9	6	6	1 409	2
上　海	40 219	-	4 617	-	35 601	-
南　京	13 326	60	1 976	60	11 350	-
镇　江	18 783	-	8 457	-	10 326	-
苏　州	45 234	239	17 055	5	28 179	234
#常　熟	27 517	-	13 560	-	13 958	-
太　仓	2 985	234	1 232	-	1 753	234
张家港	14 731	5	2 263	5	12 468	-
南　通	38 287	41	13 957	25	24 330	16
常　州	1 843	-	197	-	1 646	-
江　阴	5 239	94	968	56	4 272	38
扬　州	12 071	-	441	-	11 630	-
泰　州	31 459	101	7 546	51	23 913	51
徐　州	54 029	-	4 899	-	49 131	-
连云港	2 725	-	-	-	2 725	-
无　锡	27 024	-	701	-	26 323	-
宿　迁	9 190	-	1 843	-	7 348	-
淮　安	50 628	-	5 228	-	45 400	-
扬州内河	13 195	-	16	-	13 179	-
镇江内河	4 922	-	2 279	-	2 644	-
杭　州	51 902	-	26 230	-	25 672	-
嘉兴内河	51 988	-	8 325	-	43 663	-
湖　州	48 205	-	40 066	-	8 139	-
合　肥	15 122	-	498	-	14 623	-
亳　州	12 132	-	…	-	12 131	-
阜　阳	10 822	-	731	-	10 091	-
淮　南	7 535	-	6 764	-	771	-
滁　州	4 747	-	2 506	-	2 241	-
马鞍山	38 460	-	18 304	-	20 155	-
芜　湖	33 169	-	11 291	-	21 879	-
铜　陵	23 552	82	17 377	82	6 175	-
池　州	9 565	-	9 260	-	304	-
安　庆	14 073	8	10 403	6	3 670	2

5-14 （续表三）

单位：千吨

港口	总计	外贸	出港	外贸	进港	外贸
南 昌	6 537	91	1 376	71	5 161	20
九 江	44 527	-	39 733	-	4 794	-
武 汉	20 059	-	813	-	19 246	-
黄 石	18 794	2	18 100	2	693	…
荆 州	4 094	-	28	-	4 067	-
宜 昌	1 155	53	687	48	468	5
长 沙	37 316	63	38	38	37 278	24
湘 潭	3 039	-	-	-	3 039	-
株 洲	5 979	-	-	-	5 979	-
岳 阳	107 748	-	89 515	-	18 233	-
番 禺	3 350	-	64	-	3 286	-
新 塘	1 615	…	640	…	974	-
五 和	1 030	-	-	-	1 030	-
中 山	29 261	27	10 330	25	18 932	1
佛 山	11 643	2 860	4 573	2 824	7 069	37
江 门	17 495	178	8 631	178	8 864	…
虎 门	561	…	146	…	415	…
肇 庆	6 401	586	3 262	312	3 139	275
惠 州	10 283	-	9 008	-	1 275	-
南 宁	4 850	-	127	-	4 723	-
柳 州	715	-	703	-	12	-
贵 港	20 574	2	7 679	2	12 895	-
梧 州	19 870	-	18 911	-	960	-
来 宾	1 386	-	1 386	-	-	-
重 庆	50 928	-	15 876	-	35 052	-
#原重庆	4 902	-	3 819	-	1 084	-
涪 陵	1 635	-	617	-	1 018	-
万 州	3 519	-	896	-	2 622	-
重庆航管处	24 622	-	6 779	-	17 843	-
泸 州	19 574	14	3 043	13	16 532	1
宜 宾	5 926	-	3 868	-	2 058	-
乐 山	2 071	-	2 063	-	8	-
南 充	5 319	-	672	-	4 647	-
广 安	4 771	-	223	-	4 548	-
达 州	1 611	-	809	-	802	-

5-15 规模以上港口水泥吞吐量

单位：千吨

港　口	总计	外贸	出港	外贸	进港	外贸
总　　计	**306 815**	**15 085**	**198 757**	**14 635**	**108 058**	**450**
沿海合计	69 134	5 760	20 833	5 347	48 301	413
丹　东	280	14	117	14	163	-
大　连	670	222	670	222	-	-
营　口	1 278	-	1 278	-	-	-
锦　州	10	-	-	-	10	-
秦皇岛	1 754	86	1 754	86	-	-
黄　骅	-	-	-	-	-	-
唐　山	2 459	439	2 459	439	-	-
#京　唐	353	254	353	254	-	-
曹妃甸	2 106	185	2 106	185	-	-
天　津	157	6	6	5	151	…
烟　台	2 837	2 021	2 299	2 021	538	-
#龙　口	1 420	1 367	1 389	1 367	31	-
威　海	42	-	-	-	42	-
青　岛	82	40	73	31	9	9
日　照	3 724	447	3 701	447	22	-
#石　臼	3 674	420	3 674	420	-	-
岚　山	50	27	27	27	22	-
上　海	1 884	-	-	-	1 884	-
连云港	27	3	3	3	23	-
盐　城	2 476	-	-	-	2 476	-
嘉　兴	-	-	-	-	-	-
宁波-舟山	11 599	174	2 813	174	8 786	-
#宁　波	9 286	2	2 103	2	7 183	-
舟　山	2 314	172	710	172	1 604	-
台　州	4 685	-	2	-	4 683	-
温　州	7 338	-	…	-	7 338	-
福　州	8 544	4	-	-	8 544	4
#原福州	6 747	4	-	-	6 747	4
宁　德	1 797	-	-	-	1 797	-
莆　田	1 054	-	-	-	1 054	-
泉　州	1 206	20	26	20	1 180	-
厦　门	1 885	-	501	-	1 383	-

5-15 （续表一）

单位：千吨

港口	总计	外贸	出港	外贸	进港	外贸
#原厦门	1 885	–	501	–	1 383	–
漳州	–	–	–	–	–	–
汕头	2 461	–	–	–	2 461	–
汕尾	–	–	–	–	–	–
惠州	426	–	–	–	426	–
深圳	1 453	81	–	–	1 453	81
#蛇口	–	–	–	–	–	–
赤湾	–	–	–	–	–	–
妈湾	1 315	81	–	–	1 315	81
东角头	–	–	–	–	–	–
盐田	–	–	–	–	–	–
下洞	–	–	–	–	–	–
虎门	1 819	581	1 742	581	78	–
#太平	–	–	–	–	–	–
麻涌	401	–	397	–	4	–
沙田	1 419	581	1 345	581	74	–
广州	173	3	54	3	119	–
中山	2 392	…	159	–	2 233	…
珠海	2 047	–	11	–	2 037	–
江门	881	–	656	–	225	–
阳江	200	–	200	–	–	–
茂名	–	–	–	–	–	–
湛江	177	–	164	–	13	–
#原湛江	5	–	–	–	5	–
海安	164	–	164	–	–	–
北部湾港	2 471	1 618	2 077	1 301	394	317
#北海	79	–	2	–	76	–
钦州	672	2	672	2	1	–
防城	1 720	1 616	1 402	1 299	317	317
海口	311	–	69	–	242	–
洋浦	304	–	–	–	304	–
八所	30	–	…	–	30	–
内河合计	**237 681**	**9 325**	**177 924**	**9 289**	**59 757**	**37**

5-15 （续表二）

单位：千吨

港 口	总计	外贸	出港	外贸	进港	外贸
哈尔滨	-	-	-	-	-	-
佳木斯	8	8	8	8	-	-
上 海	7 164	-	281	-	6 883	-
南 京	1 273	788	1 273	788	-	-
镇 江	3 578	60	3 495	60	82	-
苏 州	844	424	704	409	139	15
#常 熟	77	-	-	-	77	-
太 仓	-	-	-	-	-	-
张家港	767	424	704	409	63	15
南 通	13 843	5 307	5 307	5 307	8 537	-
常 州	-	-	-	-	-	-
江 阴	1 615	-	138	-	1 478	-
扬 州	4 286	2 374	4 286	2 374	...	-
泰 州	417	44	57	22	360	22
徐 州	148	-	148	-	-	-
连云港	825	-	-	-	825	-
无 锡	13 049	-	7 762	-	5 287	-
宿 迁	563	-	-	-	563	-
淮 安	1 245	-	522	-	723	-
扬州内河	3 245	-	-	-	3 245	-
镇江内河	23	-	23	-	-	-
杭 州	2 563	-	246	-	2 317	-
嘉兴内河	8 993	-	3 398	-	5 595	-
湖 州	14 041	-	12 308	-	1 734	-
合 肥	3 672	-	3 489	-	183	-
亳 州	7	-	-	-	7	-
阜 阳	509	-	-	-	509	-
淮 南	3 749	-	931	-	2 818	-
滁 州	-	-	-	-	-	-
马鞍山	7 674	-	7 147	-	527	-
芜 湖	33 433	-	33 346	-	86	-
铜 陵	17 258	-	17 228	-	31	-
池 州	13 048	-	12 976	-	72	-
安 庆	12 266	70	11 753	70	513	-

5-15 （续表三）

单位：千吨

港 口	总计	外贸	出港	外贸	进港	外贸
南 昌	4 154	-	2	-	4 152	-
九 江	9 905	-	9 662	-	243	-
武 汉	852	-	27	-	825	-
黄 石	2 571	-	2 571	-	-	-
荆 州	-	-	-	-	-	-
宜 昌	-	-	-	-	-	-
长 沙	-	-	-	-	-	-
湘 潭	-	-	-	-	-	-
株 洲	-	-	-	-	-	-
岳 阳	579	-	31	-	548	-
番 禺	154	-	-	-	154	-
新 塘	19	-	-	-	19	-
五 和	1 280	249	1 234	249	46	-
中 山	3 151	-	82	-	3 069	-
佛 山	2 963	…	1 833	…	1 129	-
江 门	1 041	-	46	-	995	-
虎 门	-	-	-	-	-	-
肇 庆	9 062	-	9 056	-	5	-
惠 州	1 047	-	-	-	1 047	-
南 宁	2 684	-	2 571	-	113	-
柳 州	3	-	3	-	-	-
贵 港	16 387	…	15 674	…	713	-
梧 州	354	-	142	-	212	-
来 宾	761	-	761	-	-	-
重 庆	9 455	-	6 814	-	2 641	-
#原重庆	22	-	22	-	-	-
涪 陵	28	-	-	-	28	-
万 州	793	-	-	-	793	-
重庆航管处	2 147	-	1 253	-	894	-
泸 州	736	-	-	-	736	-
宜 宾	-	-	-	-	-	-
乐 山	-	-	-	-	-	-
南 充	6	-	-	-	6	-
广 安	-	-	-	-	-	-
达 州	1 177	-	589	-	587	-

5-16 规模以上港口木材吞吐量

单位：千吨

港口	总计	外贸	出港	外贸	进港	外贸
总　计	**79 243**	**61 134**	**14 070**	**3 848**	**65 173**	**57 286**
沿海合计	**49 479**	**40 842**	**7 482**	**3 355**	**41 997**	**37 487**
丹　东	367	90	95	–	273	90
大　连	290	25	128	–	162	25
营　口	10	1	9	1	…	–
锦　州	–	–	–	–	–	–
秦皇岛	–	–	–	–	–	–
黄　骅	–	–	–	–	–	–
唐　山	149	149	–	–	149	149
#京　唐	–	–	–	–	–	–
曹妃甸	149	149	–	–	149	149
天　津	937	746	208	184	729	562
烟　台	2 582	2 535	38	–	2 544	2 535
#龙　口	2 091	2 083	9	–	2 083	2 083
威　海	–	–	–	–	–	–
青　岛	1 178	1 178	14	14	1 163	1 163
日　照	14 472	14 388	3	3	14 469	14 386
#石　臼	11 443	11 360	3	3	11 441	11 357
岚　山	3 029	3 029	–	–	3 029	3 029
上　海	757	675	14	…	743	675
连云港	4 957	4 957	2 782	2 782	2 176	2 176
盐　城	1 291	1 289	–	–	1 291	1 289
嘉　兴	24	2	–	–	24	2
宁波－舟山	374	46	…	–	374	46
#宁　波	130	46	…	–	129	46
舟　山	245	–	–	–	245	–
台　州	9	–	–	–	9	–
温　州	13	2	–	–	13	2
福　州	163	9	22	9	141	–
#原福州	163	9	22	9	141	–
宁　德	–	–	–	–	–	–
莆　田	534	516	6	–	528	516
泉　州	692	665	–	–	692	665

5-16 （续表一）

单位：千吨

港口	总计		出港		进港	
		外贸		外贸		外贸
厦 门	1 893	1 830	37	6	1 856	1 824
#原厦门	1 893	1 830	37	6	1 856	1 824
漳 州	–	–	–	–	–	–
汕 头	78	6	2	1	76	5
汕 尾	120	–	120	–	–	–
惠 州	26	26	–	–	26	26
深 圳	159	155	4	–	155	155
#蛇 口	–	–	–	–	–	–
赤 湾	–	–	–	–	–	–
妈 湾	159	155	4	–	155	155
东角头	–	–	–	–	–	–
盐 田	–	–	–	–	–	–
下 洞	–	–	–	–	–	–
虎 门	1 696	568	421	1	1 276	567
#太 平	1	1	…	…	1	1
麻 涌	7	–	3	–	4	–
沙 田	1 688	567	418	1	1 270	566
广 州	3 894	1 123	1 314	30	2 580	1 093
中 山	218	115	26	11	193	103
珠 海	10	9	1	–	9	9
江 门	113	7	38	2	75	5
阳 江	1	–	1	–	–	–
茂 名	34	–	31	–	4	–
湛 江	1 817	1 697	163	44	1 655	1 652
#原湛江	1 734	1 697	82	44	1 652	1 652
海 安	64	–	62	–	2	–
北部湾港	4 847	3 333	1 585	266	3 263	3 066
#北 海	37	…	36	–	1	…
钦 州	2 563	1 141	1 357	113	1 206	1 027
防 城	2 248	2 192	192	153	2 055	2 039
海 口	671	1	404	…	267	…
洋 浦	5 101	4 699	19	–	5 082	4 699
八 所	–	–	–	–	–	–
内河合计	**29 763**	**20 292**	**6 588**	**494**	**23 176**	**19 799**

5-16 （续表二）

单位：千吨

港口	总计	外贸	出港	外贸	进港	外贸
哈尔滨	–	–	–	–	–	–
佳木斯	320	281	12	–	308	281
上 海	10	–	8	–	2	–
南 京	–	–	–	–	–	–
镇 江	444	368	75	–	368	368
苏 州	14 632	12 343	2 187	27	12 445	12 316
＃常 熟	3 465	2 944	516	–	2 949	2 944
太 仓	6 364	5 966	404	15	5 960	5 950
张家港	4 803	3 433	1 267	11	3 536	3 422
南 通	658	658	–	–	658	658
常 州	–	–	–	–	–	–
江 阴	80	10	40	1	40	10
扬 州	1 827	1 289	538	–	1 289	1 289
泰 州	6 066	3 545	2 508	–	3 558	3 545
徐 州	–	–	–	–	–	–
连云港	–	–	–	–	–	–
无 锡	–	–	–	–	–	–
宿 迁	1	–	1	–	–	–
淮 安	17	–	5	–	13	–
扬州内河	296	–	–	–	296	–
镇江内河	–	–	–	–	–	–
杭 州	5	–	–	–	5	–
嘉兴内河	31	–	1	–	30	–
湖 州	893	–	14	–	879	–
合 肥	1	–	–	–	1	–
亳 州	1	–	1	–	–	–
阜 阳	2	–	–	–	2	–
淮 南	…	–	–	–	…	–
滁 州	–	–	–	–	–	–
马鞍山	–	–	–	–	–	–
芜 湖	8	–	–	–	8	–
铜 陵	–	–	–	–	–	–
池 州	39	–	1	–	38	–
安 庆	20	1	2	…	19	1

5-16 （续表三）

单位：千吨

港口	总计		出港		进港	
		外贸		外贸		外贸
南　昌	338	…	12	–	326	…
九　江	61	–	–	–	61	–
武　汉	26	–	1	–	25	–
黄　石	–	–	–	–	–	–
荆　州	75	–	66	–	9	–
宜　昌	15	…	6	…	8	…
长　沙	6	3	1	1	5	2
湘　潭	–	–	–	–	–	–
株　洲	–	–	–	–	–	–
岳　阳	47	–	–	–	47	–
番　禺	–	–	–	–	–	–
新　塘	–	–	–	–	–	–
五　和	–	–	–	–	–	–
中　山	492	26	101	3	391	22
佛　山	1 502	1 424	192	143	1 311	1 281
江　门	27	6	15	…	11	6
虎　门	75	…	35	–	40	…
肇　庆	34	4	30	3	5	1
惠　州	–	–	–	–	–	–
南　宁	83	–	83	–	–	–
柳　州	1	–	…	–	1	–
贵　港	184	125	162	125	22	–
梧　州	257	188	257	188	–	–
来　宾	214	–	214	–	–	–
重　庆	892	–	6	–	886	–
#原重庆	3	–	–	–	3	–
涪　陵	–	–	–	–	–	–
万　州	–	–	–	–	–	–
重庆航管处	883	–	–	–	883	–
泸　州	66	21	9	3	57	18
宜　宾	4	–	–	–	4	–
乐　山	13	–	6	–	6	–
南　充	–	–	–	–	–	–
广　安	–	–	–	–	–	–
达　州	–	–	–	–	–	–

5-17　规模以上港口非金属矿石吞吐量

单位：千吨

港口	总计	外贸	出港	外贸	进港	外贸
总　计	256 578	63 303	120 857	11 506	135 721	51 797
沿海合计	135 159	56 196	54 530	9 225	80 630	46 971
丹　东	454	309	442	296	12	12
大　连	487	75	345	62	142	13
营　口	3 381	2 763	3 086	2 616	295	147
锦　州	305	212	275	212	30	—
秦皇岛	202	—	37	—	165	—
黄　骅	1 866	1 861	—	—	1 866	1 861
唐　山	975	—	181	—	794	—
#京　唐	83	—	—	—	83	—
曹妃甸	892	—	181	—	711	—
天　津	1 974	1 292	1 414	1 180	560	112
烟　台	69 620	38 971	25 051	94	44 569	38 877
#龙　口	25 253	14 707	6 405	94	18 848	14 614
威　海	4 168	2 133	2 034	—	2 133	2 133
青　岛	1 315	589	763	72	552	517
日　照	3 773	2 432	1 611	643	2 162	1 789
#石　臼	3 034	2 366	872	578	2 162	1 788
岚　山	740	65	739	65	1	1
上　海	3 485	3	159	1	3 326	1
连云港	1 774	696	783	303	991	393
盐　城	211	—	108	—	103	—
嘉　兴	382	—	8	—	373	—
宁波-舟山	4 515	85	81	20	4 434	65
#宁　波	4 515	85	81	20	4 434	65
舟　山	—	—	—	—	—	—
台　州	169	—	—	—	169	—
温　州	37	11	22	11	15	—
福　州	2 952	102	449	102	2 502	—
#原福州	2 663	100	338	100	2 325	—
宁　德	288	3	111	3	177	—
莆　田	110	9	12	9	99	—
泉　州	785	86	14	9	771	77
厦　门	3 482	174	2 604	174	878	—

5-17 （续表一）

单位：千吨

港 口	总计	外贸	出港	外贸	进港	外贸
#原厦门	550	165	166	165	384	–
漳州	2 932	9	2 438	9	494	–
汕头	483	26	138	26	345	–
汕尾	668	–	668	–	–	–
惠州	122	–	–	–	122	–
深圳	59	–	59	–	–	–
#蛇口	–	–	–	–	–	–
赤湾	–	–	–	–	–	–
妈湾	59	–	59	–	–	–
东角头	–	–	–	–	–	–
盐田	–	–	–	–	–	–
下洞	–	–	–	–	–	–
虎门	2 616	34	1 286	6	1 329	28
#太平	42	2	–	–	42	2
麻涌	216	–	179	–	37	–
沙田	2 357	31	1 107	6	1 250	26
广州	1 896	741	1 181	578	715	163
中山	1 354	19	1 245	…	109	18
珠海	5 452	16	319	–	5 132	16
江门	3 725	54	448	53	3 277	2
阳江	68	6	5	–	63	6
茂名	41	10	5	–	36	10
湛江	1 569	936	632	608	937	328
#原湛江	1 222	936	632	608	590	328
海安	347	–	–	–	347	–
北部湾港	8 118	2 176	7 606	2 141	513	35
#北海	4 674	509	4 598	508	76	…
钦州	1 833	111	1 411	80	422	31
防城	1 611	1 557	1 596	1 552	15	4
海口	2 072	10	1 414	9	658	…
洋浦	428	365	15	…	413	365
八所	68	–	29	–	39	–
内河合计	**121 418**	**7 107**	**66 327**	**2 281**	**55 091**	**4 826**

5-17 （续表二）

单位：千吨

港口	总计	外贸	出港	外贸	进港	外贸
哈尔滨	–	–	–	–	–	–
佳木斯	–	–	–	–	–	–
上 海	30	–	–	–	30	–
南 京	4 730	3	1 397	3	3 332	–
镇 江	10 218	2 773	6 517	1 288	3 700	1 484
苏 州	849	318	78	76	771	241
#常 熟	547	271	43	41	504	230
太 仓	282	31	31	31	251	–
张家港	20	16	4	4	16	11
南 通	6 873	3 345	3 380	301	3 493	3 044
常 州	82	–	21	–	61	–
江 阴	–	–	–	–	–	–
扬 州	31	–	18	–	13	–
泰 州	1 803	248	678	212	1 124	36
徐 州	3 205	–	3 052	–	154	–
连云港	–	–	–	–	–	–
无 锡	–	–	–	–	–	–
宿 迁	156	–	–	–	156	–
淮 安	2 175	–	–	–	2 175	–
扬州内河	–	–	–	–	–	–
镇江内河	18	–	13	–	6	–
杭 州	638	–	375	–	262	–
嘉兴内河	2 656	–	49	–	2 607	–
湖 州	2 201	–	275	–	1 925	–
合 肥	1 713	–	1 111	–	603	–
亳 州	3	–	–	–	3	–
阜 阳	1	–	–	–	1	–
淮 南	4	–	4	–	–	–
滁 州	3 181	–	3 181	–	–	–
马鞍山	4 038	–	304	–	3 734	–
芜 湖	10 105	132	7 273	132	2 832	–
铜 陵	6 697	46	3 907	46	2 790	–
池 州	11 972	173	11 354	173	618	–
安 庆	131	3	…	…	131	2

5-17 （续表三）

单位：千吨

港口	总计	外贸	出港	外贸	进港	外贸
南昌	4 978	26	168	26	4 810	…
九江	4 617	–	623	–	3 994	–
武汉	5 592	–	103	–	5 489	–
黄石	872	3	262	1	609	2
荆州	460	–	36	–	424	–
宜昌	1 152	17	973	12	179	5
长沙	418	17	8	8	410	9
湘潭	428	–	355	–	73	–
株洲	71	–	–	–	71	–
岳阳	68	–	64	–	4	–
番禺	–	–	–	–	–	–
新塘	969	–	–	–	969	–
五和	–	–	–	–	–	–
中山	310	…	42	…	268	…
佛山	11	…	1	…	10	…
江门	3 511	–	817	–	2 694	–
虎门	234	–	181	–	53	–
肇庆	1 535	2	1 485	…	50	2
惠州	2 545	–	2 545	–	–	–
南宁	262	–	258	–	4	–
柳州	–	–	–	–	–	–
贵港	2 611	–	1 438	–	1 173	–
梧州	3 017	–	3 008	–	9	–
来宾	2 221	–	2 221	–	–	–
重庆	6 026	–	3 404	–	2 621	–
#原重庆	2 494	–	2 304	–	190	–
涪陵	414	–	27	–	387	–
万州	–	–	–	–	–	–
重庆航管处	2 533	–	1 059	–	1 474	–
泸州	953	…	775	…	178	–
宜宾	5 050	–	4 572	–	478	–
乐山	–	–	–	–	–	–
南充	–	–	–	–	–	–
广安	–	–	–	–	–	–
达州	–	–	–	–	–	–

5-18　规模以上港口化学肥料及农药吞吐量

单位：千吨

港口	总计	外贸	出港	外贸	进港	外贸
总　计	59 972	37 368	37 858	29 208	22 114	8 160
沿海合计	35 105	29 498	24 973	22 419	10 132	7 079
丹　东	208	–	62	–	146	–
大　连	257	25	26	25	231	–
营　口	1 503	1 217	150	141	1 353	1 076
锦　州	1 092	1 092	1 092	1 092	–	–
秦皇岛	1 600	1 593	1 460	1 460	139	132
黄　骅	–	–	–	–	–	–
唐　山	76	76	13	13	63	63
#京唐	–	–	–	–	–	–
曹妃甸	76	76	13	13	63	63
天　津	1 495	1 468	1 441	1 430	54	37
烟　台	6 123	6 060	5 550	5 550	573	509
#龙口	710	679	679	679	31	–
威　海	29	29	29	29	…	…
青　岛	3 311	3 310	2 039	2 038	1 272	1 272
日　照	974	974	974	974	–	–
#石臼	828	828	828	828	–	–
岚山	146	146	146	146	–	–
上　海	27	7	7	2	20	5
连云港	1 371	1 333	460	434	911	899
盐　城	–	–	–	–	–	–
嘉　兴	–	–	–	–	–	–
宁波－舟山	282	252	252	252	30	–
#宁　波	282	252	252	252	30	–
舟　山	…	–	–	–	…	–
台　州	28	–	–	–	28	–
温　州	17	–	–	–	17	–
福　州	14	–	4	–	10	–
#原福州	11	–	4	–	7	–
宁　德	3	–	–	–	3	–
莆　田	–	–	–	–	–	–
泉　州	6	–	–	–	6	–
厦　门	282	227	203	203	80	24

5-18 （续表一）

单位：千吨

港口	总计	外贸	出港	外贸	进港	外贸
#原厦门	282	227	203	203	80	24
漳州	–	–	–	–	–	–
汕头	9	1	2	–	7	1
汕尾	–	–	–	–	–	–
惠州	–	–	–	–	–	–
深圳	65	41	38	14	27	27
#蛇口	–	–	–	–	–	–
赤湾	65	41	38	14	27	27
妈湾	–	–	–	–	–	–
东角头	–	–	–	–	–	–
盐田	–	–	–	–	–	–
下洞	–	–	–	–	–	–
虎门	1 695	1 354	284	…	1 411	1 353
#太平	–	–	–	–	–	–
麻涌	1 555	1 353	198	–	1 357	1 353
沙田	139	…	86	…	54	…
广州	122	58	50	16	72	42
中山	7	…	…	…	6	–
珠海	7	–	1	–	6	–
江门	34	–	9	–	25	–
阳江	–	–	–	–	–	–
茂名	13	–	–	–	13	–
湛江	2 966	2 932	1 770	1 752	1 196	1 180
#原湛江	2 966	2 932	1 770	1 752	1 196	1 180
海安	–	–	–	–	–	–
北部湾港	9 133	6 705	7 672	6 261	1 461	444
#北海	1 480	1 415	1 372	1 332	108	83
钦州	2 243	650	1 269	637	975	13
防城	5 409	4 641	5 031	4 292	378	348
海口	1 272	12	315	–	957	12
洋浦	–	–	–	–	–	–
八所	1 086	733	1 070	733	15	–
内河合计	**24 867**	**7 870**	**12 885**	**6 789**	**11 982**	**1 081**

5-18 （续表二）

单位：千吨

港口	总计	外贸	出港	外贸	进港	外贸
哈尔滨	–	–	–	–	–	–
佳木斯	–	–	–	–	–	–
上海	19	–	5	–	14	–
南京	6 371	3 257	3 036	2 692	3 335	564
镇江	2 839	1 339	1 347	1 319	1 493	20
苏州	2 739	1 370	1 411	1 255	1 328	115
＃常熟	17	17	17	17	–	–
太仓	3	2	2	2	2	–
张家港	2 720	1 351	1 393	1 237	1 326	115
南通	3 264	1 553	1 628	1 323	1 636	230
常州	51	–	17	–	34	–
江阴	87	4	40	1	47	4
扬州	11	–	…	–	11	–
泰州	397	225	157	128	239	97
徐州	5	–	5	–	–	–
连云港	–	–	–	–	–	–
无锡	1 423	–	906	–	517	–
宿迁	13	–	–	–	13	–
淮安	125	–	62	–	63	–
扬州内河	–	–	–	–	–	–
镇江内河	52	–	–	–	52	–
杭州	–	–	–	–	–	–
嘉兴内河	45	–	30	–	15	–
湖州	44	–	4	–	41	–
合肥	28	–	–	–	28	–
亳州	64	–	54	–	10	–
阜阳	61	–	57	–	3	–
淮南	1	–	–	–	1	–
滁州	15	–	–	–	15	–
马鞍山	45	–	29	–	16	–
芜湖	1	–	–	–	1	–
铜陵	139	13	116	13	23	–
池州	59	–	11	–	48	–
安庆	82	–	8	–	74	–

5-18 （续表三）

单位：千吨

港口	总计	外贸	出港	外贸	进港	外贸
南昌	51	1	1	1	51	-
九江	12	-	-	-	12	-
武汉	289	-	210	-	79	-
黄石	87	-	87	-	-	-
荆州	403	-	402	-	1	-
宜昌	372	34	365	33	8	1
长沙	9	8	1	1	9	7
湘潭	-	-	-	-	-	-
株洲	10	-	-	-	10	-
岳阳	45	-	23	-	22	-
番禺	-	-	-	-	-	-
新塘	35	-	-	-	35	-
五和	-	-	-	-	-	-
中山	5	-	-	-	5	-
佛山	2	…	1	-	1	…
江门	71	57	25	23	46	34
虎门	43	-	10	-	33	-
肇庆	90	-	78	-	11	-
惠州	-	-	-	-	-	-
南宁	23	-	6	-	17	-
柳州	-	-	-	-	-	-
贵港	249	4	44	-	206	4
梧州	-	-	-	-	-	-
来宾	-	-	-	-	-	-
重庆	4 131	-	2 059	-	2 072	-
#原重庆	39	-	39	-	-	-
涪陵	430	-	258	-	172	-
万州	365	-	263	-	102	-
重庆航管处	2 766	-	1 450	-	1 316	-
泸州	614	5	608	-	6	5
宜宾	306	-	34	-	272	-
乐山	-	-	-	-	-	-
南充	26	-	1	-	25	-
广安	3	-	3	-	-	-
达州	9	-	4	-	4	-

5-19 规模以上港口盐吞吐量

单位：千吨

港口	总计	外贸	出港	外贸	进港	外贸
总　计	17 566	6 195	6 122	352	11 443	5 843
沿海合计	8 849	5 693	1 078	114	7 772	5 579
丹　东	205	24	–	–	205	24
大　连	657	525	2	–	655	525
营　口	670	433	50	50	619	382
锦　州	741	717	5	–	736	717
秦皇岛	–	–	–	–	–	–
黄　骅	–	–	–	–	–	–
唐　山	887	845	14	2	873	843
#京　唐	–	–	–	–	–	–
曹妃甸	887	845	14	2	873	843
天　津	255	81	5	1	250	80
烟　台	450	397	82	35	368	361
#龙　口	89	35	82	35	7	–
威　海	–	–	–	–	–	–
青　岛	8	8	8	8	–	–
日　照	–	–	–	–	–	–
#石　臼	–	–	–	–	–	–
岚　山	–	–	–	–	–	–
上　海	965	811	–	–	965	811
连云港	581	252	187	17	393	235
盐　城	863	394	380	–	484	394
嘉　兴	407	125	–	–	407	125
宁波－舟山	1 506	674	282	–	1 224	674
#宁　波	1 224	674	–	–	1 224	674
舟　山	282	–	282	–	–	–
台　州	15	–	–	–	15	–
温　州	2	–	–	–	2	–
福　州	165	149	–	–	165	149
#原福州	165	149	–	–	165	149
宁　德	…	…	…	…	…	…
莆　田	–	–	–	–	–	–
泉　州	173	141	–	–	173	141
厦　门	–	–	–	–	–	–

5-19 （续表一）

单位：千吨

港口	总计	外贸	出港	外贸	进港	外贸
#原厦门	–	–	–	–	–	–
漳州	–	–	–	–	–	–
汕头	1	–	–	–	1	–
汕尾	–	–	–	–	–	–
惠州	–	–	–	–	–	–
深圳	–	–	–	–	–	–
#蛇口	–	–	–	–	–	–
赤湾	–	–	–	–	–	–
妈湾	–	–	–	–	–	–
东角头	–	–	–	–	–	–
盐田	–	–	–	–	–	–
下洞	–	–	–	–	–	–
虎门	65	22	25	–	40	22
#太平	–	–	–	–	–	–
麻涌	34	22	12	–	22	22
沙田	32	–	14	–	18	–
广州	47	…	…	…	46	…
中山	12	…	…	…	12	…
珠海	…	–	…	–	–	–
江门	24	–	11	–	13	–
阳江	–	–	–	–	–	–
茂名	–	–	–	–	–	–
湛江	–	–	–	–	–	–
#原湛江	–	–	–	–	–	–
海安	–	–	–	–	–	–
北部湾港	62	30	10	–	52	30
#北海	12	–	–	–	12	–
钦州	49	30	10	–	39	30
防城	1	…	…	–	1	…
海口	21	–	16	–	6	–
洋浦	66	66	–	–	66	66
八所	–	–	–	–	–	–
内河合计	**8 716**	**502**	**5 044**	**238**	**3 672**	**265**

5-19 （续表二）

单位：千吨

港　口	总计	外贸	出港	外贸	进港	外贸
哈尔滨	–	–	–	–	–	–
佳木斯	–	–	–	–	–	–
上　海	266	–	–	–	266	–
南　京	524	5	37	5	487	–
镇　江	1 512	25	1 281	25	231	–
苏　州	220	5	5	5	215	–
#常　熟	213	–	–	–	213	–
太　仓	–	–	–	–	–	–
张家港	7	5	5	5	2	–
南　通	247	3	14	3	233	–
常　州	–	–	–	–	–	–
江　阴	3	–	–	–	3	–
扬　州	18	–	10	–	8	–
泰　州	833	436	330	173	503	263
徐　州	–	–	–	–	–	–
连云港	–	–	–	–	–	–
无　锡	15	–	–	–	15	–
宿　迁	–	–	–	–	–	–
淮　安	2 778	–	2 613	–	164	–
扬州内河	91	–	–	–	91	–
镇江内河	9	–	–	–	9	–
杭　州	28	–	–	–	28	–
嘉兴内河	491	–	–	–	491	–
湖　州	24	–	–	–	24	–
合　肥	65	–	–	–	65	–
亳　州	–	–	–	–	–	–
阜　阳	–	–	–	–	–	–
淮　南	26	–	–	–	26	–
滁　州	…	–	–	–	…	–
马鞍山	9	–	–	–	9	–
芜　湖	90	–	…	–	89	–
铜　陵	–	–	–	–	–	–
池　州	…	–	–	–	…	–
安　庆	–	–	–	–	–	–

5-19 （续表三）

单位：千吨

港口	总计	外贸	出港	外贸	进港	外贸
南昌	51	27	50	25	1	1
九江	119	–	–	–	119	–
武汉	54	–	33	–	21	–
黄石	–	–	–	–	–	–
荆州	–	–	–	–	–	–
宜昌	–	–	–	–	–	–
长沙	–	–	–	–	–	–
湘潭	–	–	–	–	–	–
株洲	18	–	–	–	18	–
岳阳	8	–	–	–	8	–
番禺	–	–	–	–	–	–
新塘	–	–	–	–	–	–
五和	–	–	–	–	–	–
中山	13	–	–	–	13	–
佛山	–	–	–	–	–	–
江门	5	–	–	–	5	–
虎门	2	–	1	–	1	–
肇庆	2	–	–	–	2	–
惠州	–	–	–	–	–	–
南宁	–	–	–	–	–	–
柳州	–	–	–	–	–	–
贵港	–	–	–	–	–	–
梧州	–	–	–	–	–	–
来宾	–	–	–	–	–	–
重庆	861	–	353	–	508	–
#原重庆	12	–	–	–	12	–
涪陵	34	–	6	–	28	–
万州	157	–	157	–	–	–
重庆航管处	651	–	190	–	461	–
泸州	2	1	1	1	1	…
宜宾	172	–	172	–	–	–
乐山	143	–	143	–	–	–
南充	16	–	–	–	16	–
广安	–	–	–	–	–	–
达州	–	–	–	–	–	–

5-20　规模以上港口粮食吞吐量

单位：千吨

港　口	总计	外贸	出港	外贸	进港	外贸
总　计	251 308	119 408	71 633	761	179 675	118 647
沿海合计	173 364	99 760	46 505	645	126 858	99 115
丹　东	4 558	1 534	3 024	-	1 534	1 534
大　连	9 171	6 316	2 667	297	6 504	6 019
营　口	6 727	834	5 919	38	808	796
锦　州	5 501	133	5 352	38	149	94
秦皇岛	2 277	2 190	54	-	2 223	2 190
黄　骅	116	-	113	-	3	-
唐　山	1 069	1 064	5	-	1 064	1 064
#京　唐	1 069	1 064	5	-	1 064	1 064
曹妃甸	-	-	-	-	-	-
天　津	10 998	8 243	2 326	65	8 672	8 177
烟　台	3 992	3 888	100	9	3 892	3 878
#龙　口	2 974	2 878	92	9	2 882	2 868
威　海	-	-	-	-	-	-
青　岛	9 783	9 677	245	139	9 538	9 538
日　照	12 506	12 474	27	-	12 479	12 474
#石　臼	8 647	8 620	27	-	8 620	8 620
岚　山	3 859	3 854	-	-	3 859	3 854
上　海	2 621	1 697	760	-	1 861	1 697
连云港	6 442	6 175	267	-	6 175	6 175
盐　城	5 060	1 189	2 035	-	3 025	1 189
嘉　兴	56	-	-	-	56	-
宁波-舟山	10 830	6 077	4 286	-	6 544	6 077
#宁　波	2 338	1 606	570	-	1 768	1 606
舟　山	8 492	4 471	3 716	-	4 776	4 471
台　州	2	-	-	-	2	-
温　州	36	-	6	-	30	-
福　州	1 959	1 585	49	-	1 910	1 585
#原福州	1 955	1 585	49	-	1 906	1 585
宁　德	4	-	-	-	4	-
莆　田	1 177	941	48	-	1 129	941
泉　州	1 322	982	-	-	1 322	982
厦　门	3 482	1 750	50	-	3 432	1 750

5-20 （续表一）

单位：千吨

港口	总计	外贸	出港	外贸	进港	外贸
#原厦门	3 482	1 750	50	–	3 432	1 750
漳州	–	–	–	–	–	–
汕头	1 713	362	…	…	1 712	362
汕尾	–	–	–	–	–	–
惠州	2	–	–	–	2	–
深圳	15 402	4 699	6 491	–	8 911	4 699
#蛇口	6 552	1 206	2 943	–	3 609	1 206
赤湾	6 295	3 492	2 622	–	3 674	3 492
妈湾	2 554	–	926	–	1 628	–
东角头	–	–	–	–	–	–
盐田	–	–	–	–	–	–
下洞	–	–	–	–	–	–
虎门	11 484	4 746	3 131	…	8 353	4 746
#太平	38	38	–	–	38	38
麻涌	7 720	4 524	1 753	–	5 967	4 524
沙田	3 725	183	1 378	…	2 347	183
广州	22 243	11 452	7 462	27	14 781	11 425
中山	122	3	1	1	121	3
珠海	97	–	10	–	87	–
江门	1 160	–	39	–	1 121	–
阳江	1 266	1 066	8	–	1 258	1 066
茂名	1 444	–	–	–	1 444	–
湛江	2 541	1 892	10	–	2 531	1 892
#原湛江	2 541	1 892	10	–	2 531	1 892
海安	–	–	–	–	–	–
北部湾港	12 969	8 791	1 440	30	11 529	8 761
#北海	2 007	1 748	4	2	2 003	1 745
钦州	5 521	2 308	843	4	4 678	2 304
防城	5 441	4 736	594	24	4 847	4 712
海口	3 153	1	580	–	2 573	1
洋浦	85	–	–	–	85	–
八所	–	–	–	–	–	–
内河合计	**77 944**	**19 648**	**25 127**	**116**	**52 817**	**19 532**

5-20 （续表二）

单位：千吨

港口	总计	外贸	出港	外贸	进港	外贸
哈尔滨	–	–	–	–	–	–
佳木斯	–	–	–	–	–	–
上 海	796	–	348	–	448	–
南 京	2 555	956	1 285	–	1 271	956
镇 江	10 438	4 781	4 550	–	5 888	4 781
苏 州	7 460	4 111	2 098	12	5 363	4 099
#常 熟	–	–	–	–	–	–
太 仓	238	238	12	12	226	226
张家港	7 222	3 873	2 086	–	5 137	3 873
南 通	10 427	6 198	3 282	10	7 145	6 188
常 州	–	–	–	–	–	–
江 阴	1 256	158	539	19	718	139
扬 州	58	–	58	–	–	–
泰 州	17 893	3 071	7 353	2	10 540	3 070
徐 州	903	–	3	–	900	–
连云港	–	–	–	–	–	–
无 锡	1 918	–	488	–	1 430	–
宿 迁	452	–	196	–	256	–
淮 安	1 524	–	1 239	–	285	–
扬州内河	754	–	428	–	326	–
镇江内河	8	–	–	–	8	–
杭 州	290	–	68	–	222	–
嘉兴内河	1 162	–	214	–	948	–
湖 州	393	–	56	–	337	–
合 肥	1 271	–	927	–	343	–
亳 州	571	–	549	–	22	–
阜 阳	316	–	311	–	5	–
淮 南	90	–	85	–	5	–
滁 州	453	–	222	–	232	–
马鞍山	100	–	41	–	59	–
芜 湖	91	–	24	–	67	–
铜 陵	2	–	2	–	–	–
池 州	12	–	10	–	2	–
安 庆	101	27	49	–	52	27

5-20　（续表三）

单位：千吨

港　口	总计	外贸	出港	外贸	进港	外贸
南　昌	1 617	103	7	2	1 610	101
九　江	18	-	18	-	…	-
武　汉	551	-	61	-	490	-
黄　石	13	-	-	-	13	-
荆　州	238	-	40	-	197	-
宜　昌	68	2	4	-	63	2
长　沙	364	43	3	-	361	43
湘　潭	54	-	-	-	54	-
株　洲	49	-	-	-	49	-
岳　阳	817	2	-	-	817	2
番　禺	1 996	-	2	-	1 994	-
新　塘	-	-	-	-	-	-
五　和	16	-	-	-	16	-
中　山	52	11	…	-	52	11
佛　山	1 083	95	115	34	968	61
江　门	1 321	33	17	13	1 305	19
虎　门	2 081	-	5	-	2 076	-
肇　庆	1 067	50	65	21	1 002	30
惠　州	11	-	-	-	11	-
南　宁	334	-	1	-	333	-
柳　州	77	-	-	-	77	-
贵　港	2 910	…	318	…	2 592	-
梧　州	424	-	-	-	424	-
来　宾	48	-	-	-	48	-
重　庆	1 252	-	18	-	1 234	-
＃原重庆	41	-	-	-	41	-
涪　陵	4	-	1	-	4	-
万　州	36	-	-	-	36	-
重庆航管处	1 083	-	17	-	1 066	-
泸　州	37	7	5	3	32	4
宜　宾	1	-	-	-	1	-
乐　山	-	-	-	-	-	-
南　充	134	-	11	-	123	-
广　安	7	-	7	-	-	-
达　州	8	-	4	-	4	-

5-21 规模以上港口机械、设备、电器吞吐量

单位：千吨

港口	总计	外贸	出港	外贸	进港	外贸
总 计	**222 336**	**136 619**	**118 002**	**78 066**	**104 334**	**58 554**
沿海合计	**213 776**	**132 042**	**111 189**	**74 253**	**102 587**	**57 788**
丹 东	1 074	2	6	2	1 068	–
大 连	5 343	2 692	2 813	2 590	2 531	102
营 口	10 839	441	4 947	360	5 892	81
锦 州	4	1	2	1	2	…
秦皇岛	14	14	14	14	…	–
黄 骅	…	–	…	–	–	–
唐 山	245	222	222	222	23	–
#京 唐	241	222	222	222	20	–
曹妃甸	3	–	–	–	3	–
天 津	49 963	33 131	28 407	19 998	21 556	13 133
烟 台	303	294	296	289	7	5
#龙 口	24	22	21	21	4	2
威 海	11	4	11	4	…	…
青 岛	7 375	2 197	2 175	2 154	5 200	43
日 照	22	3	1	1	21	3
#石 臼	22	3	1	1	21	3
岚 山	…	…	…	…	–	–
上 海	75 063	64 309	39 378	33 825	35 686	30 483
连云港	2 789	2 642	2 588	2 450	201	192
盐 城	2 580	1 203	2 562	1 192	17	10
嘉 兴	3	–	3	–	…	–
宁波－舟山	255	20	68	10	187	9
#宁 波	19	5	10	2	10	3
舟 山	235	15	58	9	177	6
台 州	1 489	1 482	…	–	1 489	1 482
温 州	1	–	–	–	1	–
福 州	4	1	1	…	3	1
#原福州	4	1	1	…	3	1
宁 德	–	–	–	–	–	–
莆 田	31	…	2	–	29	…
泉 州	2	…	1	–	1	…
厦 门	106	99	83	82	23	17

5-21 （续表一）

单位：千吨

港口	总计	外贸	出港	外贸	进港	外贸
#原厦门	106	99	83	82	23	17
漳州	–	–	–	–	–	–
汕头	2 380	1 181	1 168	581	1 212	599
汕尾	7	–	–	–	7	–
惠州	10	–	1	–	9	–
深圳	63	10	27	2	36	9
#蛇口	…	…	–	–	…	…
赤湾	3	2	2	2	1	1
妈湾	60	8	25	–	35	8
东角头	–	–	–	–	–	–
盐田	–	–	–	–	–	–
下洞	–	–	–	–	–	–
虎门	1 357	176	659	20	698	156
#太平	75	75	5	5	70	70
麻涌	298	2	298	2	–	–
沙田	984	99	357	13	628	86
广州	39 181	18 376	17 931	7 513	21 250	10 862
中山	978	918	855	802	122	116
珠海	711	156	647	98	64	58
江门	76	31	39	21	37	10
阳江	–	–	–	–	–	–
茂名	4	2	2	1	2	1
湛江	138	2	–	–	138	2
#原湛江	138	2	–	–	138	2
海安	…	–	–	–	…	–
北部湾港	2 416	2 253	1 950	1 932	466	321
#北海	54	49	29	28	25	21
钦州	267	123	81	66	186	57
防城	2 095	2 081	1 840	1 838	255	243
海口	8 935	182	4 330	89	4 605	93
洋浦	3	…	1	–	2	…
八所	1	–	…	–	1	–
内河合计	**8 560**	**4 578**	**6 813**	**3 812**	**1 747**	**766**

5-21 （续表二）

单位：千吨

港口	总计	外贸	出港	外贸	进港	外贸
哈尔滨	-	-	-	-	-	-
佳木斯	5	5	5	5	-	-
上 海	35	-	34	-	1	-
南 京	1 085	47	1 068	40	17	6
镇 江	3	…	3	…	…	-
苏 州	2 007	1 647	1 877	1 632	130	15
＃常　熟	207	172	191	169	16	3
太　仓	1 472	1 285	1 430	1 280	42	5
张家港	328	190	257	183	72	7
南 通	176	77	130	70	46	8
常 州	32	7	30	6	2	2
江 阴	372	133	269	99	103	34
扬 州	57	37	41	28	16	9
泰 州	112	20	96	7	16	13
徐 州	-	-	-	-	-	-
连云港	-	-	-	-	-	-
无 锡	-	-	-	-	-	-
宿 迁	-	-	-	-	-	-
淮 安	124	-	91	-	33	-
扬州内河	-	-	-	-	-	-
镇江内河	-	-	-	-	-	-
杭 州	29	-	20	-	9	-
嘉兴内河	-	-	-	-	-	-
湖 州	1	-	-	-	1	-
合 肥	315	107	302	107	13	-
亳 州	-	-	-	-	-	-
阜 阳	-	-	-	-	-	-
淮 南	-	-	-	-	-	-
滁 州	-	-	-	-	-	-
马鞍山	3	2	2	2	…	-
芜 湖	…	-	-	-	…	-
铜 陵	2	-	-	-	2	-
池 州	-	-	-	-	-	-
安 庆	9	9	4	4	5	5

5-21 （续表三）

单位：千吨

港口	总计	外贸	出港	外贸	进港	外贸
南 昌	140	121	88	87	52	34
九 江	1	–	…	–	…	–
武 汉	208	–	155	–	53	–
黄 石	18	17	15	15	3	2
荆 州	2	–	1	–	…	–
宜 昌	60	11	32	9	28	1
长 沙	209	158	102	102	107	56
湘 潭	–	–	–	–	–	–
株 洲	1	–	1	–	–	–
岳 阳	5	–	4	–	1	–
番 禺	4	–	1	–	2	–
新 塘	13	13	–	–	13	13
五 和	58	58	–	–	58	58
中 山	960	430	793	410	166	20
佛 山	1 331	1 072	1 019	799	312	273
江 门	494	431	299	263	195	168
虎 门	19	8	8	…	10	8
肇 庆	76	66	69	64	6	2
惠 州	–	–	–	–	–	–
南 宁	…	–	…	–	…	–
柳 州	–	–	–	–	–	–
贵 港	14	2	1	…	13	1
梧 州	12	–	–	–	12	–
来 宾	–	–	–	–	–	–
重 庆	83	–	24	–	59	–
#原重庆	54	–	18	–	36	–
涪 陵	…	–	…	–	…	–
万 州	–	–	–	–	–	–
重庆航管处	17	–	6	–	11	–
泸 州	445	100	187	63	258	36
宜 宾	23	–	23	–	–	–
乐 山	17	–	17	–	1	–
南 充	…	–	…	–	…	–
广 安	–	–	–	–	–	–
达 州	–	–	–	–	–	–

5-22　规模以上港口化工原料及制品吞吐量

单位：千吨

港口	总计	外贸	出港	外贸	进港	外贸
总　计	244 008	89 192	96 617	19 668	147 391	69 523
沿海合计	142 917	58 043	56 517	13 162	86 400	44 881
丹　东	208	–	–	–	208	–
大　连	15 349	3 576	9 273	102	6 076	3 474
营　口	586	43	260	1	325	42
锦　州	759	335	695	305	65	30
秦皇岛	210	68	18	6	192	62
黄　骅	–	–	–	–	–	–
唐　山	626	128	552	84	75	44
#京唐	424	108	349	64	75	44
曹妃甸	202	20	202	20	–	–
天　津	25 529	15 424	13 142	7 356	12 388	8 068
烟　台	2 124	842	1 221	276	903	567
#龙口	1 274	807	639	266	635	542
威　海	–	–	–	–	–	–
青　岛	2 071	1 415	1 304	678	767	737
日　照	1 281	829	486	209	795	620
#石臼	–	–	–	–	–	–
岚山	1 281	829	486	209	795	620
上　海	11 631	2 164	5 536	337	6 094	1 827
连云港	2 453	1 193	1 100	559	1 353	634
盐　城	1 546	286	945	256	602	31
嘉　兴	6 854	2 471	790	232	6 064	2 239
宁波–舟山	16 575	9 635	3 263	224	13 312	9 411
#宁波	14 329	9 096	1 982	224	12 347	8 872
舟山	2 246	540	1 280	–	966	540
台　州	114	–	10	–	104	–
温　州	712	151	–	–	712	151
福　州	1 154	182	6	–	1 149	182
#原福州	1 154	182	6	–	1 149	182
宁德	–	–	–	–	–	–
莆　田	33	–	–	–	33	–
泉　州	4 074	573	2 083	–	1 992	573
厦　门	2 515	675	805	…	1 710	675

5-22 （续表一）

单位：千吨

港　口	总计	总计·外贸	出港	出港·外贸	进港	进港·外贸
#原厦门	708	347	41	…	668	346
漳　州	1 807	328	765	–	1 042	328
汕　头	2 571	169	151	11	2 420	158
汕　尾	–	–	–	–	–	–
惠　州	3 894	297	3 018	51	876	246
深　圳	33	33	–	–	33	33
#蛇　口	–	–	–	–	–	–
赤　湾	–	–	–	–	–	–
妈　湾	33	33	–	–	33	33
东角头	–	–	–	–	–	–
盐　田	–	–	–	–	–	–
下　洞	–	–	–	–	–	–
虎　门	10 749	2 996	2 580	42	8 169	2 955
#太　平	77	76	5	5	72	71
麻　涌	17	–	–	–	17	–
沙　田	10 654	2 920	2 574	36	8 080	2 884
广　州	6 772	4 162	1 275	739	5 497	3 423
中　山	848	528	181	157	667	371
珠　海	3 575	1 430	920	63	2 655	1 367
江　门	230	39	41	13	190	26
阳　江	803	9	1	–	803	9
茂　名	394	59	217	32	177	27
湛　江	1 556	1 455	29	11	1 527	1 444
#原湛江	1 554	1 455	29	11	1 525	1 444
海　安	2	–	–	–	2	–
北部湾港	8 080	6 416	2 105	1 409	5 975	5 007
#北　海	632	587	149	114	483	473
钦　州	1 732	380	723	231	1 009	149
防　城	5 716	5 449	1 233	1 064	4 483	4 385
海　口	1 495	19	645	5	850	14
洋　浦	4 027	436	2 460	–	1 566	436
八　所	1 484	5	1 407	5	78	–
内河合计	**101 091**	**31 149**	**40 100**	**6 506**	**60 991**	**24 643**

5-22 （续表二）

单位：千吨

港口	总计	外贸	出港	外贸	进港	外贸
哈尔滨	-	-	-	-	-	-
佳木斯	-	-	-	-	-	-
上 海	100	-	19	-	80	-
南 京	12 874	2 629	5 558	958	7 316	1 672
镇 江	3 798	1 220	1 220	141	2 579	1 079
苏 州	20 605	13 736	6 385	2 271	14 220	11 465
#常 熟	2 617	1 402	642	199	1 975	1 203
太 仓	6 178	4 836	2 690	1 519	3 489	3 318
张家港	11 810	7 498	3 054	554	8 756	6 944
南 通	3 157	1 642	1 053	192	2 104	1 450
常 州	1 451	806	153	3	1 298	803
江 阴	10 566	5 120	2 313	323	8 253	4 797
扬 州	818	437	205	4	613	433
泰 州	9 421	2 461	4 230	798	5 191	1 663
徐 州	3	-	1	-	1	-
连云港	-	-	-	-	-	-
无 锡	1 750	-	5	-	1 745	-
宿 迁	345	-	314	-	31	-
淮 安	3 256	-	3 059	-	198	-
扬州内河	157	-	154	-	3	-
镇江内河	39	-	31	-	8	-
杭 州	585	-	37	-	548	-
嘉兴内河	3 247	-	606	-	2 641	-
湖 州	920	-	46	-	874	-
合 肥	560	12	433	-	126	12
亳 州	89	-	89	-	-	-
阜 阳	123	-	111	-	11	-
淮 南	41	-	41	-	-	-
滁 州	168	-	3	-	166	-
马鞍山	159	-	47	-	112	-
芜 湖	993	-	933	-	61	-
铜 陵	1 670	-	1 577	-	93	-
池 州	1 051	-	767	-	285	-
安 庆	1 006	17	393	13	613	4

5-22 （续表三）

单位：千吨

港　口	总计	外贸	出港	外贸	进港	外贸
南　昌	246	7	28	5	218	2
九　江	387	-	212	-	175	-
武　汉	642	-	280	-	363	-
黄　石	464	28	462	27	1	1
荆　州	623	-	10	-	613	-
宜　昌	1 034	133	273	129	761	5
长　沙	305	196	156	156	149	40
湘　潭	-	-	-	-	-	-
株　洲	259	-	120	-	139	-
岳　阳	368	-	40	-	328	-
番　禺	-	-	-	-	-	-
新　塘	2 180	-	115	-	2 065	-
五　和	-	-	-	-	-	-
中　山	346	96	21	13	325	83
佛　山	1 998	1 902	1 222	1 201	776	700
江　门	1 807	452	362	187	1 445	265
虎　门	495	19	44	…	451	19
肇　庆	166	126	32	19	135	107
惠　州	-	-	-	-	-	-
南　宁	135	-	85	-	50	-
柳　州	5	-	5	-	-	-
贵　港	498	2	337	1	160	1
梧　州	852	-	625	-	227	-
来　宾	25	-	25	-	-	-
重　庆	5 808	-	3 510	-	2 298	-
#原重庆	344	-	47	-	297	-
涪　陵	218	-	168	-	50	-
万　州	929	-	929	-	-	-
重庆航管处	2 573	-	1 165	-	1 408	-
泸　州	1 015	107	834	63	182	44
宜　宾	2 303	-	1 349	-	955	-
乐　山	177	-	170	-	8	-
南　充	-	-	-	-	-	-
广　安	-	-	-	-	-	-
达　州	-	-	-	-	-	-

5-23 规模以上港口有色金属吞吐量

单位：千吨

港口	总计	外贸	出港	外贸	进港	外贸
总　计	16 525	11 223	7 216	3 911	9 308	7 313
沿海合计	13 403	8 507	5 192	2 188	8 211	6 320
丹　东	71	…	68	-	3	…
大　连	198	86	1	1	197	85
营　口	11	11	-	-	11	11
锦　州	342	-	-	-	342	-
秦皇岛	-	-	-	-	-	-
黄　骅	-	-	-	-	-	-
唐　山	-	-	-	-	-	-
#京　唐	-	-	-	-	-	-
曹妃甸	-	-	-	-	-	-
天　津	4 858	4 554	1 814	1 625	3 043	2 929
烟　台	2	2	2	2	-	-
#龙　口	2	2	2	2	-	-
威　海	-	-	-	-	-	-
青　岛	-	-	-	-	-	-
日　照	108	108	-	-	108	108
#石　臼	108	108	-	-	108	108
岚　山	-	-	-	-	-	-
上　海	455	197	1	…	455	197
连云港	3 843	2 973	1 213	371	2 630	2 602
盐　城	-	-	-	-	-	-
嘉　兴	-	-	-	-	-	-
宁波-舟山	160	40	-	-	160	40
#宁　波	160	40	-	-	160	40
舟　山	-	-	-	-	-	-
台　州	-	-	-	-	-	-
温　州	-	-	-	-	-	-
福　州	159	16	-	-	159	16
#原福州	114	-	-	-	114	-
宁　德	46	16	-	-	46	16
莆　田	5	-	-	-	5	-
泉　州	-	-	-	-	-	-
厦　门	11	11	-	-	11	11

5-23 （续表一）

单位：千吨

港口	总计	外贸	出港	外贸	进港	外贸
#原厦门	11	11	–	–	11	11
漳　州	–	–	–	–	–	–
汕　头	1	…	…	–	1	…
汕　尾	–	–	–	–	–	–
惠　州	–	–	–	–	–	–
深　圳	30	30	–	–	30	30
#蛇　口	30	30	–	–	30	30
赤　湾	–	–	–	–	–	–
妈　湾	–	–	–	–	–	–
东角头	–	–	–	–	–	–
盐　田	–	–	–	–	–	–
下　洞	–	–	–	–	–	–
虎　门	254	15	106	1	149	15
#太　平	1	1	…	…	1	1
麻　涌	–	–	–	–	–	–
沙　田	254	14	106	…	148	14
广　州	808	288	154	133	654	156
中　山	19	19	10	9	9	9
珠　海	–	–	–	–	–	–
江　门	23	1	7	–	16	1
阳　江	–	–	–	–	–	–
茂　名	–	–	–	–	–	–
湛　江	–	–	–	–	–	–
#原湛江	–	–	–	–	–	–
海　安	–	–	–	–	–	–
北部湾港	2 042	156	1 817	46	225	110
#北　海	56	9	…	…	56	9
钦　州	1 836	88	1 685	6	151	83
防　城	150	59	131	41	19	18
海　口	2	–	…	–	1	–
洋　浦	–	–	–	–	–	–
八　所	–	–	–	–	–	–
内河合计	**3 122**	**2 716**	**2 025**	**1 723**	**1 097**	**993**

5-23 （续表二）

单位：千吨

港口	总计	外贸	出港	外贸	进港	外贸
哈尔滨	-	-	-	-	-	-
佳木斯	-	-	-	-	-	-
上　海	1	-	1	-	-	-
南　京	-	-	-	-	-	-
镇　江	-	-	-	-	-	-
苏　州	4	-	1	-	3	-
#常　熟	3	-	-	-	3	-
太　仓	1	-	1	-	-	-
张家港	-	-	-	-	-	-
南　通	-	-	-	-	-	-
常　州	2	2	-	-	2	2
江　阴	53	5	24	3	29	2
扬　州	-	-	-	-	-	-
泰　州	20	4	5	…	14	4
徐　州	-	-	-	-	-	-
连云港	-	-	-	-	-	-
无　锡	-	-	-	-	-	-
宿　迁	2	-	-	-	2	-
淮　安	-	-	-	-	-	-
扬州内河	-	-	-	-	-	-
镇江内河	-	-	-	-	-	-
杭　州	-	-	-	-	-	-
嘉兴内河	1	-	1	-	…	-
湖　州	-	-	-	-	-	-
合　肥	-	-	-	-	-	-
亳　州	-	-	-	-	-	-
阜　阳	-	-	-	-	-	-
淮　南	-	-	-	-	-	-
滁　州	-	-	-	-	-	-
马鞍山	-	-	-	-	-	-
芜　湖	-	-	-	-	-	-
铜　陵	12	10	12	10	-	-
池　州	-	-	-	-	-	-
安　庆	2	2	-	-	2	2

5-23 （续表三）

单位：千吨

港口	总计	外贸	出港	外贸	进港	外贸
南　昌	-	-	-	-	-	-
九　江	15	-	15	-	-	-
武　汉	-	-	-	-	-	-
黄　石	264	29	239	4	25	25
荆　州	1	-	-	-	1	-
宜　昌	5	3	4	3	1	…
长　沙	61	26	13	13	48	14
湘　潭	-	-	-	-	-	-
株　洲	1	-	1	-	-	-
岳　阳	-	-	-	-	-	-
番　禺	-	-	-	-	-	-
新　塘	-	-	-	-	-	-
五　和	-	-	-	-	-	-
中　山	2	1	…	…	1	…
佛　山	2 401	2 395	1 658	1 652	744	743
江　门	11	4	3	3	8	1
虎　门	2	2	2	2	…	…
肇　庆	239	232	40	33	199	199
惠　州	-	-	-	-	-	-
南　宁	-	-	-	-	-	-
柳　州	-	-	-	-	-	-
贵　港	23	…	7	-	16	…
梧　州	-	-	-	-	-	-
来　宾	-	-	-	-	-	-
重　庆	-	-	-	-	-	-
#原重庆	-	-	-	-	-	-
涪　陵	-	-	-	-	-	-
万　州	-	-	-	-	-	-
重庆航管处	-	-	-	-	-	-
泸　州	…	-	-	-	…	-
宜　宾	-	-	-	-	-	-
乐　山	-	-	-	-	-	-
南　充	-	-	-	-	-	-
广　安	-	-	-	-	-	-
达　州	-	-	-	-	-	-

5-24 规模以上港口轻工、医药产品吞吐量

单位：千吨

港口	总计	外贸	出港	外贸	进港	外贸
总 计	**116 278**	**52 231**	**57 554**	**25 645**	**58 724**	**26 585**
沿海合计	**97 458**	**43 741**	**49 047**	**22 613**	**48 411**	**21 128**
丹 东	783	597	184	184	599	413
大 连	34	24	4	4	29	20
营 口	1 300	765	172	–	1 128	765
锦 州	254	254	–	–	254	254
秦皇岛	–	–	–	–	–	–
黄 骅	–	–	–	–	–	–
唐 山	143	143	–	–	143	143
#京 唐	–	–	–	–	–	–
曹妃甸	143	143	–	–	143	143
天 津	46 766	26 161	27 526	18 127	19 240	8 035
烟 台	156	153	–	–	156	153
#龙 口	4	–	–	–	4	–
威 海	–	–	–	–	–	–
青 岛	3 035	2 835	141	5	2 894	2 830
日 照	936	923	9	–	927	923
#石 臼	936	923	9	–	927	923
岚 山	–	–	–	–	–	–
上 海	1 118	415	360	4	759	411
连云港	758	604	65	–	692	604
盐 城	–	–	–	–	–	–
嘉 兴	10 042	4 413	3 462	1 814	6 580	2 599
宁波－舟山	683	212	35	–	649	212
#宁 波	626	212	27	–	599	212
舟 山	57	–	8	–	50	–
台 州	17	–	1	–	16	–
温 州	25	–	5	–	20	–
福 州	55	–	–	–	55	–
#原福州	55	–	–	–	55	–
宁 德	–	–	–	–	–	–
莆 田	14	…	–	–	14	…
泉 州	99	34	–	–	99	34
厦 门	349	326	6	1	343	325

5-24 （续表一）

单位：千吨

港口	总计	外贸	出港	外贸	进港	外贸
#原厦门	349	326	6	1	343	325
漳州	-	-	-	-	-	-
汕头	2 332	319	1 664	290	668	29
汕尾	-	-	-	-	-	-
惠州	-	-	-	-	-	-
深圳	-	-	-	-	-	-
#蛇口	-	-	-	-	-	-
赤湾	-	-	-	-	-	-
妈湾	-	-	-	-	-	-
东角头	-	-	-	-	-	-
盐田	-	-	-	-	-	-
下洞	-	-	-	-	-	-
虎门	10 778	496	4 931	135	5 847	361
#太平	76	76	5	5	71	71
麻涌	41	-	10	-	31	-
沙田	10 661	420	4 916	130	5 746	290
广州	5 507	2 205	2 716	868	2 792	1 337
中山	1 305	1 109	953	789	353	320
珠海	321	227	85	9	235	217
江门	342	255	217	164	124	92
阳江	-	-	-	-	-	-
茂名	-	-	-	-	-	-
湛江	701	545	149	-	551	545
#原湛江	658	545	106	-	551	545
海安	43	-	43	-	-	-
北部湾港	5 610	703	4 094	203	1 516	500
#北海	206	59	136	6	70	53
钦州	4 723	321	3 587	129	1 136	192
防城	681	323	371	68	310	255
海口	2 309	20	902	16	1 406	4
洋浦	1 686	-	1 365	-	321	-
八所	-	-	-	-	-	-
内河合计	18 820	8 490	8 508	3 032	10 312	5 458

5-24 （续表二）

单位：千吨

港 口	总计	外贸	出港	外贸	进港	外贸
哈尔滨	-	-	-	-	-	-
佳木斯	-	-	-	-	-	-
上 海	9	-	-	-	9	-
南 京	30	-	-	-	30	-
镇 江	1 317	605	129	-	1 188	605
苏 州	5 534	3 529	1 905	9	3 629	3 520
＃常 熟	5 510	3 528	1 901	9	3 609	3 518
太 仓	23	2	4	-	20	2
张家港	-	-	-	-	-	-
南 通	70	1	48	…	22	1
常 州	9	-	3	-	6	-
江 阴	1 029	41	442	21	587	20
扬 州	…	-	-	-	…	-
泰 州	474	347	388	337	86	10
徐 州	-	-	-	-	-	-
连云港	-	-	-	-	-	-
无 锡	2	-	-	-	2	-
宿 迁	13	-	-	-	13	-
淮 安	303	-	23	-	280	-
扬州内河	-	-	-	-	-	-
镇江内河	-	-	-	-	-	-
杭 州	259	-	47	-	212	-
嘉兴内河	189	-	61	-	128	-
湖 州	33	-	3	-	30	-
合 肥	548	2	38	1	510	1
亳 州	-	-	-	-	-	-
阜 阳	-	-	-	-	-	-
淮 南	-	-	-	-	-	-
滁 州	-	-	-	-	-	-
马鞍山	14	-	14	-	-	-
芜 湖	-	-	-	-	-	-
铜 陵	-	-	-	-	-	-
池 州	2	-	-	-	2	-
安 庆	231	82	73	70	158	13

5-24 （续表三）

单位：千吨

港口	总计	外贸	出港	外贸	进港	外贸
南昌	202	17	55	12	147	5
九江	270	–	8	–	263	–
武汉	287	–	138	–	148	–
黄石	12	4	9	2	3	2
荆州	216	–	137	–	79	–
宜昌	299	187	210	183	89	4
长沙	184	135	91	91	93	45
湘潭	–	–	–	–	–	–
株洲	–	–	–	–	–	–
岳阳	20	–	15	–	5	–
番禺	78	–	–	–	78	–
新塘	130	48	20	20	110	28
五和	92	92	92	92	–	–
中山	1 340	607	1 063	572	277	35
佛山	1 336	1 024	894	705	441	320
江门	1 731	1 386	986	751	744	635
虎门	380	9	295	…	85	9
肇庆	413	288	156	88	257	201
惠州	3	3	–	–	3	3
南宁	430	–	422	–	8	–
柳州	–	–	–	–	–	–
贵港	238	1	180	…	58	…
梧州	73	72	73	72	–	–
来宾	355	–	355	–	–	–
重庆	429	–	107	–	322	–
#原重庆	284	–	45	–	239	–
涪陵	78	–	41	–	37	–
万州	–	–	–	–	–	–
重庆航管处	51	–	21	–	30	–
泸州	221	10	23	8	198	2
宜宾	12	–	6	–	6	–
乐山	–	–	–	–	–	–
南充	2	–	–	–	2	–
广安	–	–	–	–	–	–
达州	–	–	–	–	–	–

5-25 规模以上港口农、林、牧、渔业产品吞吐量

单位：千吨

港　口	总计	外贸	出港	外贸	进港	外贸
总　计	54 663	23 910	17 511	3 649	37 152	20 261
沿海合计	39 384	20 510	11 391	3 423	27 994	17 087
丹　东	3 024	7	2	2	3 021	4
大　连	830	578	39	32	791	546
营　口	816	548	111	1	704	547
锦　州	14	14	14	14	-	-
秦皇岛	277	236	172	152	105	84
黄　骅	9	9	-	-	9	9
唐　山	5	5	-	-	5	5
#京　唐	5	5	-	-	5	5
曹妃甸	-	-	-	-	-	-
天　津	10 204	5 220	4 009	1 877	6 195	3 343
烟　台	289	263	24	-	265	263
#龙　口	10	-	10	-	-	-
威　海	…	…	-	-	…	…
青　岛	502	499	9	9	493	490
日　照	214	182	23	-	191	182
#石　臼	166	141	23	-	143	141
岚　山	48	41	-	-	48	41
上　海	1 451	650	274	…	1 177	650
连云港	627	593	214	203	413	390
盐　城	155	-	155	-	-	-
嘉　兴	356	356	…	…	356	356
宁波-舟山	881	603	221	4	659	599
#宁　波	109	93	15	4	94	89
舟　山	772	510	206	-	565	510
台　州	15	15	-	-	15	15
温　州	1	-	-	-	1	-
福　州	526	436	88	3	438	433
#原福州	525	436	87	3	438	433
宁　德	1	-	1	-	-	-
莆　田	225	25	83	-	142	25
泉　州	114	62	18	-	95	62
厦　门	1 257	1 133	118	1	1 140	1 132

5-25 （续表一）

单位：千吨

港 口	总计	外贸	出港	外贸	进港	外贸
#原厦门	1 217	1 092	117	…	1 100	1 092
漳 州	41	41	1	1	40	40
汕 头	17	…	4	…	13	…
汕 尾	126	126	–	–	126	126
惠 州	–	–	–	–	–	–
深 圳	1 128	622	457	–	671	622
#蛇 口	6	2	–	–	6	2
赤 湾	1 123	620	457	–	666	620
妈 湾	–	–	–	–	–	–
东角头	–	–	–	–	–	–
盐 田	–	–	–	–	–	–
下 洞	–	–	–	–	–	–
虎 门	1 863	1 196	469	7	1 394	1 189
#太 平	–	–	–	–	–	–
麻 涌	1 507	1 168	339	6	1 168	1 161
沙 田	356	28	130	…	227	28
广 州	2 678	2 242	291	26	2 387	2 216
中 山	15	10	2	2	13	8
珠 海	32	2	20	2	12	–
江 门	53	–	37	–	16	–
阳 江	139	105	10	–	129	105
茂 名	–	–	–	–	–	–
湛 江	815	799	17	–	799	799
#原湛江	815	799	17	–	799	799
海 安	–	–	–	–	–	–
北部湾港	5 603	3 427	2 496	903	3 107	2 524
#北 海	261	162	150	55	111	107
钦 州	874	327	251	7	624	320
防 城	4 467	2 938	2 095	841	2 373	2 096
海 口	5 094	546	2 012	185	3 082	361
洋 浦	26	–	–	–	26	–
八 所	1	–	1	–	…	–
内河合计	15 279	3 400	6 121	226	9 158	3 174

5-25 （续表二）

单位：千吨

港 口	总计	外贸	出港	外贸	进港	外贸
哈尔滨	-	-	-	-	-	-
佳木斯	-	-	-	-	-	-
上 海	6	-	1	-	5	-
南 京	163	76	65	-	98	76
镇 江	736	241	414	-	322	241
苏 州	5 576	1 492	3 084	25	2 492	1 467
#常 熟	-	-	-	-	-	-
太 仓	-	-	-	-	-	-
张家港	5 576	1 492	3 084	25	2 492	1 467
南 通	1 126	616	464	24	662	592
常 州	-	-	-	-	-	-
江 阴	416	43	229	20	186	23
扬 州	-	-	-	-	-	-
泰 州	804	525	241	-	563	525
徐 州	-	-	-	-	-	-
连云港	-	-	-	-	-	-
无 锡	-	-	-	-	-	-
宿 迁	60	-	-	-	60	-
淮 安	79	-	-	-	79	-
扬州内河	-	-	-	-	-	-
镇江内河	1	-	-	-	1	-
杭 州	-	-	-	-	-	-
嘉兴内河	65	-	35	-	30	-
湖 州	42	-	10	-	31	-
合 肥	…	-	-	-	…	-
亳 州	-	-	-	-	-	-
阜 阳	13	-	-	-	13	-
淮 南	-	-	-	-	-	-
滁 州	-	-	-	-	-	-
马鞍山	-	-	-	-	-	-
芜 湖	6	-	3	-	2	-
铜 陵	-	-	-	-	-	-
池 州	2	-	-	-	2	-
安 庆	28	27	3	2	25	25

5-25 （续表三）

单位：千吨

港口	总计	外贸	出港	外贸	进港	外贸
南 昌	1 499	3	8	–	1 491	3
九 江	848	–	306	–	542	–
武 汉	455	–	3	–	451	–
黄 石	1	…	…	…	1	–
荆 州	207	–	3	–	204	–
宜 昌	23	2	…	…	23	2
长 沙	347	65	45	45	303	20
湘 潭	–	–	–	–	–	–
株 洲	–	–	–	–	–	–
岳 阳	95	–	32	–	63	–
番 禺	49	–	49	–	–	–
新 塘	–	–	–	–	–	–
五 和	30	30	–	–	30	30
中 山	34	14	16	…	18	14
佛 山	272	170	153	68	119	102
江 门	132	15	10	7	122	8
虎 门	139	–	138	–	1	–
肇 庆	80	38	48	32	32	7
惠 州	–	–	–	–	–	–
南 宁	328	–	89	–	238	–
柳 州	–	–	–	–	–	–
贵 港	20	…	2	…	18	…
梧 州	72	–	72	–	–	–
来 宾	–	–	–	–	–	–
重 庆	397	–	54	–	343	–
#原重庆	266	–	–	–	266	–
涪 陵	–	–	–	–	–	–
万 州	–	–	–	–	–	–
重庆航管处	112	–	52	–	60	–
泸 州	1 117	45	535	3	582	42
宜 宾	–	–	–	–	–	–
乐 山	2	–	2	–	–	–
南 充	–	–	–	–	–	–
广 安	–	–	–	–	–	–
达 州	11	–	5	–	5	–

5-26 规模以上港口其他吞吐量

单位：千吨

港口	总计	外贸	出港	外贸	进港	外贸
总　计	2 830 622	1 077 652	1 503 495	622 897	1 327 127	454 755
沿海合计	2 504 370	982 600	1 330 068	571 090	1 174 303	411 510
丹　东	49 839	1 118	23 196	804	26 642	314
大　连	267 525	61 518	137 203	32 366	130 322	29 152
营　口	164 875	2 112	84 440	1 311	80 435	801
锦　州	52 441	183	48 421	87	4 020	96
秦皇岛	6 278	2 569	4 442	1 913	1 836	656
黄　骅	6 379	5	4 854	…	1 525	4
唐　山	23 386	420	15 384	43	8 002	377
#京　唐	17 918	420	10 906	43	7 012	377
曹妃甸	5 468	-	4 478	-	990	-
天　津	21 170	11 254	7 178	2 336	13 992	8 918
烟　台	112 101	6 494	53 520	4 704	58 581	1 790
#龙　口	9 637	912	5 988	831	3 649	81
威　海	31 476	18 465	17 543	10 155	13 933	8 310
青　岛	202 507	124 890	110 376	79 020	92 131	45 870
日　照	58 138	3 009	31 132	1 547	27 006	1 461
#石臼	57 506	2 388	30 894	1 318	26 612	1 070
岚　山	632	621	238	229	394	391
上　海	304 391	233 760	163 147	130 000	141 244	103 760
连云港	54 892	16 587	29 208	10 223	25 684	6 364
盐　城	1 353	724	732	335	622	390
嘉　兴	3 748	790	1 818	343	1 930	447
宁波-舟山	245 254	174 865	139 771	109 828	105 483	65 037
#宁　波	213 867	169 319	125 923	106 934	87 944	62 385
舟　山	31 387	5 546	13 849	2 894	17 538	2 652
台　州	13 455	704	6 133	120	7 322	584
温　州	20 554	1 166	8 835	617	11 719	549
福　州	37 605	13 955	17 829	9 632	19 776	4 322
#原福州	33 703	13 946	17 082	9 632	16 621	4 313
宁　德	3 901	9	747	-	3 155	9
莆　田	263	107	115	49	148	58
泉　州	39 508	849	18 109	271	21 399	579
厦　门	108 261	63 247	58 265	36 426	49 996	26 822

5-26 （续表一）

单位：千吨

港口	总计	外贸	出港	外贸	进港	外贸
#原厦门	108 186	63 173	58 216	36 377	49 970	26 796
漳　州	75	75	49	49	26	26
汕　头	6 195	1 668	1 308	1 235	4 887	434
汕　尾	39	39	6	6	33	33
惠　州	3 116	43	2 492	14	625	29
深　圳	180 124	169 146	103 620	100 375	76 504	68 770
#蛇　口	52 241	47 960	28 169	27 073	24 072	20 888
赤　湾	47 341	47 338	25 108	25 106	22 233	22 232
妈　湾	36	1	16	–	20	1
东角头	–	–	–	–	–	–
盐　田	67 396	65 968	44 430	44 086	22 965	21 883
下　洞	–	–	–	–	–	–
虎　门	8 465	1 134	3 430	249	5 035	886
#太　平	66	53	30	17	36	36
麻　涌	1 960	119	374	–	1 586	119
沙　田	6 439	962	3 026	232	3 413	730
广　州	262 025	59 302	128 053	29 837	133 971	29 465
中　山	4 131	1 864	1 410	1 010	2 721	854
珠　海	19 213	4 702	10 333	3 030	8 880	1 672
江　门	5 856	1 157	2 604	613	3 252	544
阳　江	74	–	29	–	45	–
茂　名	3 512	436	1 322	142	2 189	294
湛　江	125 052	2 097	63 925	1 223	61 127	873
#原湛江	9 055	2 096	4 907	1 223	4 149	873
海　安	115 997	1	59 019	1	56 978	…
北部湾港	6 616	1 490	3 585	822	3 031	668
#北　海	1 318	33	823	17	495	15
钦　州	2 901	210	1 526	101	1 375	109
防　城	2 397	1 247	1 237	704	1 161	544
海　口	51 125	247	24 039	125	27 086	122
洋　浦	3 334	481	2 169	276	1 165	205
八　所	95	2	92	1	3	…
内河合计	**326 252**	**95 053**	**173 428**	**51 807**	**152 824**	**43 245**

5-26 （续表二）

单位：千吨

港口	总计	外贸	出港	外贸	进港	外贸
哈尔滨	–	–	–	–	–	–
佳木斯	157	154	96	96	61	58
上　海	3 814	–	3 054	–	761	–
南　京	27 480	8 170	14 128	5 794	13 352	2 377
镇　江	6 746	2 510	4 775	1 781	1 971	729
苏　州	99 296	32 753	47 069	16 661	52 227	16 092
#常　熟	4 653	3 552	1 547	952	3 107	2 601
太　仓	61 159	16 399	28 956	8 031	32 203	8 368
张家港	33 484	12 802	16 567	7 678	16 917	5 124
南　通	17 023	3 596	9 200	2 093	7 823	1 504
常　州	3 090	1 877	1 874	1 476	1 215	401
江　阴	1 037	172	513	87	523	85
扬　州	7 859	1 707	4 191	1 232	3 667	476
泰　州	2 227	441	1 629	225	598	216
徐　州	37	–	31	–	7	–
连云港	–	–	–	–	–	–
无　锡	1 593	242	242	193	1 351	48
宿　迁	387	–	56	–	331	–
淮　安	566	–	323	–	242	–
扬州内河	25	–	–	–	25	–
镇江内河	1	–	–	–	1	–
杭　州	14 190	–	13 243	–	947	–
嘉兴内河	3 403	761	906	76	2 497	685
湖　州	4 440	1 075	963	399	3 477	677
合　肥	521	44	189	42	332	3
亳　州	29	–	20	–	9	–
阜　阳	–	–	–	–	–	–
淮　南	7	–	6	–	1	–
滁　州	7	–	3	–	4	–
马鞍山	2 299	1 107	832	–	1 467	1 107
芜　湖	4 343	2 208	2 275	1 463	2 068	745
铜　陵	5 767	250	4 418	71	1 349	179
池　州	148	–	98	–	50	–
安　庆	163	32	37	6	127	26

5-26 （续表三）

单位：千吨

港口	总计	外贸	出港	外贸	进港	外贸
南昌	666	434	427	359	238	75
九江	5 852	2 785	2 713	1 611	3 139	1 174
武汉	20 140	8 396	10 948	4 819	9 192	3 576
黄石	61	31	29	14	32	17
荆州	1 393	425	825	275	568	150
宜昌	326	135	169	74	157	61
长沙	492	244	131	131	361	113
湘潭	–	–	–	–	–	–
株洲	20	–	6	–	14	–
岳阳	3 106	2 591	1 561	1 367	1 545	1 224
番禺	157	–	157	–	–	–
新塘	590	156	421	…	169	156
五和	1 587	597	601	156	987	441
中山	1 272	761	608	378	665	383
佛山	19 990	11 909	10 506	6 287	9 485	5 623
江门	1 897	1 447	917	711	980	736
虎门	3 510	14	613	7	2 897	7
肇庆	4 674	1 702	1 358	688	3 316	1 014
惠州	3 556	–	2 462	–	1 093	–
南宁	99	–	83	–	16	–
柳州	…	–	…	–	…	–
贵港	1 152	48	394	22	758	26
梧州	6 009	1 097	4 309	301	1 700	796
来宾	1 922	–	1 872	–	50	–
重庆	35 628	5 116	19 043	2 876	16 585	2 240
#原重庆	14 948	4 032	9 311	2 446	5 636	1 585
涪陵	464	172	310	147	153	25
万州	3 206	279	1 730	257	1 476	22
重庆航管处	13 575	36	6 087	26	7 488	11
泸州	2 064	65	988	37	1 076	27
宜宾	3 329	–	2 014	–	1 314	–
乐山	99	–	99	–	–	–
南充	…	–	…	–	…	–
广安	2	…	1	…	1	–
达州	–	–	–	–	–	–

5-27　规模以上港口集装箱吞吐量

港口	总计（TEU）	出港（TEU）	40英尺	20英尺	进港（TEU）	40英尺	20英尺	重量（万吨）	货重
总　计	210 301 577	105 611 369	31 871 782	40 577 272	104 690 208	31 722 902	40 005 340	243 535	200 012
沿海合计	188 079 698	94 576 868	28 856 691	35 634 492	93 502 830	28 563 435	35 166 762	216 324	177 335
丹　东	1 829 479	917 047	106 687	703 673	912 432	101 131	710 170	3 725	3 304
大　连	9 448 570	4 713 750	1 329 688	2 049 451	4 734 820	1 353 047	2 023 738	11 474	9 293
营　口	5 922 474	2 964 615	417 708	2 129 199	2 957 859	415 468	2 126 923	13 446	12 007
锦　州	818 915	450 617	30 243	390 131	368 298	22 903	322 492	1 570	1 322
秦皇岛	500 879	249 105	45 117	158 871	251 774	50 124	151 526	619	519
黄　骅	501 797	250 042	58 831	132 380	251 755	58 731	134 293	634	525
唐　山	1 522 493	755 406	74 130	607 146	767 087	75 915	615 257	2 335	1 995
#京 唐	1 116 607	556 398	55 371	445 656	560 209	54 813	450 583	1 789	1 538
曹妃甸	405 886	199 008	18 759	161 490	206 878	21 102	164 674	546	457
天　津	14 111 314	7 121 162	1 769 750	3 564 008	6 990 153	1 801 242	3 370 024	15 492	12 475
烟　台	2 452 183	1 213 587	232 048	749 491	1 238 596	229 342	779 912	2 090	1 558
#龙 口	645 800	323 118	101 344	120 430	322 682	100 966	120 750	874	737
威　海	695 951	355 591	123 839	107 197	340 361	110 498	118 620	607	450
青　岛	17 435 551	8 764 397	2 857 632	2 996 179	8 671 155	2 833 615	2 950 226	17 936	14 240
日　照	2 811 429	1 391 299	262 259	866 675	1 420 130	269 791	880 451	5 585	4 981
#石 臼	2 811 429	1 391 299	262 259	866 675	1 420 130	269 791	880 451	5 585	4 981
岚 山	-	-	-	-	-	-	-	-	-
上　海	36 536 991	18 350 187	6 322 315	5 472 417	18 186 805	6 279 068	5 386 893	35 850	28 831
连云港	5 009 746	2 518 723	888 108	741 562	2 491 023	879 250	731 038	4 964	3 941
盐　城	172 134	84 260	19 343	45 574	87 874	20 108	47 658	127	92
嘉　兴	1 227 801	620 289	199 061	222 153	607 512	195 236	217 040	1 372	1 105
宁波-舟山	20 626 503	10 335 738	3 702 363	2 691 049	10 290 765	3 695 101	2 656 049	20 606	16 351
#宁 波	19 824 349	9 936 068	3 553 051	2 593 086	9 888 281	3 544 561	2 557 941	20 039	15 945
舟 山	802 154	399 670	149 312	97 963	402 484	150 540	98 108	567	405
台　州	155 515	74 354	7 603	59 148	81 161	10 239	60 683	162	128
温　州	558 714	284 687	67 359	149 762	274 027	63 877	146 021	774	663
福　州	2 428 209	1 194 223	261 222	656 483	1 233 986	265 546	687 990	3 463	2 952
#原福州	2 371 945	1 166 848	260 878	629 796	1 205 097	265 184	659 825	3 348	2 850
宁 德	56 264	27 375	344	26 687	28 889	362	28 165	115	102
莆　田	10 722	4 243	1 264	1 570	6 479	2 329	1 821	11	9
泉　州	2 015 134	994 580	145 631	703 311	1 020 554	154 362	711 830	3 879	3 444
厦　门	9 182 815	4 509 589	1 433 180	1 534 556	4 673 226	1 475 203	1 605 314	10 401	8 575

5-27 （续表一）

港 口	总计（TEU）	出港（TEU）	40英尺	20英尺	进港（TEU）	40英尺	20英尺	重量（万吨）	货重
#原厦门	9 174 957	4 505 665	1 433 180	1 530 632	4 669 292	1 475 203	1 601 380	10 394	8 569
漳州	7 858	3 924	-	3 924	3 934	-	3 934	7	6
汕头	1 178 553	580 009	202 083	173 982	598 545	211 428	173 803	1 138	903
汕尾	6 700	3 108	1 056	1	3 592	1 224	1	4	3
惠州	183 573	88 128	39 260	9 588	95 445	43 006	9 419	199	166
深圳	24 204 450	12 360 486	4 857 985	2 159 398	11 843 964	4 634 172	2 118 838	18 008	13 074
#蛇口	5 986 034	2 982 508	1 125 268	722 527	3 003 526	1 145 301	683 055	5 224	3 971
赤湾	4 760 131	2 360 214	865 762	588 041	2 399 918	876 223	594 529	4 733	3 781
妈湾	-	-	-	-	-	-	-	-	-
东角头	-	-	-	-	-	-	-	-	-
盐田	12 165 688	6 428 700	2 663 238	671 416	5 736 988	2 364 564	650 859	6 740	4 269
下洞	-	-	-	-	-	-	-	-	-
虎门	2 877 201	1 459 814	325 030	808 960	1 417 387	303 445	798 619	4 733	4 158
#太平	32 901	14 770	3 582	7 606	18 131	5 006	8 119	33	27
麻涌	263 879	176 575	85 470	5 635	87 304	43 594	73	182	129
沙田	2 580 421	1 268 469	235 978	795 719	1 311 952	254 845	790 427	4 518	4 002
广州	17 396 578	8 818 211	2 383 786	4 020 336	8 578 367	2 322 951	3 904 563	25 836	22 333
中山	808 346	402 482	155 726	80 615	405 863	157 399	80 866	526	364
珠海	1 337 679	666 708	163 954	337 765	670 971	165 180	339 637	1 877	1 595
江门	437 996	248 107	45 193	134 402	189 889	32 865	123 707	563	475
阳江	3 954	1 896	99	1 698	2 058	110	1 838	7	6
茂名	110 091	54 533	7 930	38 673	55 558	8 559	38 440	201	179
湛江	601 219	301 533	70 065	161 137	299 686	70 151	159 114	863	733
#原湛江	601 082	301 493	70 045	161 137	299 589	70 113	159 093	863	733
海安	137	40	20	-	97	38	21	…	…
北部湾港	1 415 163	705 293	95 057	515 116	709 870	95 811	518 216	2 549	2 219
#北海	104 769	52 651	9 640	33 371	52 118	9 355	33 408	155	133
钦州	941 769	466 575	62 918	340 698	475 194	64 389	346 416	1 837	1 616
防城	368 625	186 068	22 499	141 047	182 558	22 067	138 392	557	470
海口	1 271 287	632 582	110 723	411 075	638 706	112 563	413 530	2 374	2 098
洋浦	271 582	136 493	43 363	49 760	135 089	42 440	50 202	324	268
八所	10	-	-	-	10	5	-	…	…
内河合计	22 221 879	11 034 501	3 015 091	4 942 780	11 187 378	3 159 467	4 838 578	27 211	22 678

5-27 （续表二）

港 口	总计 （TEU）	出港 （TEU）	40 英尺	20 英尺	进港 （TEU）	40 英尺	20 英尺	重量 （万吨）	货重
哈尔滨	–	–	–	–	–	–	–	–	–
佳木斯	–	–	–	–	–	–	–	–	–
上 海	–	–	–	–	–	–	–	–	–
南 京	2 940 106	1 233 591	404 893	420 754	1 706 516	638 705	426 228	2 680	2 088
镇 江	407 109	168 956	23 704	121 548	238 153	23 531	191 091	479	397
苏 州	5 101 945	2 587 691	697 899	1 189 937	2 514 254	669 259	1 174 080	7 480	6 409
#常 熟	389 813	192 522	66 801	58 756	197 291	70 143	56 739	432	354
太 仓	3 706 146	1 885 431	522 364	839 190	1 820 715	490 794	837 908	5 717	4 925
张家港	1 005 986	509 738	108 734	291 991	496 248	108 322	279 433	1 331	1 130
南 通	758 548	496 065	133 142	220 212	262 483	65 320	131 408	776	623
常 州	216 906	112 136	24 735	62 666	104 770	21 405	61 960	309	265
江 阴	457 352	235 098	40 035	155 028	222 254	35 166	151 922	890	799
扬 州	610 427	359 452	86 963	185 526	250 975	66 373	118 229	666	533
泰 州	211 680	104 777	31 463	41 851	106 903	32 656	41 591	264	222
徐 州	2 160	1 112	–	1 112	1 048	–	1 048	4	3
连云港	–	–	–	–	–	–	–	–	–
无 锡	28 481	14 337	5 233	3 871	14 144	5 167	3 810	31	25
宿 迁	3 931	2 104	–	2 104	1 827	18	1 705	7	6
淮 安	134 788	73 415	5 134	61 367	61 373	5 308	49 333	264	236
扬州内河	–	–	–	–	–	–	–	–	–
镇江内河	–	–	–	–	–	–	–	–	–
杭 州	18 975	9 325	617	8 091	9 650	695	8 260	27	23
嘉兴内河	165 624	81 068	28 664	23 708	84 556	30 855	22 846	203	170
湖 州	184 906	89 131	37 397	14 337	95 775	40 266	15 243	154	116
合 肥	160 414	82 970	28 327	26 316	77 444	26 892	23 660	182	149
亳 州	–	–	–	–	–	–	–	–	–
阜 阳	–	–	–	–	–	–	–	–	–
淮 南	–	–	–	–	–	–	–	–	–
滁 州	–	–	–	–	–	–	–	–	–
马鞍山	185 096	91 939	42 016	7 907	93 157	42 634	7 889	160	123
芜 湖	501 525	238 962	90 686	57 498	262 563	98 626	65 198	322	222
铜 陵	40 024	18 901	1 066	16 769	21 123	1 310	18 503	38	30
池 州	14 216	7 447	1 726	3 995	6 769	1 404	3 961	15	12
安 庆	51 032	25 297	5 712	13 873	25 735	5 744	14 247	65	55

5-27 （续表三）

港口	总计（TEU）	出港（TEU）	40英尺	20英尺	进港（TEU）	40英尺	20英尺	重量（万吨）	货重
南昌	107 459	52 908	11 628	29 652	54 551	11 528	31 495	141	120
九江	254 937	126 863	26 301	74 261	128 074	27 187	73 700	357	306
武汉	1 062 117	526 237	119 289	283 595	535 881	121 929	288 092	1 553	1 340
黄石	28 818	14 553	1 722	11 109	14 265	1 491	11 030	46	40
荆州	100 576	48 603	6 210	36 183	51 973	7 803	36 367	137	117
宜昌	130 519	64 702	8 743	47 216	65 817	9 010	47 797	199	170
长沙	121 051	56 950	16 755	23 417	64 102	19 252	25 575	138	112
湘潭	—	—	—	—	—	—	—	—	—
株洲	—	—	—	—	—	—	—	—	—
岳阳	239 564	119 907	36 844	46 219	119 657	36 823	46 011	304	256
番禺	78 496	78 496	33 894	10 708	—	—	—	16	—
新塘	21 926	3 496	1 591	314	18 430	8 994	442	22	17
五和	127 853	65 047	16 692	31 663	62 806	16 713	29 380	153	124
中山	547 534	272 849	111 999	47 325	274 685	112 717	47 658	380	271
佛山	3 018 050	1 504 353	393 236	709 603	1 513 697	403 243	699 007	3 459	2 857
江门	649 888	329 450	114 029	95 557	320 438	112 749	93 026	568	438
虎门	485 602	225 209	96 000	33 209	260 393	113 646	33 101	480	383
肇庆	704 866	348 819	54 622	232 685	356 047	55 653	237 622	985	836
惠州	85 209	42 854	2 251	38 352	42 355	2 206	37 943	141	125
南宁	434	260	26	208	174	10	154	…	…
柳州	101	41	8	25	60	15	30	…	…
贵港	125 056	62 893	6 863	49 167	62 163	6 663	48 837	229	201
梧州	470 306	232 697	20 632	191 433	237 609	23 669	190 271	811	720
来宾	33 829	17 147	100	16 947	16 682	45	16 592	50	43
重庆	1 011 677	494 474	134 124	207 780	517 204	144 267	228 430	1 230	1 021
#原重庆	706 523	347 625	105 747	136 117	358 899	111 778	135 320	896	748
涪陵	30 466	12 671	—	12 671	17 795	—	17 795	46	39
万州	121 396	60 452	1 375	57 702	60 944	2 605	55 734	131	107
重庆航管处	40 440	18 859	1 206	866	21 581	2 650	16 064	72	63
泸州	420 375	207 153	87 550	32 053	213 222	90 980	31 262	465	383
宜宾	200 056	104 714	24 555	55 604	95 342	21 522	52 298	330	289
乐山	—	—	—	—	—	—	—	—	—
南充	198	—	—	—	198	—	198	…	…
广安	139	55	15	25	84	18	48	…	…
达州	—	—	—	—	—	—	—	—	—

5-28 规模以上港口集装箱吞吐量（重箱）

港　口	总　计 （TEU）	出港 （TEU）	40 英尺	20 英尺	进港 （TEU）	40 英尺	20 英尺
总　计	138 372 467	82 624 723	25 224 710	31 136 270	55 747 743	15 385 896	24 827 400
沿海合计	124 038 180	74 927 170	23 289 362	27 328 181	49 111 011	13 595 201	21 791 040
丹　东	1 321 700	687 217	64 264	558 689	634 483	55 997	522 489
大　连	5 981 398	3 127 948	879 563	1 364 596	2 853 450	820 777	1 210 636
营　口	5 215 901	2 794 567	373 039	2 048 489	2 421 334	374 055	1 673 224
锦　州	473 411	369 973	20 097	329 779	103 438	9 322	84 794
秦皇岛	205 503	159 962	37 287	85 388	45 541	10 450	24 641
黄　骅	214 844	175 769	22 924	129 921	39 075	4 045	30 985
唐　山	815 999	550 171	47 221	455 729	265 828	33 081	199 666
#京　唐	630 461	389 087	32 476	324 135	241 374	28 171	185 032
曹妃甸	185 538	161 084	14 745	131 594	24 454	4 910	14 634
天　津	7 977 373	4 860 192	1 194 394	2 458 241	3 117 182	935 995	1 235 944
烟　台	1 004 634	577 516	153 234	271 048	427 118	118 136	190 846
#龙　口	322 666	192 758	44 586	103 586	129 908	33 685	62 538
威　海	346 068	243 982	88 958	65 350	102 086	27 714	46 611
青　岛	10 456 105	6 737 581	2 168 211	2 364 491	3 718 523	1 241 632	1 229 353
日　照	2 593 584	1 357 499	250 551	856 341	1 236 085	233 519	768 952
#石　臼	2 593 584	1 357 499	250 551	856 341	1 236 085	233 519	768 952
岚　山	-	-	-	-	-	-	-
上　海	26 813 549	16 451 784	5 804 034	4 650 559	10 361 765	3 400 126	3 535 989
连云港	1 916 216	1 068 929	196 812	674 376	847 287	98 280	650 405
盐　城	68 519	33 560	12 645	8 270	34 959	12 177	10 605
嘉　兴	761 992	334 750	114 935	104 866	427 242	133 153	160 936
宁波-舟山	12 344 128	8 579 289	3 257 930	1 884 376	3 764 840	1 217 139	1 318 749
#宁　波	11 989 537	8 387 081	3 181 679	1 844 940	3 602 457	1 154 362	1 282 190
舟　山	354 591	192 208	76 251	39 436	162 383	62 777	36 559
台　州	63 909	9 636	3 620	2 396	54 273	5 081	44 111
温　州	339 105	128 022	44 167	39 481	211 083	38 207	134 669
福　州	1 627 141	915 405	218 802	463 552	711 736	122 001	466 341
#原福州	1 587 431	903 228	218 494	451 991	684 203	121 770	439 270
宁　德	39 710	12 177	308	11 561	27 533	231	27 071
莆　田	7 840	4 176	1 243	1 545	3 664	1 471	722
泉　州	1 634 540	758 059	116 521	525 010	876 481	123 051	630 379
厦　门	6 192 738	3 793 161	1 204 025	1 295 815	2 399 577	640 695	1 104 993

5-28 （续表一）

港 口	总计 （TEU）	出港 （TEU）	40英尺	20英尺	进港 （TEU）	40英尺	20英尺
#原厦门	6 185 914	3 790 271	1 204 025	1 292 925	2 395 643	640 695	1 101 059
漳 州	6 824	2 890	–	2 890	3 934	–	3 934
汕 头	738 809	430 319	185 005	58 450	308 491	81 148	146 172
汕 尾	3 592	–	–	–	3 592	1 224	1
惠 州	92 991	83 422	38 258	6 904	9 569	1 981	5 607
深 圳	16 053 576	11 441 177	4 567 286	1 850 851	4 612 399	1 664 664	1 241 592
#蛇 口	4 208 594	2 746 400	1 061 217	617 254	1 462 194	491 590	476 512
赤 湾	3 571 087	2 104 519	792 742	488 113	1 466 568	516 800	418 784
妈 湾	–	–	–	–	–	–	–
东角头	–	–	–	–	–	–	–
盐 田	7 434 775	6 161 423	2 554 871	637 171	1 273 352	529 206	191 425
下 洞	–	–	–	–	–	–	–
虎 门	2 058 767	837 085	148 703	539 371	1 221 682	269 254	671 332
#太 平	19 495	1 403	378	647	18 092	4 989	8 114
麻 涌	87 328	24	11	2	87 304	43 594	73
沙 田	1 951 944	835 658	148 314	538 722	1 116 286	220 671	663 145
广 州	12 425 606	5 983 239	1 520 002	2 924 110	6 442 367	1 608 903	3 219 132
中 山	497 873	380 892	150 678	69 618	116 981	35 376	45 698
珠 海	923 595	551 543	143 984	262 677	372 052	71 565	228 749
江 门	237 183	94 620	20 401	53 552	142 564	18 130	106 263
阳 江	2 554	958	95	768	1 596	9	1 578
茂 名	83 475	39 691	4 412	30 867	43 784	7 028	29 728
湛 江	402 605	232 487	50 128	132 006	170 118	29 405	111 272
#原湛江	402 544	232 447	50 108	132 006	170 097	29 405	111 251
海 安	61	40	20	–	21	–	21
北部湾港	959 852	599 589	81 218	437 139	360 263	38 093	284 048
#北 海	66 651	39 721	8 238	23 245	26 930	2 972	20 986
钦 州	679 007	394 395	56 989	280 415	284 612	29 923	224 766
防 城	214 194	165 472	15 991	133 479	48 721	5 198	38 296
海 口	1 003 160	404 341	62 905	278 517	598 819	100 511	397 761
洋 浦	178 339	128 663	41 810	45 043	49 676	11 801	26 067
八 所	10	–	–	–	10	5	–
内河合计	14 334 286	7 697 554	1 935 348	3 808 089	6 636 733	1 790 695	3 036 360

5-28 （续表二）

港 口	总计 （TEU）	出港 （TEU）	40 英尺	20 英尺	进港 （TEU）	40 英尺	20 英尺
哈尔滨	-	-	-	-	-	-	-
佳木斯	-	-	-	-	-	-	-
上 海	-	-	-	-	-	-	-
南 京	1 460 906	878 736	265 963	344 513	582 170	156 324	268 588
镇 江	198 787	136 760	14 428	107 904	62 027	12 570	36 887
苏 州	4 024 459	1 963 785	482 242	998 845	2 060 673	564 682	929 846
#常 熟	221 501	68 560	9 708	49 144	152 941	68 533	15 609
太 仓	3 121 795	1 521 146	397 556	725 634	1 600 649	421 136	757 298
张家港	681 164	374 079	74 978	224 067	307 084	75 013	156 939
南 通	390 346	237 792	60 465	116 653	152 554	32 453	87 558
常 州	134 153	86 684	19 678	47 328	47 469	6 064	35 341
江 阴	351 547	170 819	27 012	116 795	180 728	26 255	128 218
扬 州	336 589	214 848	52 960	108 928	121 741	31 918	57 905
泰 州	139 957	98 848	30 642	37 564	41 109	4 805	31 499
徐 州	1 154	996	-	996	158	-	158
连云港	-	-	-	-	-	-	-
无 锡	16 584	14 163	5 169	3 825	2 421	856	709
宿 迁	3 058	2 104	-	2 104	954	18	832
淮 安	84 736	56 103	3 078	48 318	28 633	2 575	22 173
扬州内河	-	-	-	-	-	-	-
镇江内河	-	-	-	-	-	-	-
杭 州	9 315	1 540	596	348	7 775	13	7 749
嘉兴内河	105 859	23 206	6 931	9 312	82 653	30 487	21 679
湖 州	124 503	67 638	31 231	5 176	56 865	21 849	13 167
合 肥	100 347	77 364	27 666	22 032	22 983	1 976	19 031
亳 州	-	-	-	-	-	-	-
阜 阳	-	-	-	-	-	-	-
淮 南	-	-	-	-	-	-	-
滁 州	-	-	-	-	-	-	-
马鞍山	101 261	10 656	2 288	6 080	90 605	42 401	5 803
芜 湖	270 201	186 725	70 287	46 097	83 476	25 100	33 244
铜 陵	15 052	5 717	77	5 563	9 335	1 063	7 209
池 州	4 960	3 470	304	2 862	1 490	88	1 314
安 庆	31 235	20 425	4 888	10 649	10 810	1 110	8 590

5-28 (续表三)

港口	总计(TEU)	出港(TEU)	40英尺	20英尺	进港(TEU)	40英尺	20英尺
南昌	77 365	48 696	11 266	26 164	28 669	3 420	21 829
九江	171 238	88 320	14 040	60 240	82 918	16 366	50 186
武汉	846 844	476 705	107 197	258 301	370 139	90 617	188 804
黄石	18 371	8 402	1 590	5 222	9 969	359	9 251
荆州	70 153	42 795	4 307	34 181	27 358	4 798	17 762
宜昌	79 928	57 451	6 125	45 201	22 477	2 935	16 607
长沙	81 319	44 374	14 713	14 925	36 945	8 022	20 901
湘潭	–	–	–	–	–	–	–
株洲	–	–	–	–	–	–	–
岳阳	168 889	85 888	25 026	35 836	83 001	23 995	35 011
番禺	–	–	–	–	–	–	–
新塘	20 725	2 534	1 198	138	18 191	8 876	439
五和	65 383	24 940	7 564	9 812	40 443	8 802	22 839
中山	301 851	258 242	110 079	36 588	43 608	9 636	24 289
佛山	1 806 611	1 040 862	220 020	599 791	765 750	241 908	274 565
江门	405 833	275 694	95 823	82 912	130 139	42 134	45 620
虎门	281 746	29 272	5 886	17 500	252 474	111 888	28 698
肇庆	410 810	116 466	11 592	93 271	294 344	48 026	191 173
惠州	69 668	32 037	1 270	29 497	37 631	2 123	33 385
南宁	168	144	24	96	24	2	20
柳州	41	41	8	25	–	–	–
贵港	85 943	35 599	6 205	23 189	50 344	2 045	46 254
梧州	265 307	188 919	11 008	166 903	76 388	15 067	46 254
来宾	17 614	16 639	52	16 535	975	35	905
重庆	735 663	335 358	94 747	139 478	400 305	106 466	187 191
#原重庆	550 334	278 306	87 753	102 800	272 028	77 637	116 749
涪陵	17 492	12 671	–	12 671	4 821	–	4 821
万州	73 157	24 738	970	22 798	48 419	751	46 917
重庆航管处	27 103	7 779	336	785	19 324	1 782	15 583
泸州	307 524	142 935	59 144	24 647	164 589	68 219	28 151
宜宾	140 034	86 808	20 544	45 720	53 226	12 349	28 528
乐山	–	–	–	–	–	–	–
南充	198	–	–	–	198	–	198
广安	55	55	15	25	–	–	–
达州	–	–	–	–	–	–	–

主要统计指标解释

码头泊位长度 指报告期末用于停系靠船舶,进行货物装卸和上下旅客地段的实际长度。包括固定的、浮动的各种型式码头的泊位长度。计算单位:米。

泊位个数 指报告期末泊位的实际数量。计算单位:个。

旅客吞吐量 指报告期内经由水路乘船进、出港区范围的旅客数量。不包括免票儿童、船员人数、轮渡和港内短途客运的旅客人数。计算单位:人。

货物吞吐量 指报告期内经由水路进、出港区范围并经过装卸的货物数量。包括邮件、办理托运手续的行李、包裹以及补给的船舶的燃料、物料和淡水。计算单位:吨。

集装箱吞吐量 指报告期内由水路进、出港区范围并经装卸的集装箱数量。计算单位:箱、TEU、吨。

六、交通固定资产投资

简 要 说 明

一、本篇资料反映我国交通固定资产投资完成的基本情况。

二、公路和水运建设投资的统计范围为全社会固定资产投资，由各省（区、市）交通运输厅（局、委）提供，其他投资的统计范围为交通部门投资，交通运输部所属单位、主要港口和有关运输企业的数据由各单位直接报送。

6-1　交通固定资产投资额（按地区和使用方向分）

单位：万元

地　区	总　计	公路建设	沿海建设	内河建设	其他建设
总　计	**184 209 972**	**165 133 044**	**9 106 337**	**5 465 368**	**4 505 223**
东部地区	62 917 991	49 675 661	8 689 350	2 344 619	2 208 361
中部地区	45 523 838	43 225 764	–	2 011 519	286 555
西部地区	75 768 144	72 231 619	416 987	1 109 230	2 010 307
北　京	738 267	588 230	–	–	150 037
天　津	2 139 005	1 364 345	759 663	–	14 997
河　北	8 413 941	6 323 291	1 602 267	–	488 383
山　西	2 749 533	2 745 501	–	–	4 032
内蒙古	7 627 966	6 483 766	–	4 300	1 139 900
辽　宁	3 611 289	2 904 952	661 749	6 917	37 670
吉　林	3 137 625	3 137 625	–	–	–
黑龙江	1 596 327	1 554 143	–	16 194	25 990
上　海	2 572 301	1 123 057	792 799	357 015	299 429
江　苏	6 603 922	4 376 209	782 668	1 381 134	63 912
浙　江	10 532 052	8 204 432	1 131 160	398 951	797 508
安　徽	7 725 180	7 133 319	–	581 022	10 839
福　建	8 474 099	7 404 890	1 004 050	15 600	49 559
江　西	7 359 406	7 264 618	–	92 170	2 619
山　东	6 578 210	5 260 803	1 138 398	63 560	115 449
河　南	4 723 697	4 555 328	–	87 446	80 922
湖　北	11 360 750	10 308 439	–	934 590	117 722
湖　南	6 871 321	6 526 792	–	300 098	44 431
广　东	12 258 491	11 395 221	574 977	121 442	166 851
广　西	6 926 857	6 241 780	416 987	219 998	48 092
海　南	996 415	730 231	241 619	–	24 566
重　庆	4 087 164	3 731 133	–	226 551	129 480
四　川	12 847 966	12 353 898	–	346 494	147 574
贵　州	12 538 573	12 327 336	–	205 323	5 914
云　南	10 120 272	10 029 865	–	80 577	9 830
西　藏	2 107 966	2 104 578	–	–	3 388
陕　西	6 084 056	6 066 221	–	9 208	8 627
甘　肃	5 918 510	5 595 465	–	660	322 385
青　海	3 393 700	3 258 212	–	1 529	133 959
宁　夏	1 774 285	1 757 095	–	14 590	2 600
新　疆	2 340 829	2 282 271	–	–	58 558
#兵团	742 831	707 494	–	–	35 337

6-2 公路建设投资完成额（按名称分）

单位：万元

地 区	总 计	重点项目	其他公路	农村公路
总 计	**165 133 044**	**36 950 801**	**96 262 678**	**31 919 566**
东部地区	**49 675 661**	**10 003 593**	**29 628 143**	**10 043 925**
中部地区	**43 225 764**	**7 797 005**	**28 034 958**	**7 393 801**
西部地区	**72 231 619**	**19 150 204**	**38 599 577**	**14 481 839**
北 京	588 230	161 459	330 684	96 087
天 津	1 364 345	–	1 290 191	74 154
河 北	6 323 291	2 173 252	3 035 003	1 115 036
山 西	2 745 501	687 103	1 499 567	558 831
内蒙古	6 483 766	2 195 342	3 097 220	1 191 204
辽 宁	2 904 952	763 958	722 155	1 418 840
吉 林	3 137 625	2 109 000	779 948	248 677
黑龙江	1 554 143	20 666	1 291 261	242 216
上 海	1 123 057	–	700 163	422 894
江 苏	4 376 209	84 463	3 444 278	847 468
浙 江	8 204 432	1 298 177	4 803 249	2 103 006
安 徽	7 133 319	1 416 671	4 915 088	801 560
福 建	7 404 890	3 166 863	2 872 595	1 365 432
江 西	7 264 618	1 606 151	4 767 538	890 929
山 东	5 260 803	626 468	3 255 918	1 378 417

6-2 （续表一）

单位：万元

地 区	总 计	重点项目	其他公路	农村公路
河 南	4 555 328	342 116	3 173 800	1 039 412
湖 北	10 308 439	1 306 234	6 375 396	2 626 809
湖 南	6 526 792	309 065	5 232 360	985 367
广 东	11 395 221	1 559 746	8 720 990	1 114 485
广 西	6 241 780	1 658 274	3 849 277	734 229
海 南	730 231	169 207	452 917	108 107
重 庆	3 731 133	1 268 399	1 478 487	984 247
四 川	12 353 898	957 976	7 716 431	3 679 491
贵 州	12 327 336	1 641 595	9 470 622	1 215 119
云 南	10 029 865	3 406 453	4 322 170	2 301 242
西 藏	2 104 578	522 276	801 327	780 975
陕 西	6 066 221	3 215 921	1 873 051	977 249
甘 肃	5 595 465	1 217 659	3 051 486	1 326 320
青 海	3 258 212	2 100 022	934 826	223 364
宁 夏	1 757 095	351 400	1 010 430	395 265
新 疆	2 282 271	614 887	994 249	673 135
＃兵 团	707 494	234 800	217 152	255 542

注：其他公路指不在当年部计划重点公路类别里的国省道、专用公路项目和枢纽场站项目。

6-3 公路建设投资

地 区	总 计	国 道		省 道	县 道	乡 道
			国家高速公路			
总 计	**165 133 044**	**66 985 921**	**41 005 010**	**58 122 858**	**10 871 707**	**6 431 194**
东部地区	**49 675 661**	**18 362 041**	**12 821 564**	**17 546 834**	**5 905 169**	**1 507 888**
中部地区	**43 225 764**	**14 050 786**	**8 462 877**	**19 548 298**	**2 111 014**	**1 366 733**
西部地区	**72 231 619**	**34 573 094**	**19 720 569**	**21 027 727**	**2 855 524**	**3 556 573**
北 京	588 230	473 117	167 171	16 876	59 579	18 262
天 津	1 364 345	165 037	199 257	1 122 131	–	72 723
河 北	6 323 291	2 913 499	2 325 175	1 948 280	272 184	333 375
山 西	2 745 501	1 040 385	685 823	1 107 119	193 658	199 558
内蒙古	6 483 766	3 690 365	2 225 168	1 431 374	58 219	198 180
辽 宁	2 904 952	462 415	380 200	793 575	1 103 621	238 575
吉 林	3 137 625	2 536 357	2 240 000	292 867	58 239	3 665
黑龙江	1 554 143	822 101	206 061	352 431	59 576	113 335
上 海	1 123 057	83 067	–	617 096	275 940	43 943
江 苏	4 376 209	427 753	75 097	2 613 600	582 048	122 823
浙 江	8 204 432	2 527 823	1 467 946	3 025 710	1 587 801	198 353
安 徽	7 133 319	1 729 221	1 032 411	4 095 590	348 466	127 314
福 建	7 404 890	3 555 727	2 263 830	1 807 882	1 026 862	118 990
江 西	7 264 618	2 548 266	1 593 606	3 631 961	252 489	98 059
山 东	5 260 803	1 302 368	663 993	2 063 155	449 226	127 995
河 南	4 555 328	1 290 775	483 946	2 086 453	251 504	293 899
湖 北	10 308 439	2 495 534	1 679 831	4 357 823	644 397	346 401
湖 南	6 526 792	1 588 148	541 199	3 624 055	302 684	184 502
广 东	11 395 221	6 082 997	4 942 712	3 353 113	449 484	232 851
广 西	6 241 780	2 755 985	2 033 889	2 639 674	134 650	5 788
海 南	730 231	368 238	336 183	185 416	98 424	–
重 庆	3 731 133	1 488 334	1 053 932	1 156 727	207 105	24 320
四 川	12 353 898	4 733 467	1 449 765	3 514 968	1 301 860	915 214
贵 州	12 327 336	4 689 221	3 897 370	6 373 041	75 110	40 731
云 南	10 029 865	5 372 919	2 125 189	2 233 557	370 482	1 658 511
西 藏	2 104 578	1 065 862	–	240 288	500	–
陕 西	6 066 221	4 158 115	3 302 940	864 979	231 260	223 253
甘 肃	5 595 465	2 752 273	1 384 220	999 876	61 484	61 720
青 海	3 258 212	2 342 477	1 640 042	650 409	33 705	93 532
宁 夏	1 757 095	684 700	132 700	610 790	91 710	65 900
新 疆	2 282 271	839 376	475 354	312 044	289 440	269 424
#兵团	707 494	–	–	112 450	240 146	180 213

注：国道、国家高速公路、省道、县道、乡道、村道、专用公路投资完成额中均不包括独立桥梁、独立隧道部分。

六、交通固定资产投资

完成额（按设施分）

单位：万元

村 道	专用公路	农村公路渡口改造、渡改桥	独立桥梁	独立隧道	客运站	货运站	停车场
12 863 098	978 582	242 118	3 816 751	108 403	1 868 686	2 836 538	7 189
2 213 384	520 794	18 717	1 618 878	84 103	719 487	1 172 667	5 700
3 078 550	125 737	101 208	1 599 014	11 712	518 762	713 951	–
7 571 164	332 052	122 193	598 859	12 588	630 437	949 920	1 489
600	2 150	–	17 021	–	625	–	–
–	1 650	–	2 804	–	–	–	–
474 679	607	–	68 376	1 269	70 273	240 750	–
152 685	17 904	375	12 328	2 440	19 050	–	–
915 036	59 009	–	42 792	–	52 592	36 200	–
151 711	1 511	–	71 691	–	47 873	33 981	–
152 376	–	–	51 215	–	25 506	17 400	–
43 811	533	–	29 233	–	79 479	53 644	–
83 586	–	–	19 425	–	–	–	–
53 651	113 520	7 723	84 383	–	122 338	247 171	1 200
128 249	5 600	10 043	165 768	832	281 585	272 670	–
203 698	–	–	495 992	–	75 811	57 227	–
178 939	286 094	–	263 451	697	77 928	88 320	–
450 865	42 178	2 607	161 220	–	45 473	31 500	–
772 014	34 830	–	134 196	–	86 763	285 755	4 500
314 948	18 560	–	188 622	–	18 649	91 919	–
1 494 086	46 562	130	495 764	8 200	123 106	296 437	–
266 081	–	98 096	164 640	1 072	131 690	165 824	–
369 955	61 832	951	726 611	81 305	32 102	4 020	–
545 606	23 391	20 981	57 585	–	31 218	26 902	–
–	13 000	–	65 153	–	–	–	–
695 090	–	10 303	55 041	11 780	41 527	40 906	–
1 287 346	172 463	19 040	56 576	–	206 026	146 938	–
1 047 207	–	5 762	33 632	–	61 732	900	–
100 747	16 127	4 026	175 257	–	61 957	34 793	1 489
772 475	–	–	21 816	168	3 469	–	–
444 957	9 100	62 081	26 912	640	27 323	17 602	–
1 123 924	3 000	–	55 460	–	60 988	476 740	–
85 467	–	–	3 000	–	21 583	28 039	–
230 515	29 290	–	9 560	–	13 630	21 000	–
322 794	19 672	–	61 228	–	48 392	119 900	–
62 943	–	–	24 540	–	14 302	72 900	–

主要统计指标解释

交通固定资产投资额 是以货币形式表现的在一定时期内建造和购置固定资产活动的工作量以及与此有关的费用的总称。它是反映交通固定资产投资规模、结构、使用方向和发展速度的综合性指标，又是观察工程进展和考核投资效果的重要依据。交通固定资产投资一般按以下分组标志进行分类。

按照建设性质，分为新建、扩建、改建、迁建和恢复。

按照构成，分为建筑、安装工程，设备、器具购置，其他。

按照行业分类，分为水上运输业、公路运输业、支持系统和交通部门其他。

重点项目 仅指交通运输部当年计划中的重点公路项目。

农村公路 包括县、乡、村公路建设项目以及农村客运站点、渡改桥项目。

其他公路 是指公路建设中非重点项目和非农村项目，包括"路网改造""枢纽场站"等。

七、交通运输科技

简 要 说 明

一、本篇资料反映交通运输系统科技机构、人员、基础条件建设、科技项目、科技成果基本情况。

二、交通运输科技活动人员、科研建设投资、实验室及工程技术中心统计范围是纳入统计的交通运输科技机构所拥有的科技活动人员、为科研投入的资金、所拥有的实验室及工程技术中心。

三、交通运输科技项目包括列入各级交通运输部门科技计划的科技项目、列入其他行业管理部门科技计划但纳入交通运输部门管理的科技项目、列入重点交通运输企事业单位科技计划的交通运输科技项目。

四、本篇资料由交通运输部科技司提供。

7-1 交通运输科技机构数量（按地区分）

计量单位：个

省　区	合计	交通运输部直属科技机构	省、自治区、直辖市属科技机构	市属科技机构	直属及联系紧密高校	事业、企业单位属科技机构
合计	**112**	**36**	**17**	**14**	**36**	**9**
东部地区	**62**	**19**	**7**	**7**	**25**	**4**
北　京	24	8	1	1	12	2
天　津	7	2	1	–	3	1
河　北	1	–	–	–	1	–
辽　宁	2	–	1	1	–	–
上　海	11	5	1	1	4	–
江　苏	5	1	1	2	1	–
浙　江	2	1	1	–	–	–
福　建	1	1	–	–	–	–
山　东	4	1	–	2	–	1
广　东	5	–	1	–	4	–
海　南	–	–	–	–	–	–
中部地区	**20**	**8**	**4**	**3**	**3**	**2**
山　西	1	1	–	–	–	–
吉　林	2	1	–	–	1	–
黑龙江	2	1	–	1	–	–
安　徽	1	1	–	–	–	–
江　西	1	1	–	–	–	–
河　南	1	–	1	–	–	–
湖　北	8	3	2	–	1	2
湖　南	4	–	1	2	1	–
西部地区	**30**	**9**	**6**	**4**	**8**	**3**
内蒙古	1	1	–	–	–	–
广　西	4	–	–	1	2	1
重　庆	4	1	1	1	–	1
四　川	4	3	–	1	–	–
贵　州	1	–	–	–	1	–
云　南	3	1	1	–	1	–
西　藏	1	1	–	–	–	–
陕　西	6	–	1	1	4	–
甘　肃	1	–	1	–	–	–
青　海	1	1	–	–	–	–
宁　夏	1	–	1	–	–	–
新　疆	3	1	1	–	–	1

7-2　交通运输科技活动人员数量（按机构性质分）

计量单位：人

		总计	交通运输部直属科技机构	省、自治区、直辖市属科技机构	市属科技机构	直属及联系紧密高校	事业、企业单位属科技机构
合 计		38 293	7 918	2 592	6 102	21 131	550
按编制分类	事业编制	10 420	4 028	30	6 035	153	174
	企业编制	27 873	3 890	2 562	67	20 978	376
按性别分类	女 性	10 185	2 329	693	2 190	4 846	127
	男 性	28 108	5 589	1 899	3 912	16 285	423
按学位分类	博 士	3 441	706	112	2 289	304	30
	硕 士	11 906	2 851	852	2 373	5 685	145
	其 他	22 946	4 361	1 628	1 440	15 142	375
按学历分类	研究生	14 281	3 315	955	4 331	5 508	172
	大学本科	18 026	3 196	1 198	1 549	11 771	312
	大专及其他	5 986	1 407	439	222	3 852	66
按职称分类	高 级	12 106	2 989	827	2 878	5 033	379
	中 级	14 015	2 073	872	2 400	8 587	83
	初级及其他	12 172	2 856	893	824	7 511	88

7-3 交通运输科研实验室及研究中心数量（按地区分）

计量单位：个

省　区	实验室和研究中心数量总计	机构内设科研实验室数量					机构内设工程技术（研究）中心数量				
		合计	其中：省部级以上				合计	其中：省部级以上			
			小计	国家级	行业级	省级		小计	国家级	行业级	省级
合　计	**301**	**183**	**141**	**15**	**53**	**73**	**118**	**90**	**15**	**15**	**60**
交通运输部直属科技机构	**34**	**28**	**12**	**2**	**10**	**–**	**6**	**6**	**5**	**–**	**1**
省、自治区、直辖市属科技机构	**18**	**7**	**7**	**1**	**2**	**4**	**11**	**10**	**–**	**4**	**6**
市属科技机构	**–**	**–**	**–**	**–**	**–**	**–**	**–**	**–**	**–**	**–**	**–**
直属及联系紧密高校	**105**	**71**	**60**	**2**	**20**	**38**	**34**	**30**	**2**	**5**	**23**
事业、企业单位属科技机构	**51**	**29**	**17**	**2**	**8**	**7**	**22**	**12**	**3**	**3**	**6**
东部地区	**155**	**94**	**66**	**6**	**27**	**33**	**61**	**49**	**11**	**5**	**33**
北　京	57	38	16	2	11	3	19	11	4	1	6
天　津	11	9	7	1	4	2	2	2	2	–	–
河　北	1	–	–	–	–	–	1	1	–	–	1
辽　宁	34	24	24	–	4	20	10	10	1	1	8
上　海	21	7	5	1	4	–	14	14	3	2	9
江　苏	24	12	10	2	2	6	12	8	1	–	7
浙　江	–	–	–	–	–	–	–	–	–	–	–
福　建	2	1	1	–	–	1	1	1	–	–	1
山　东	3	3	3	–	2	1	–	–	–	–	–
广　东	2	–	–	–	–	–	2	2	–	1	1
海　南	–	–	–	–	–	–	–	–	–	–	–
中部地区	**61**	**38**	**36**	**3**	**11**	**22**	**23**	**16**	**1**	**4**	**11**
山　西	11	5	5	–	1	4	6	6	1	–	5
吉　林	3	3	3	–	1	2	–	–	–	–	–
黑龙江	6	4	4	–	2	2	2	2	–	–	2
安　徽	–	–	–	–	–	–	–	–	–	–	–
江　西	2	1	1	–	–	1	1	–	–	–	–
河　南	4	1	1	1	–	–	3	3	–	1	2
湖　北	12	5	3	–	3	–	7	1	–	1	–
湖　南	23	19	19	2	4	13	4	4	–	2	2
西部地区	**73**	**45**	**36**	**6**	**12**	**18**	**28**	**24**	**3**	**6**	**15**
内蒙古	–	–	–	–	–	–	–	–	–	–	–
广　西	3	1	1	–	–	1	2	2	–	–	2
重　庆	34	23	18	4	4	10	11	9	2	–	7
四　川	–	–	–	–	–	–	–	–	–	–	–
贵　州	1	–	–	–	–	–	1	1	–	1	–
云　南	8	1	1	1	–	–	7	7	–	3	4
西　藏	–	–	–	–	–	–	–	–	–	–	–
陕　西	19	14	11	1	6	4	5	4	–	2	2
甘　肃	1	1	1	–	–	1	–	–	–	–	–
青　海	3	2	2	–	1	1	1	1	1	–	–
宁　夏	3	2	1	–	–	1	1	–	–	–	–
新　疆	1	1	1	–	1	–	–	–	–	–	–

7-4 交通运输科技成果、效益及影响情况

指标	计量单位	数量	指标	计量单位	数量
形成研究报告数	篇	2 874	出版著作数	篇	128
发表科技论文数	篇	4 641		万字	4 777
其中：核心期刊	篇	1 984	形成新产品、新材料、新工艺、新装置数	项	425
向国外发表	篇	426	其中：国家级重点新产品	项	4
SCI、EI、ISTP 收录	篇	952	省级重点新产品	项	53
科技成果鉴定数	项	497	政府科技奖获奖数	项	25
其中：国际领先	项	27	其中：国家级	项	2
国际先进	项	135	省部级	项	14
国内领先	项	151	社会科技奖获奖数	项	236
国内独有	项	1	其中：公路学会奖	项	92
国内先进	项	91	航海学会奖	项	44
行业领先	项	76	港口协会奖	项	50
科技成果登记数	项	398	水运建设协会奖	项	36
软件产品登记数	项	66			
软件著作权登记数	项	213			
专利申请受理数	项	1 445	专利授权数	项	942
其中：发明专利	项	684	其中：发明专利	项	331
实用新型	项	744	实用新型	项	606
外观设计	项	17	外观设计	项	5
其中：国外申请受理数	项	9	其中：国外授权数	项	6
建立试验基地数	个	87	建立数据库数	个	112
形成示范点数	个	275	建设网站数	个	44
制定标准数	个	525	出台规章制度数	项	89
其中：国家标准	个	27	出台政策建议数	项	167
行业标准	个	270	培养人才数	人	4 644
地方标准	个	139	其中：博士	人	457
企业标准	个	83	硕士	人	1 676
成果转让合同数	项	4	成果转让合同金额	万元	299
推广应用科技成果数量	个	744			

八、救助打捞

简 要 说 明

一、本篇资料反映交通运输救助打捞系统执行救助和抢险打捞任务，完成生产，以及救助打捞系统装备的基本情况。

二、填报范围：交通运输部各救助局、各打捞局、各救助飞行队。

三、本篇资料由交通运输部救助打捞局提供。

8-1　救助任务执行情况

项　目	计算单位	总　计
一、船舶值班待命艘天	艘天	23 191
二、应急救助任务	次	1 380
三、救捞力量出动	次	1 894
救捞船舶	艘次	436
救助艇	艘次	283
救助飞机	架次	482
应急救助队	队次	692
四、海上救助志愿力量出动	人次	302
出动救助志愿船	艘次	301
五、获救遇险人员	人	2 205
中国籍	人	2 035
外国籍	人	170
六、获救遇险船舶	艘	137
中国籍	艘	128
外国籍	艘	9
七、获救财产价值	万元	617 004
八、抢险打捞任务	次	39
其中：打捞沉船	艘	29
中国籍	艘	28
外国籍	艘	1
打捞沉物	件／吨	14/–
打捞坠海（水）航空器	架	–
打捞遇难人员	人	220
其他抢险打捞任务	次	26
九、应急清污任务	次	–
清除沉船存油	立方米	–
回收油污水	立方米	–

8-2 救捞系统船舶情况

项　　目		计算单位	总　　计
救捞船舶合计	艘数	艘	188
	总吨位	吨	660 341
	功率	千瓦	884 446
	起重能力	吨	16 326
	载重能力	吨	-
一、海洋救助船	艘数	艘	34
	总吨位	吨	105 455
	功率	千瓦	278 102
二、近海快速救助船	艘数	艘	13
	总吨位	吨	6 316
	功率	千瓦	64 940
三、沿海救生艇	艘数	艘	22
	总吨位	吨	1 333
	功率	千瓦	16 031
四、救捞拖轮	艘数	艘	82
	总吨位	吨	161 380
	功率	千瓦	454 693
五、救捞工程船	艘数	艘	26
	总吨位	吨	245 362
	功率	千瓦	70 680
六、起重船	艘数	艘	11
	总吨位	吨	140 495
	起重量	吨	16 326
七、货船	艘数	艘	-
	总吨位	吨	-
	载重量	吨	-

8-3　救助飞机飞行情况

项　　目	计算单位	总　　计
一、飞机飞行次数	架次	6 196
救助（任务）飞行次数	架次	540
训练飞行次数	架次	5 570
二、飞机飞行时间	小时	4858:43:00
其中：海上飞行时间	小时	2846:22:00
夜间飞行时间	小时	412:11:00
救助（任务）飞行时间	小时	987:13:00
训练飞行时间	小时	3871:30:00

8-4　捞、拖完成情况

项　　目	计算单位	总　　计
一、打捞业务	次	66
其中：抢险打捞	次	59
内：（一）打捞沉船	艘	36
（二）救助遇险船舶	艘	29
（三）打捞货物	吨	1
二、拖航运输	次	239
三、海洋工程船舶服务	艘天	20 893
拖轮	艘天	18 184
工程船	艘天	5 598
其他	艘天	990
四、大件吊装	次	52
五、其他综合业务	次	71

主要统计指标解释

救捞力量　指交通运输部各救助局、打捞局、救助飞行队的救捞船舶、救助艇、救助飞机、应急救助队等。

防污　指执行清除海洋污染任务。

海洋救助船　指交通运输部各救助局拥有航速在30节以下的专业海洋救助船。

近海快速救助船　指各救助局拥有航速在30节以上的专业近海救助船。

沿海救生艇　指各救助局拥有的船长小于16米的专业小型沿海救生艇。

救捞拖轮　指各打捞局拥有的拖轮，包括救助拖轮、三用拖轮、平台供应船、港作拖轮等。

救捞工程船　指各打捞局拥有起重能力在300吨以下的各类用于海洋工程、抢险打捞等工作的船舶（含起重驳船）。

起重船　指各打捞局拥有起重能力在300吨以上的起重船舶。

货船　指各打捞局拥有用于货物运输的船舶，包括货船、集装箱船、滚装船、甲板驳、半潜（驳）船、油船等。

小型直升机　指各救助飞行队自有、租用的最大起飞重量在4吨及以下的直升飞机。

中型直升机　指各救助飞行队自有、租用的最大起飞重量在4吨（不含）至9吨（含）的直升飞机。

大型直升机　指各救助飞行队自有、租用的最大起飞重量在9吨（不含）以上的直升飞机。

固定翼飞机　指各救助飞行队自有、租用的CESSNA208机型或相当于该机型的飞机。

附录 交通运输历年主要指标数据

简 要 说 明

本篇资料列示了 1978 年以来的交通运输主要指标的历史数据。

主要包括：公路总里程、公路密度及通达情况、内河航道里程、公路水路客货运输量、沿海内河规模以上港口及吞吐量、交通固定资产投资。

附录1-1 全国公路总里程（按行政等级分）

单位：公里

年份	总计	国道	省道	县道	乡道	专用公路	村道
1978	890 236	237 646		586 130		66 460	-
1979	875 794	249 167		311 150	276 183	39 294	-
1980	888 250	249 863		315 097	281 000	42 290	-
1981	897 462	250 966		319 140	285 333	42 023	-
1982	906 963	252 048		321 913	290 622	42 380	-
1983	915 079	254 227		322 556	295 485	42 811	-
1984	926 746	255 173		325 987	302 485	43 101	-
1985	942 395	254 386		331 199	313 620	43 190	-
1986	962 769	255 287		341 347	322 552	43 583	-
1987	982 243	106 078	161 537	329 442	343 348	41 838	-
1988	999 553	106 290	162 662	334 238	353 216	43 147	-
1989	1 014 342	106 799	163 562	338 368	362 444	43 169	-
1990	1 028 348	107 511	166 082	340 801	370 153	43 801	-
1991	1 041 136	107 238	169 352	340 915	379 549	44 082	-
1992	1 056 707	107 542	173 353	344 227	386 858	44 727	-
1993	1 083 476	108 235	174 979	352 308	402 199	45 755	-
1994	1 117 821	108 664	173 601	364 654	425 380	45 522	-
1995	1 157 009	110 539	175 126	366 358	454 379	50 607	-
1996	1 185 789	110 375	178 129	378 212	469 693	49 380	-
1997	1 226 405	112 002	182 559	379 816	500 266	51 762	-
1998	1 278 474	114 786	189 961	383 747	536 813	53 167	-
1999	1 351 691	117 135	192 517	398 045	589 886	54 108	-
2000	1 679 848	118 983	212 450	461 872	800 681	85 861	-
2001	1 698 012	121 587	213 044	463 665	813 699	86 017	-
2002	1 765 222	125 003	216 249	471 239	865 635	87 096	-
2003	1 809 828	127 899	223 425	472 935	898 300	87 269	-
2004	1 870 661	129 815	227 871	479 372	945 180	88 424	-
2005	1 930 543	132 674	233 783	494 276	981 430	88 380	-
2006	3 456 999	133 355	239 580	506 483	987 608	57 986	1 531 987
2007	3 583 715	137 067	255 210	514 432	998 422	57 068	1 621 516
2008	3 730 164	155 294	263 227	512 314	1 011 133	67 213	1 720 981
2009	3 860 823	158 520	266 049	519 492	1 019 550	67 174	1 830 037
2010	4 008 229	164 048	269 834	554 047	1 054 826	67 736	1 897 738
2011	4 106 387	169 389	304 049	533 576	1 065 996	68 965	1 964 411
2012	4 237 508	173 353	312 077	539 519	1 076 651	73 692	2 062 217
2013	4 356 218	176 814	317 850	546 818	1 090 522	76 793	2 147 421
2014	4 463 913	179 178	322 799	552 009	1 105 056	80 338	2 224 533
2015	4 577 296	185 319	329 662	554 331	1 113 173	81 744	2 313 066

注：自2006年起，村道纳入公路里程统计。

附录 1-2 全国公路总里程（按技术等级分）

单位：公里

年份	总计	等级公路						等外公路
		合计	高速	一级	二级	三级	四级	
1978	890 236	–	–	–	–	–	–	–
1979	875 794	506 444	–	188	11 579	106 167	388 510	369 350
1980	888 250	521 134	–	196	12 587	108 291	400 060	367 116
1981	897 462	536 670	–	203	14 434	111 602	410 431	360 792
1982	906 963	550 294	–	231	15 665	115 249	419 149	356 669
1983	915 079	562 815	–	255	17 167	119 203	426 190	352 264
1984	926 746	580 381	–	328	18 693	124 031	437 329	346 365
1985	942 395	606 443	–	422	21 194	128 541	456 286	335 952
1986	962 769	637 710	–	748	23 762	136 790	476 410	325 059
1987	982 243	668 390	–	1 341	27 999	147 838	491 212	313 853
1988	999 553	697 271	147	1 673	32 949	159 376	503 126	302 282
1989	1 014 342	715 923	271	2 101	38 101	164 345	511 105	298 419
1990	1 028 348	741 104	522	2 617	43 376	169 756	524 833	287 244
1991	1 041 136	764 668	574	2 897	47 729	178 024	535 444	276 468
1992	1 056 707	786 935	652	3 575	54 776	184 990	542 942	269 772
1993	1 083 476	822 133	1 145	4 633	63 316	193 567	559 472	261 343
1994	1 117 821	861 400	1 603	6 334	72 389	200 738	580 336	256 421
1995	1 157 009	910 754	2 141	9 580	84 910	207 282	606 841	246 255
1996	1 185 789	946 418	3 422	11 779	96 990	216 619	617 608	239 371
1997	1 226 405	997 496	4 771	14 637	111 564	230 787	635 737	228 909
1998	1 278 474	1 069 243	8 733	15 277	125 245	257 947	662 041	209 231
1999	1 351 691	1 156 736	11 605	17 716	139 957	269 078	718 380	194 955
2000	1 679 848	1 315 931	16 285	25 219	177 787	305 435	791 206	363 916
2001	1 698 012	1 336 044	19 437	25 214	182 102	308 626	800 665	361 968
2002	1 765 222	1 382 926	25 130	27 468	197 143	315 141	818 044	382 296
2003	1 809 828	1 438 738	29 745	29 903	211 929	324 788	842 373	371 090
2004	1 870 661	1 515 826	34 288	33 522	231 715	335 347	880 954	354 835
2005	1 930 543	1 591 791	41 005	38 381	246 442	344 671	921 293	338 752
2006	3 456 999	2 282 872	45 339	45 289	262 678	354 734	1 574 833	1 174 128
2007	3 583 715	2 535 383	53 913	50 093	276 413	363 922	1 791 042	1 048 332
2008	3 730 164	2 778 521	60 302	54 216	285 226	374 215	2 004 563	951 642
2009	3 860 823	3 056 265	65 055	59 462	300 686	379 023	2 252 038	804 558
2010	4 008 229	3 304 709	74 113	64 430	308 743	387 967	2 469 456	703 520
2011	4 106 387	3 453 590	84 946	68 119	320 536	393 613	2 586 377	652 796
2012	4 237 508	3 609 600	96 200	74 271	331 455	401 865	2 705 809	627 908
2013	4 356 218	3 755 567	104 438	79 491	340 466	407 033	2 824 138	600 652
2014	4 463 913	3 900 834	111 936	85 362	348 351	414 199	2 940 986	563 079
2015	4 577 296	4 046 290	123 523	90 964	360 410	418 237	3 053 157	531 005

附录 1-3 全国公路密度及通达情况

年份	公路密度		不通公路乡(镇)		不通公路村(队)	
	以国土面积计算 （公里/百平方公里）	以人口总数计算 （公里/万人）	数量 （个）	比重 (%)	数量 （个）	比重 (%)
1978	9.27	9.25	5 018	9.50	213 138	34.17
1979	9.12	8.98	5 730	10.74	227 721	32.60
1980	9.25	9.00	5 138	9.37	-	-
1981	9.35	8.97	5 474	9.96	-	-
1982	9.45	8.92	5 155	9.35	-	-
1983	9.53	8.88	4 710	8.54	-	-
1984	9.65	8.88	5 485	9.16	265 078	36.72
1985	9.82	8.90	4 945	8.27	228 286	31.72
1986	10.03	8.96	4 039	6.79	218 410	30.17
1987	10.23	8.99	3 214	5.64	234 206	32.43
1988	10.41	9.00	6 500	9.70	197 518	28.92
1989	10.57	9.00	3 180	5.56	181 825	25.01
1990	10.71	8.99	2 299	4.02	190 462	25.96
1991	10.85	8.99	2 116	3.72	181 489	24.57
1992	11.01	9.02	1 632	3.27	169 175	22.93
1993	11.29	9.14	1 548	3.10	159 111	21.70
1994	11.64	9.33	1 455	3.00	150 253	20.50
1995	12.05	9.55	1 395	2.90	130 196	20.00
1996	12.35	9.69	1 335	2.70	120 048	19.00
1997	12.78	9.92	709	1.50	105 802	14.20
1998	13.32	10.24	591	1.30	92 017	12.30
1999	14.08	10.83	808	1.80	80 750	11.00
2000	17.50	13.00	341	0.80	67 786	9.20
2001	17.70	13.10	287	0.70	59 954	8.20
2002	18.40	13.60	184	0.50	54 425	7.70
2003	18.85	13.97	173	0.40	56 693	8.10
2004	19.49	14.44	167	0.40	49 339	7.10
2005	20.11	14.90	75	0.20	38 426	5.70
2006	36.01	26.44	672	1.70	89 975	13.60
2007	37.33	27.41	404	1.04	77 334	11.76
2008	38.86	28.53	292	0.80	46 178	7.10
2009	40.22	29.22	155	0.40	27 186	4.20
2010	41.75	30.03	13	0.03	5 075	0.79
2011	42.77	30.62	11	0.03	3 986	0.62
2012	44.14	31.45	12	0.03	2 869	0.45
2013	45.38	32.17	10	0.03	1 892	0.30
2014	46.50	32.81	7	0.02	1 155	0.18
2015	47.68	33.46	4	0.01	826	0.13

附录1-4 全国内河航道里程及构筑物数量

年 份	内河航道里程（公里）		通航河流上永久性构筑物（座）		
		等级航道	碍航闸坝	船闸	升船机
1978	135 952	57 408	4 163	706	35
1979	107 801	57 472	2 796	756	40
1980	108 508	53 899	2 674	760	41
1981	108 665	54 922	2 672	758	41
1982	108 634	55 595	2 699	768	40
1983	108 904	56 177	2 690	769	41
1984	109 273	56 732	3 310	770	44
1985	109 075	57 456	3 323	758	44
1986	109 404	57 491	2 590	744	44
1987	109 829	58 165	3 134	784	44
1988	109 364	57 971	3 136	782	55
1989	109 040	58 131	3 187	825	46
1990	109 192	59 575	3 208	824	45
1991	109 703	60 336	3 193	830	45
1992	109 743	61 430	3 184	798	43
1993	110 174	63 395	3 063	790	44
1994	110 238	63 894	3 177	817	51
1995	110 562	64 323	3 157	816	48
1996	110 844	64 915	3 154	823	50
1997	109 827	64 328	3 045	823	48
1998	110 263	66 682	3 278	872	56
1999	116 504	60 156	1 193	918	59
2000	119 325	61 367	1 192	921	59
2001	121 535	63 692	1 713	906	60
2002	121 557	63 597	1 711	907	60
2003	123 964	60 865	1 813	821	43
2004	123 337	60 842	1 810	821	43
2005	123 263	61 013	1 801	826	42
2006	123 388	61 035	1 803	833	42
2007	123 495	61 197	1 804	835	42
2008	122 763	61 093	1 799	836	42
2009	123 683	61 546	1 809	847	42
2010	124 242	62 290	1 825	860	43
2011	124 612	62 648	1 827	865	44
2012	124 995	63 719	1 826	864	44
2013	125 853	64 900	1 835	864	45
2014	126 280	65 362	1 836	864	45
2015	127 001	66 257	1 839	856	45

注：等级航道里程数，1973年至1998年为水深1米以上航道里程数；自2004年始，内河航道里程为内河航道通航里程数。

附录1-5 公路客、货运输量

年份	客运量（万人）	旅客周转量（亿人公里）	货运量（万吨）	货物周转量（亿吨公里）
1978	149 229	521.30	151 602	350.27
1979	178 618	603.29	147 935	350.99
1980	222 799	729.50	142 195	342.87
1981	261 559	839.00	134 499	357.76
1982	300 610	963.86	138 634	411.54
1983	336 965	1 105.61	144 051	462.68
1984	390 336	1 336.94	151 835	527.38
1985	476 486	1 724.88	538 062	1 903.00
1986	544 259	1 981.74	620 113	2 117.99
1987	593 682	2 190.43	711 424	2 660.39
1988	650 473	2 528.24	732 315	3 220.39
1989	644 508	2 662.11	733 781	3 374.80
1990	648 085	2 620.32	724 040	3 358.10
1991	682 681	2 871.74	733 907	3 428.00
1992	731 774	3 192.64	780 941	3 755.39
1993	860 719	3 700.70	840 256	4 070.50
1994	953 940	4 220.30	894 914	4 486.30
1995	1 040 810	4 603.10	939 787	4 694.90
1996	1 122 110	4 908.79	983 860	5 011.20
1997	1 204 583	5 541.40	976 536	5 271.50
1998	1 257 332	5 942.81	976 004	5 483.38
1999	1 269 004	6 199.24	990 444	5 724.31
2000	1 347 392	6 657.42	1 038 813	6 129.39
2001	1 402 798	7 207.08	1 056 312	6 330.44
2002	1 475 257	7 805.77	1 116 324	6 782.46
2003	1 464 335	7 695.60	1 159 957	7 099.48
2004	1 624 526	8 748.38	1 244 990	7 840.86
2005	1 697 381	9 292.08	1 341 778	8 693.19
2006	1 860 487	10 130.85	1 466 347	9 754.25
2007	2 050 680	11 506.77	1 639 432	11 354.69
2008	2 682 114	12 476.11	1 916 759	32 868.19
2009	2 779 081	13 511.44	2 127 834	37 188.82
2010	3 052 738	15 020.81	2 448 052	43 389.67
2011	3 286 220	16 760.25	2 820 100	51 374.74
2012	3 557 010	18 467.55	3 188 475	59 534.86
2013	1 853 463	11 250.94	3 076 648	55 738.08
2014	1 908 198	12 084.10	3 332 838	61 016.62
2015	1 619 097	10 742.66	3 150 019	57 955.72

附录1-6 水路客、货运输量

年 份	客运量 (万人)	旅客周转量 (亿人公里)	货运量 (万吨)	货物周转量 (亿吨公里)
1978	23 042	100.63	47 357	3 801.76
1979	24 360	114.01	47 080	4 586.72
1980	26 439	129.12	46 833	5 076.49
1981	27 584	137.81	45 532	5 176.33
1982	27 987	144.54	48 632	5 505.25
1983	27 214	153.93	49 489	5 820.03
1984	25 974	153.53	51 527	6 569.44
1985	30 863	178.65	63 322	7 729.30
1986	34 377	182.06	82 962	8 647.87
1987	38 951	195.92	80 979	9 465.06
1988	35 032	203.92	89 281	10 070.38
1989	31 778	188.27	87 493	11 186.80
1990	27 225	164.91	80 094	11 591.90
1991	26 109	177.20	83 370	12 955.40
1992	26 502	198.35	92 490	13 256.20
1993	27 074	196.45	97 938	13 860.80
1994	26 165	183.50	107 091	15 686.60
1995	23 924	171.80	113 194	17 552.20
1996	22 895	160.57	127 430	17 862.50
1997	22 573	155.70	113 406	19 235.00
1998	20 545	120.27	109 555	19 405.80
1999	19 151	107.28	114 608	21 262.82
2000	19 386	100.54	122 391	23 734.18
2001	18 645	89.88	132 675	25 988.89
2002	18 693	81.78	141 832	27 510.64
2003	17 142	63.10	158 070	28 715.76
2004	19 040	66.25	187 394	41 428.69
2005	20 227	67.77	219 648	49 672.28
2006	22 047	73.58	248 703	55 485.75
2007	22 835	77.78	281 199	64 284.85
2008	20 334	59.18	294 510	50 262.74
2009	22 314	69.38	318 996	57 556.67
2010	22 392	72.27	378 949	68 427.53
2011	24 556	74.53	425 968	75 423.84
2012	25 752	77.48	458 705	81 707.58
2013	23 535	68.33	559 785	79 435.65
2014	26 293	74.34	598 283	92 774.56
2015	27 072	73.08	613 567	91 772.45

附录 2-1 沿海规模以上港口泊位及吞吐量

年份	生产用泊位数（个）	万吨级	旅客吞吐量（千人）	离港	货物吞吐量（千吨）	外贸	集装箱吞吐量（TEU）
1978	311	133	5 035	5 035	198 340	59 110	—
1979	313	133	6 850	6 850	212 570	70 730	2 521
1980	330	139	7 480	7 480	217 310	75 220	62 809
1981	325	141	15 970	8 010	219 310	74 970	103 196
1982	328	143	16 290	8 140	237 640	81 490	142 614
1983	336	148	17 560	8 790	249 520	88 530	191 868
1984	330	148	17 990	8 950	275 490	104 190	275 768
1985	373	173	22 220	11 060	311 540	131 450	474 169
1986	686	197	38 660	19 170	379 367	140 487	591 046
1987	759	212	40 409	20 038	406 039	146 970	588 046
1988	893	226	57 498	28 494	455 874	161 288	900 961
1989	905	253	52 890	26 195	490 246	161 688	1 090 249
1990	967	284	46 776	23 288	483 209	166 515	1 312 182
1991	968	296	51 231	24 726	532 203	195 714	1 896 000
1992	1 007	342	62 596	31 134	605 433	221 228	2 401 692
1993	1 057	342	69 047	34 204	678 348	242 869	3 353 252
1994	1 056	359	60 427	27 957	743 700	270 565	4 008 173
1995	1 263	394	65 016	31 324	801 656	309 858	5 515 145
1996	1 282	406	58 706	29 909	851 524	321 425	7 157 709
1997	1 330	449	57 548	29 026	908 217	366 793	9 135 402
1998	1 321	468	60 885	30 746	922 373	341 366	11 413 127
1999	1 392	490	64 014	31 798	1 051 617	388 365	15 595 479
2000	1 455	526	57 929	29 312	1 256 028	523 434	20 610 766
2001	1 443	527	60 532	30 423	1 426 340	599 783	24 700 071
2002	1 473	547	61 363	30 807	1 666 276	710 874	33 821 175
2003	2 238	650	58 593	29 231	2 011 256	877 139	44 548 747
2004	2 438	687	71 398	35 742	2 460 741	1 047 061	56 566 653
2005	3 110	769	72 897	36 524	2 927 774	1 241 655	69 888 051
2006	3 291	883	74 789	37 630	3 421 912	1 458 269	85 633 771
2007	3 453	967	69 415	34 942	3 881 999	1 656 307	104 496 339
2008	4 001	1 076	68 337	34 190	4 295 986	1 782 712	116 094 731
2009	4 516	1 214	76 000	38 186	4 754 806	1 979 215	109 908 156
2010	4 661	1 293	66 886	33 814	5 483 579	2 269 381	131 122 248
2011	4 733	1 366	73 255	37 128	6 162 924	2 523 176	145 955 734
2012	4 811	1 453	71 195	36 179	6 652 454	2 762 213	157 520 053
2013	4 841	1 524	70 160	35 557	7 280 981	3 024 311	169 015 371
2014	4 970	1 614	72 513	36 695	7 695 570	3 208 391	180 835 358
2015	5 132	1 723	73 072	36 940	7 845 778	3 253 260	188 079 698

注：1. 旅客吞吐量一栏 1980 年及以前年份为离港旅客人数。
2. 2008 年规模以上港口口径调整。

附录 2-2 内河规模以上港口泊位及吞吐量

年份	生产用泊位数(个)	万吨级	旅客吞吐量(千人)	离港	货物吞吐量(千吨)	外贸	集装箱吞吐量(TEU)
1978	424	–	–	–	81 720	–	–
1979	432	–	–	–	85 730	–	–
1980	462	–	–	–	89 550	–	–
1981	449	4	–	–	87 860	834	–
1982	456	4	–	–	96 000	1 286	–
1983	482	6	–	–	106 580	1 802	6 336
1984	464	7	–	–	109 550	2 781	14 319
1985	471	16	–	–	114 410	5 913	28 954
1986	1 436	20	44 380	22 130	165 920	6 483	39 534
1987	2 209	20	41 943	21 518	236 203	8 616	42 534
1988	1 880	25	73 642	36 210	238 466	8 498	63 943
1989	2 984	23	59 659	29 773	249 041	8 792	86 605
1990	3 690	28	48 308	23 631	232 888	9 363	115 044
1991	3 439	28	49 899	24 552	246 196	10 893	153 000
1992	3 311	30	58 367	28 291	273 064	13 695	193 754
1993	3 411	39	51 723	26 439	277 437	18 104	280 373
1994	4 551	42	43 415	23 447	295 172	15 596	359 726
1995	4 924	44	38 874	20 124	313 986	19 336	574 828
1996	5 142	44	63 210	33 649	422 711	22 484	555 807
1997	7 403	47	40 235	20 373	401 406	28 702	701 700
1998	8 493	47	45 765	22 804	388 165	28 993	1 023 558
1999	7 826	52	34 280	16 346	398 570	37 547	1 884 731
2000	6 184	55	27 600	13 538	444 516	43 968	2 021 689
2001	6 982	57	26 470	12 669	490 019	50 861	1 986 468
2002	6 593	62	23 364	11 800	567 008	59 530	2 361 163
2003	5 759	121	17 926	9 191	662 243	72 650	2 810 798
2004	6 792	150	16 369	8 557	864 139	84 577	3 625 749
2005	6 833	186	13 224	6 602	1 014 183	100 630	4 542 438
2006	6 880	225	11 056	5 568	1 175 102	120 597	6 356 928
2007	7 951	250	10 169	5 470	1 382 084	140 086	8 086 212
2008	8 772	259	8 794	4 625	1 594 806	142 882	9 641 322
2009	13 935	293	25 479	12 979	2 216 785	182 965	12 170 563
2010	14 065	318	21 539	11 014	2 618 223	210 246	14 586 422
2011	14 170	340	18 804	9 537	2 955 216	239 667	17 251 325
2012	14 014	369	17 140	8 712	3 122 277	268 314	19 373 065
2013	13 904	394	15 180	7 707	3 367 926	299 606	20 404 144
2014	13 894	406	13 097	6 648	3 492 457	320 909	20 479 620
2015	13 532	414	11 571	5 775	3 618 038	360 464	22 221 879

注：1. 旅客吞吐量一栏 1980 年及以前年份为离港旅客人数。
2. 2008 年规模以上港口口径调整。

附录 3-1　交通固定资产投资（按使用方向分）

单位：亿元

年　份	合　计	公路建设	内河建设	沿海建设	其他建设
1978	24.85	5.76	0.69	4.31	14.09
1979	25.50	6.04	0.72	4.39	14.34
1980	24.39	5.19	0.70	6.11	12.38
1981	19.82	2.94	0.84	5.80	10.25
1982	25.74	3.67	0.76	9.41	11.91
1983	29.98	4.05	1.37	12.37	12.19
1984	52.42	16.36	1.95	16.17	17.94
1985	69.64	22.77	1.58	18.26	27.03
1986	106.46	42.45	3.68	22.81	37.51
1987	122.71	55.26	3.38	27.42	36.66
1988	138.57	74.05	5.07	23.12	36.33
1989	156.05	83.81	5.32	27.32	39.60
1990	180.53	89.19	7.13	32.05	52.17
1991	215.64	121.41	6.68	33.77	53.77
1992	360.24	236.34	9.39	43.83	70.68
1993	604.64	439.69	14.47	57.55	92.92
1994	791.43	584.66	22.51	63.06	121.20
1995	1 124.78	871.20	23.85	69.41	160.32
1996	1 287.25	1 044.41	29.35	80.33	133.16
1997	1 530.43	1 256.09	40.54	90.59	143.21
1998	2 460.41	2 168.23	53.93	89.80	148.45
1999	2 460.52	2 189.49	53.34	89.44	128.26
2000	2 571.73	2 315.82	54.46	81.62	119.83
2001	2 967.94	2 670.37	50.50	125.19	121.88
2002	3 491.47	3 211.73	39.95	138.43	101.36
2003	4 136.16	3 714.91	53.79	240.56	126.90
2004	5 314.07	4 702.28	71.39	336.42	203.98
2005	6 445.04	5 484.97	112.53	576.24	271.30
2006	7 383.82	6 231.05	161.22	707.97	283.58
2007	7 776.82	6 489.91	166.37	720.11	400.44
2008	8 335.42	6 880.64	193.85	793.49	467.44
2009	11 142.80	9 668.75	301.57	758.32	414.16
2010	13 212.78	11 482.28	334.53	836.87	559.10
2011	14 464.21	12 596.36	397.89	1 006.99	462.97
2012	14 512.49	12 713.95	489.68	1 004.14	304.71
2013	15 533.22	13 692.20	545.97	982.49	312.56
2014	17 171.51	15 460.94	508.12	951.86	250.59
2015	18 421.00	16 513.30	546.54	910.63	450.52